耿红卫 主编

中国语文教育史教程

山东教育出版社

图书在版编目(CIP)数据

中国语文教育史教程/耿红卫主编. —济南:山东教育
出版社,2013(2016 重印)
ISBN 978－7－5328－7895－6

Ⅰ.①中… Ⅱ.①耿… Ⅲ.①汉语—教育史—中国
—教材 Ⅳ.①H19-092

中国版本图书馆 CIP 数据核字(2013)第 109535 号

中国语文教育史教程

耿红卫 主编

主　管：山东出版传媒股份有限公司
出版者：山东教育出版社
　　　　(济南市纬一路 321 号　邮编:250001)
电　话：(0531)82092664　传真:(0531)82092625
网　址：www.sjs.com.cn
发行者：山东教育出版社
印　刷：山东临沂新华印刷物流集团
版　次：2016 年 2 月第 1 版第 2 次印刷
规　格：787mm×1092mm　16 开本
印　张：17.5 印张
字　数：231 千字
书　号：ISBN 978－7－5328－7895－6
定　价：38.00 元

中国语文教育历史体系的拓展与创新

代 序

　　众所周知,"语文教育有些新问题,一查历史,古已有之,原来是老问题。本来,老问题既然存在,从新的条件,新的角度,去求取新的认识,探索新的解决办法,也是事理之常。可是有的并不这样。由于忽视历史,有的还无视历史,把问题拉到原地去踏步,或者在原地绕圈儿转转。语文教育的前进,这么磕磕碰碰的,难免耽误了,延缓了。今天的语文教育不是从零开始,只是历史长河中的一个阶段,受到在此之前的正面的和负面的种种影响。重复前面的话,作历史考察是重要的,必要的"(蒋仲仁语)。然而,我们在对我国语文教育的历史考察中发现,很多著作在历史分期上存在着重大的分歧以及内容编排的杂糅、混乱等问题,以至于使读者无所适从,难怪有人常抱怨说:"不是我们不学历史,而是有些历史书籍的确没有很好地梳理出某些事物发展的规律,我们不便于借鉴学习。"是的,如果我们语文教育研究者不能为读者和学习者提供一些更好的学习范本,那么,我们也就没有更多的理由去求全责备他们。

　　就语文教育历史的分期而言,可谓仁者见仁,智者见智,包罗万象。近些年来,比较典型的历史分期著作无外乎以下几种。叶苍岑在《中学语文教学通论》一书中认为:五四运动以前为传统语文教学期,五四运动以来为语文教学期,建国以来为语文教改期。陈必祥在《中国现代语文教育发展史》一书中认为:清末语文单独设科前为古代语文教育期,之后到五四运动前为近代语文教育期,五四运动后为现代语文教育期。顾黄初的《现代语文教育史札记》以清末语文独立设科为界限,将语文教育史分为传统语文教育和现代语文教育两大时期,现代语文教育期又以新中国诞生为界限,分为前后两期,其中建国前发展期又以辛亥革命和1932年课程标准颁布分为三个时期。张隆华在《中国语文教育史纲》一书中认为:

鸦片战争前为古代语文教育期,鸦片战争至新中国诞生前为近代语文教育期,建国后为现代语文教育期。陈学法在《语文教育学》一书中认为:1840年鸦片战争前为古代语文教育期,鸦片战争至五四运动前为近代语文教育期,五四运动至新中国诞生前为现代语文教育期,建国以后为当代语文教育期。曹洪顺、冯守仲在《语文教育学》一书中认为:1904年语文独立设科前为传统语文教育期,之后至新中国诞生前为现代语文教育期,建国以来为当代语文教育期。

而王松泉等人主编的《中国语文教育史简编》一书,则对我国古代语文教育历史的分期划分得比较详细。具体如下:

古代语文教育期 { 言文教育期:文字产生—奴隶社会中期以前
古文教育期:奴隶社会中期—语文独立设科前

近代语文教育期 { 文学设科期:语文独立设科—五四运动前
国语国文期:五四运动—新中国诞生前

现代语文教育期 { 语文定名期:新中国诞生—"大跃进"前
语文波折期:"大跃进"—十一届三中全会前
语文革新期:十一届三中全会—至今

通过对以上几部著作和教材有关我国语文教育的历史分期问题的梳理,我们发现,这些学者多是基于自身对历史和学科史的理解做出判断和结论的,都有一定的道理,在此我们不做具体分析;但有一个共性的问题,就是其中几部语文教育史著作的研究视角由于出版时限等原因没有关注到新近的历史。诚然,历史是绵绵不断的河流,历史是环环相扣的链条,昨天相对于今天就是历史,今天相对于昨天就是现在,明天相对于今天就是未来。因此,作为通史的研究,关注到新近的历史对于推动当下的语文教育改革具有重大的现实意义。

在对语文教育历史的分期上,与他人的观点略有不同,我认为中国语文教育史应该划分为五个时期:1840年鸦片战争以前为古代语文教育期,1840年鸦片战争至1904年语文独立设科为近代语文教育期,之后至新中国成立前为现代语文教育期,建国后至20世纪末为当代语文教育期,2000年以来为今代语文教育期。在此,对"今代"一词作一解释说明。

一是基于几年前恩师华中师范大学教育学院周洪宇教授的一次谈话的启发。他说："当前历史学界有学者认为21世纪的历史与当代历史相比，已有很大不同，21世纪以来的历史应为今代史。"二是基于当前社会诸多行业开始频繁使用这一术语。比如，河南今代实业有限公司、北京今代玉人文化发展有限公司，等等。三是基于语文教育学科发展自身特点，大胆启用了这一词。众所周知，第八轮课程改革以来，语文教育在课程设置、价值取向、教学目标、教材编写、教学内容组织、教学方法选择、学法指导、教学评价、师生关系等诸多方面都发生了前所未有的变化，这种变化与20世纪末期之前的语文教育相比，呈现出更多的新时代特征。因此，新近研究必须与当代语文教育的研究区分开来，这样才更容易把握语文教育历史演进的规律，更好地服务于现实语文教育的发展。

就语文教育历史资料的编排体例而言，诸多语文教育史方面的著作都是按照历史和教育史教科书的方式编排的，识字写字教学、听说教学、阅读教学、写作教学等内容杂糅在一起，或整或散，很不成系统，多是作为例子来佐证历史事实，并且对于语文学习、语文考试等方面的内容也很少涉猎。这种编排体例具有历时性、综合性特点，然而，从学习的角度看，专题性、针对性不强。

因此，我在编排体例上大胆革新，侧重从识字写字教学、听说教学、阅读教学、写作教学、语文学习、语文考试六大领域梳理我国语文教育的发展历史。本教材共分为九章，第一章先秦语文教育、第二章秦汉语文教育、第三章魏晋南北朝语文教育、第四章隋唐语文教育、第五章宋元语文教育、第六章明清语文教育，这六章属于古代语文教育期，除先秦语文教育中有听说教学这一板块外，其他五章就无了，由此可以看出，秦代以来，随着言文分离的发展和文言型书面语言的定型，听说教学逐步退出了古代语文教学舞台的历史事实。第七章近现代语文教育属于近代和现代语文教育期，由于研究内容上有千丝万缕的联系，因此没有做具体的区分。第八章当代语文教育属于当代语文教育期。第九章今代语文教育属于今代语文教育期。第七—九章，听说教学又重新在语文学科中占有一席之地，说明随着时代的发展，听说与读写等一样成了语文教学的重要内容。同时,通过对本教材的阅读,也可以清楚地了解到语文教学其他几个板块的历史沿革情况。

纵览全书,我们认为本教材与同类教材或著作相比,在研究视角、历史分期、史料编排等方面有很大的创新性,本教材史料翔实、结构合理、思路清晰,很适合作为语文课程与教学论、语文学科教学、语文教育史等硕士专业的教学用书,也适合作为专业研究生、博士生的阅读教材,同时也可以作为本科生"中国语文教育史"选修课的教学用书。当然,本教材的编排质量和使用效果如何,还有待在实践中进一步检验,还有待广大读者的审视与评判。

耿红卫

2013 年 3 月于河南师范大学

目　录

第一章　先秦语文教育

我国古代语文教育没有专门设立"语文"一科。语文教育是一种集经学、哲学、史学、伦理学与语言教学为一体的综合教育，有时，甚至还与农业、手工业、自然科学等结合在一起。[①] 先秦时期（远古到公元前221年）经历了远古、夏、商、西周、春秋战国几个时期，是中华民族由原始氏族社会发展为奴隶社会，并向封建社会过渡的时期，同时，也是我国古代语文教育的孕育和奠基时期。

古代语文教育期包括言文教育期和古文教育期，其中从文字产生至奴隶社会中期以前为言文教育期，这一时期人类社会结合劳动和生活进行言语和文字的传授还不是严格意义上的语文教育；从奴隶社会中期至语文独立设科前为古文教育期。[②] 先秦时期的语文教育经历着这样的转变，它随着社会历史的发展和进步不断丰富，特别是春秋战国时期，"官学衰落，私学兴起"，出现了学术下移、士阶层崛起、百家争鸣、思想大解放的新局面，开创了我国语文教育的第一个辉煌时期。

先秦时期语文教育的主要特点是原创性。[③] 文字的发明和学校的产生为这一时期文化教育的发展提供了条件。有了文字，人类才有书面的历史记录，成为"有史"时期，在此之前是"史前"时期。有史以来，

---

① 王松泉等主编：《中国语文教育史简编》，社会科学文献出版社2002年版，第73页。
② 王松泉等主编：《中国语文教育史简编》，社会科学文献出版社2002年版，第6页。
③ 王凌浩、李术红：《先秦原创性教育思想研究》，《河北师范大学学报》（教育科学版），2006年第3期。

先秦的语文教育发展迅速，内容思想丰富，方法多元化，成为中国传统语文教育的源头活水。特别是先秦时期的阅读教材如《诗经》、《楚辞》、《左传》、《战国策》、《论语》、《孟子》等，成为后世永久性的不可替代的典范，对后世语文教育产生了重大影响。

第一节　识字写字教学

汉字是属于表意体系的文字，它是音形义的结合体，认识汉字是人们学习和生活的基础。明代《教学良规》中就明确指出"教小儿须先令其认识所读之书之字"①，王筠在《教童子法》中也强调"蒙养之时，识字为先"②。

这一时期，随着社会生产的发展，原始社会"声教讫于四海"③ 的教育形式已经不能满足人们的需要。人们迫切需要一种能记录经验、传播知识的工具——文字。据《易经·系辞》上说："上古结绳而治，后世圣人易之以书契。"④ 文字的产生，有结绳、刻契、八卦、图画、图形符号等的演变，六书中的象形、指事、会意，就是由此总结出来的。象形图画经过一段时间的实践，又逐步简化，成为书契的象形文字。

一、识字教材

在古代语文教育的发展阶段，识字教学成为语文教学的第一项重要内容。这一时期的识字教材主要有刻画符号、甲骨卜辞和《史籀篇》。

（一）刻画符号

刻画符号是符号记事的主要形式。新石器时代陶片上的刻画符号和西安半坡仰韶文化陶器上的符号，就是我国远古刻画符号记事的重要遗存，也是典型的萌芽形态的文字。

---

① （明）《教学良规》。
② （清）王筠：《童蒙须知》。
③ 《尚书·禹贡》。
④ 《易经·系辞》。

（二）甲骨卜辞

甲骨文是刻画在龟甲兽骨上记载占卜祭祀活动的文字。殷墟出土的甲骨文中，不少是占卜用的。它是祭祀天地、祷告鬼神的卜辞。这些卜辞是排列整齐的《干支表》，从甲子开始，十日一组。这种记日法，类似今天的日历卡。这种日历卡，经科学工作者研究，认为也是当时识字教学的一种教材。

（三）《史籀篇》

其成书时间，当与《礼记》、《管子》等所记"书同文"、"书同名"的时代相近。《汉书·艺文志》云："《史籀篇》者，周时史官教学童书也。"① 可知该书为"史官教学童书"，属于识字教学读本一类。其编排体例大概是按意义间的关系编排而成，四字一句，两句一押韵，便于学童习诵。《史籀篇》是我国有文字记载的第一部识字教学的启蒙读本，可把它看做小学语文教材发展史的源头。

二、识字教学方法

文字自产生到殷商、西周、春秋战国时期，已发展到成熟阶段，识字教学方法也逐步成熟起来，当时主要是"六书"法：

"六书说是最早的关于汉字构造的系统理论。"② 《说文解字》中记曰："周礼八岁入小学，保氏教国子，先以六书。一曰指事：指事者，视而可识，察而可见，'上'、'下'是也。二曰象形：象形者，画成其物，随体诘诎，'日'、'月'是也。三曰形声：形声者，以事为名，取譬相成，'江'、'河'是也。四曰会意：会意者，比类合谊，以见指，'武'、'信'是也。五曰转注：转注者，建类一首，同意相受，'考'、'老'是也。六曰假借：假借者，本无其字，依声托事，'令'、'长'是也。"③ 许慎的解说，是历史上首次对"六书"定义的正式记载。

《汉书·艺文志》曰："古者八岁入小学，故周官保氏掌养国子，教

---

① （东汉）班固：《汉书·艺文志》。
② 裘锡圭：《文字学概论》，商务印书馆1988年版，第98页。
③ （东汉）许慎：《说文解字》。

之六书，谓：象形、象事、象意、象声、转注、假借，造字之本也。"①
班固这段话一方面提出了文字的构成学说，一方面指出西周识字教学是
按字的构成方法分类施教的。西周识字教学以汉字构成的"六书"分类
施教，使学生掌握汉字的字音、字形和字义。由此可推断，中国按照汉
字结构分类集中识字的传统教法，应该是起源于西周。

三、写字教学

这一时期的写字教学经历了一个从无到有、从粗放到成熟的过程，
下面从书体、书写材料、书写工具、写字方法等方面进行梳理。

（一）书体

现已发现的文字材料，有甲骨文、金文、玉石文、简牍文、缣帛
文、货币文、古玺文、陶文等。这些文字，一类是秦系文字，一类是东
方六国文字。春秋以前，一般金文的字体代表着当时的正体。春秋时
代，继承了西周文字的传统正体，进入战国以后，演变成为小篆。战国
后期，各国文字各具特点，形成"文字异形"的局面，开始向着小篆、
隶书的方向发展。

（二）书写工具

山东莒县陵阳河出土的夏代文字，是用原始软笔书写的朱红字。河
南殷墟出土的甲骨文，既有刀刻的，也有笔写的。考古学者还发现甲骨
文中有"笔"字，像手持笔形。由此可推测，西周以前的书写工具，既
有"刀"，也有"笔"。

（三）书写材料

殷墟考古发现的甲骨文中有"册"字，像一长一短的竹木简扎在一
起，证明商代已有了较便利的书写材料。《尚书·多士》云："惟殷先
人，有册有典。"② 由此推测，殷商之先人，即夏代时已有"册"，至少
可证明商代有"册"。"册"，即简册，用竹板制成。《周书·司书》上有
"掌邦之版"的语句。由此推测，最晚在西周时期就有"版"。"版"，即

---

① （东汉）班固：《汉书·艺文志》。
② 《尚书·多士》。

版牍，用木版制成。不过，目前还没有出土西周以前的简册和版牍，考古发掘尚未发现。

"方"和"觚"是一类的书写材料。唐朝颜师古说："觚者，学书之牍，或以记事，削木为之。盖简属也。孔子叹觚，即此之谓。其形或六面，或八面，皆可书。觚者，棱也。以有棱角，故谓之觚。"[①] 书写的主要材料是甲骨、兽骨、用竹木制作的简册和版牍。简册一般用来记载经书；版牍一般用于公私文书、信件。春秋战国时期，商周甲骨文已被淘汰，书写的主要材料是用竹木制作的简册和版牍。"百家争鸣"中不同学派著书立说的主要书写材料就是简册和版牍。春秋战国时期还有一种记事书写材料是帛书。

（四）写字方法

写字方法主要是临摹。教学生在骨片、龟甲、竹简等上面刻契文字，如同今天老师让学生在石板上、纸片上练字描红一样，有时还要手把手地教。学书契，就是学书写、学雕刻、学语言文字，当然，也有用毛笔在陶器、竹简、缣帛等上面临摹的，这些都同今天的习字课、写字课有渊源关系。

第二节　阅读教学

识字写字教学为阅读教学奠定了基础。这一时期，阅读教学受到重视。随着文字的发明和学校的出现，阅读教材越来越丰富，特别是到春秋战国时期，学术下移、思想自由，各家各派著书立说、广收门徒，一时间社会呈现"百花齐放、百家争鸣"的局面。同时，这些阅读教材对后世的语文教育发展产生了深远的影响。

一、阅读教材

先秦时期的阅读教材形式多样，内容丰富。诗歌、散文得到了空前

---

① 管振邦译注：《颜注急就篇译释》，南京大学出版社 2009 年版，第 1 页。

繁荣，其中大量篇章成为历代阅读教学的典范。

（一）《尚书》

《尚书》的内容，大多是一些誓词、政府文告、贵族的告诫之词，也有一些对事物的客观记述。《盘庚》古奥难读，保存的原貌也较多，主要是记述盘庚迁殷时对臣民的三次讲话，类似的还有《大诰》、《洛诰》。《顾命》是一篇记述成王死、康王即位仪式的文字，叙事清晰，井井有条，初具记事散文的规模。

（二）"器铭文"

今存最早的铜器铭文属于商代。商代至春秋的铭文，一般是铸成的，内容多记录奴隶主贵族的祭典、训诰、征伐功勋、赏赐策命和盟誓契约等内容。简单的仅以一二字标出奴隶主或其氏族的名称。现存最长的铭文，见于西周晚期的毛公鼎，计 32 行，497 字。青铜器铭文，是研究我国奴隶社会和封建社会早期的重要史料，也是研究当时汉字发展的珍贵资料。这种铭文也是阅读教学不可少的教材。

（三）《诗经》

《诗经》是我国最古老的一部诗歌总集，也是第一部现实主义的诗歌总集，分"风、雅、颂"三部分，"风"是指各地方的民间歌谣，"雅"大部分是贵族的宫廷正乐，"颂"是周天子和诸侯用以祭祀宗庙的舞乐。《诗经》的主要表现手法是赋、比、兴。其中直陈其事叫赋，譬喻叫比，先言它物以引起所咏之物叫兴。《诗经》多以四言为主，兼有杂言。西汉时被尊为儒家经典，始称《诗经》，并沿用至今。《关雎》、《蒹葭》、《采薇》、《卫风·氓》等篇章都已选入当代中学语文教材。

（四）《楚辞》

楚辞又称"楚词"，是战国时代诗人屈原创造的一种诗体。作品运用楚地（今两湖一带）的文学样式、方言声韵，叙写楚地的山川人物、历史风情，具有浓厚的地方特色。它是我国第一部浪漫主义诗歌总集。

（五）散文

秦朝以前的散文，在文学史上称为先秦散文。先秦散文，是我国散文发展的起点，也是我国古代散文发展的第一个高峰，对后世散文的发展影响很大。它包括历史散文和诸子散文。历史散文主要有《左传》、《国语》、《战国策》，诸子散文主要有《论语》、《孟子》、《墨子》、《荀子》、《老子》、《庄子》、《韩非子》等。

二、阅读教学方法

掌握有效的阅读方法是语文学习的一项重要任务，先秦阅读教材的丰富性为阅读教学方法的多样性提供了条件，而这一时期的很多阅读教学法如启发诱导、因材施教等被后世继承和发展。

（一）启发诱导

子曰："不愤不启，不悱不发，举一隅，不以三隅反，则不复也。"① 孔子的教学方法是启发学生积极主动地去思考和琢磨，启发学生举一反三、触类旁通，不要老师一味地灌输给学生。孔子善用启发术，颜渊喟然叹曰："仰之弥高，钻之弥坚，瞻之在前，忽焉在后。夫子循循然善诱人，博我以文，约我以礼。欲罢不能，既竭吾才，如有所立卓尔。遂欲从之，末由也已。"②《学记》继承和发展了孔子启发教学的思想，进一步概括了如何进行启发的宝贵经验。曰："君子之教，喻也：道而弗牵，强而弗抑，开而弗达；道而弗牵则和，强而弗抑则易，开而弗达则思。"③

（二）因材施教

因材施教是孔子的主要教学方法，其原则有以下三方面：第一，发挥学生的特长；第二，补偏救弊；第三，从学生实际出发进行教学。《颜渊》篇中，樊迟、仲弓、颜渊问仁，孔子根据每个学生的学业造诣和接受理解能力，给出了三种不同的回答。孟子继承并发展了孔子因材施教的思想，他说："君子之所以教者五：有如时雨化之者；有成德者；有达材者；有答问者；有私淑艾者。此五者，君子之所以教也。"④ 这

---

① 《论语·述而》。
② （西汉）司马迁：《史记·孔子世家》。
③ 《礼记·学记》。
④ 《孟子·告子下》。

是孟子对于不同类型学生所采取的不同教学方法。孟子认为："教亦多术矣。予不屑之教诲也者，是亦教诲之而已矣。"①

（三）讲解法

讲解法在阅读教学中是很有必要的，但是老师不能一个人"满堂灌"，在学生有疑问的时候再讲才能充分发挥讲解法的效果。《学记》中对讲解法提出了三项准则："必也其听语乎；力不能问，然后语之；语之而不知，虽舍之可也。"《学记》对讲解存在的弊端也提出了批评："今之教者，呻其占毕，多其讯言，及于数进而不顾其安。使人不由其诚，教人不尽其材。其施之也悖，其求之也佛。"《学记》要求教师的讲解做到"约而达，微而臧，罕譬而喻"等。自古以来，我国的语文阅读采用的大都是讲解法。

（四）以意逆志

孟子提出的"以意逆志"方法，是指在阅读作品时，读者要根据自己的切身体会，进行想象和联想，最终和作者产生共鸣，感悟到作品中作者所表达的思想感情，这种方法成为语文阅读的基本方法之一。

（五）知人论世

孟子的"知人论世"阅读法是指读者根据作者所处的时代背景、作者的经历以及写作时间、地点等，去理解和欣赏作品中所包含的思想感情。后来，这种方法成了阅读教学的重要方法。如《虞东学诗》："夫不论其世，欲知其人，不得也；不知其人，欲逆其志，亦不得也。——故必论世知人。"②

（六）诵、读、写相结合

诵、读、写合一是最基本的阅读方法。据《周礼》所载，"乐语"之教要求学生能背诵诗歌，创作诗歌。乐语之教包括"兴、道、讽、诵、言、语"③，皆由大司乐负责向国子传授。读书背文称之"讽"；歌咏吟诵、配乐赋诗等皆为"诵"。"讽"与"诵"主要讲的是诗歌教学。

---

① 《孟子·告子下》。
② （清）顾镇：《虞东学诗》。
③ 《周礼·春官·大司乐》。

这一时期，朝廷和民间诗歌十分发达，其应用范围也很广泛。诸凡举行集会，如庆功祝贺等，都要演唱传统的或贵族们创作的诗歌，在这种场合能够吟诵诗歌，乃是具有文化修养的表现。古籍中就记载了西周学校在乐语之教中兼施阅读、写作教学的情况。

（七）问答法

师生在阅读学习的过程中，进行互动和交流的时候，问答法是最常用的。《论语》中就记载了很多孔子和学生的对话。《学记》从善问与善答两个方面进行论述：一方面要求教师善问，一方面要求"善待问"。"善问者如攻坚木，先其易者，后其节目，及其久也，相说以解。不善问者反此。善待问者如撞钟，叩之以小者则小鸣，叩之以大者则大鸣，待其从容，然后尽其声。不善答问者反此。"这种方法的基本精神就是强调启发式，反对注入式，重视学生能动作用的发挥。

第三节　写作教学

西周时期国学的教学对象为贵族子弟，诗、书、礼、乐作为四教，是教育内容的重点，其中的"书"包括识字、写字和写作。春秋战国是中国历史上文化的繁荣时期，各个学派著书立说，写作教学必定是一项重要的任务。这时诸子和各学派之间流行和使用着各种文体，如论说文、诗歌等，奠定了后世文体风格的基础。

一、写作文体

西周出土文物中有金文、甲骨文，铜器铭文中还有各种文体，这说明书面语言的应用较前代更为发达。此外，还发现训、诰、策命等类文体。春秋战国时期的常用文体主要有以下几种：

（一）论说类

论说类包括论、说、辩、议等多种应用文体，主要是散文。庄子的《齐物论》、荀子的《天论》第一次提出"论"的旗帜，对后世论体写作起了很大的推动作用。墨子后人整理的《墨子》一书中，论点、论据、论证方法齐备，立论、驳论俱全，可以说是议论文的典范；《荀子》、《韩非子》推理严密，论说翔实，可以说它们基本上奠定了议论文的格局。

（二）诗类

春秋战国时期，诗体有了进一步发展。《诗经》、《楚辞》是我国先秦时期两部最优秀的诗歌总集，它们对我国古代的诗体创作影响很大。《诗经》以四言为主，比原始歌谣的二言诗体向前进了一步。而《楚辞》的出现打破了四言体的格式，代之以五言、六言、七言等长短不一的句式。

（三）谏类

谏即劝告。《左传》中记载的谏文就特别多。这类文体对后世奏议文体的写作有很大的影响。

（四）书牍类

书牍是古代一种常用的应用文体，主要是指古代臣下向皇帝陈言进词所写的公文和亲朋间往来的私人信件。

二、写作教学方法

写作是和阅读紧密联系在一起的，在文字出现以前，歌谣、传说、神话故事是通过一代一代的口耳相传进行的，可以说是没有文字记载的创作。文字产生后，有了书面语言，写作成为时代的进步和需要。这一时期的写作方法主要有以下几种：

（一）听、说、写相结合

文字产生以后，人们就把从远古和老一辈口耳相传流传下来的歌谣、传说、神话故事等记录下来，如"女娲补天"、"大禹治水"等就是在听说的基础上创作出来的。随着文字的发展，写作的篇幅不断加长，内容也更加体现现实生活，专门从事脑力劳动的人就把他们听到的、说过的和他们经历过的事件用不同的文体写下来，如散文和民间诗歌等。

（二）读、议、思、写相结合

阅读是写作的基础。先秦诸子散文是诸子在宣传自己的思想和学说及教导自己的学生时，在和其他派别思想碰撞中不断辩论、思考，进而丰富和发展起来的。在著书立说方面，各个派别都有自己的专著。诸子的文章有他们自己著述的，也有他们的学生及后人整理而成的，都是他们读、议、思、写相结合的智慧的结晶。

墨子不同意儒家"信而好古，述而不作"的保守态度，主张"述而且作"。"吾以为古之善者则述之，今之善者则作之，欲善之益多也。"①墨子的思想立足于创造，墨子认识到人类文化的创造、继承和发展是一个周而复始、永无止境的过程，每一代人都应有所作为。

（三）模仿写作

在阅读的基础上，人们进行模仿写作，模仿阅读文本的形式和内容。再后来，不断地进行丰富和创新。据《周礼》所载，大司乐教国子以"乐德"、"乐语"、"乐舞"外，还有许多方面的教学内容。其中"乐语"之教要求学生能背诵诗歌，创作诗歌。

（四）教师指导

老师交给学生一些写作的知识和技巧之后，布置作业，让学生联系生活和现实进行写作。我们今天看到的先秦作品带有强烈的时代特征，它们反映了时代的变化和发展。现在的作文教学也非常重视现实生活，让学生关注现实，关注生活，从中思考和感悟，表达自己的观点。这是对先秦写作方法的继承和发展。

第四节　口语教学

"有人斯有教，有教斯可学，自开辟则既然矣。"② 教育是和人类同时出现的一种社会现象。原始社会和奴隶社会中期以前的教育，在很长一个时期是通过"言"——口耳相传的形式来进行的。原始状态的口语教育，是语文教育的胚胎。春秋战国时期学派林立，百家争鸣。当时论辩之风盛行，论辩是口语教学的主要手段。

---

① 《墨子·耕柱》。
② （宋）马端临：《文献通考（上）·学校考》。

一、教学内容

口语教学的内容随着社会的发展而发展，文字产生之前主要是生产和生活等方面的内容，文字和学校产生之后，口语教学成为学校语文教育的一部分，内容逐渐丰富起来。

（一）生产、生活经验与技能

远古时期，人们基于吃、穿、住的需要，必须学习和参加渔猎、人工取火、缝制衣服、制造生产工具等活动。在氏族村落内部，人们参与选举、管理、集会、习武、祭祖祀神、节日喜庆、歌舞娱乐等活动。

（二）神话故事、歌谣、谚语等口头文学

古书中记载了不少神话故事，如《山海经》里的"精卫填海"、"夸父逐日"等，都是历代语文教育选用的典型教材。其创作和传播的过程，有口头语言的教育，有激发先民向上的教育，也有开发先民智能的教育。原始口头语言教育是人类社会教育的源头，也是我们语文教育的源头。

（三）与"六艺"相结合

夏（前 2070—前 1600）、商（前 1600—前 1046）、西周（前 1046—前 771），史称"三代"。这一时期的口语教学主要是结合"六艺"（礼、乐、射、御、书、数）进行，没有纯粹的口语教学。

（四）诸子思想和论辩艺术

春秋战国时期的口语教学内容因各个学派的不同而不同。孔子重视启发诱导学生，师生间的交流都是通过问答的形式进行的，《子路、曾皙、冉有、公西华侍坐》就是典型的口语教学。老师提出一个话题，学生发表自己的观点和想法，各抒己见，畅所欲言。孔子的言语课对当下口语交际教学有很大的启示，今天的口头作文就类似孔子的言语课。

孟子在语文的听、说、读、写教学中，注意学生的论辩能力的训练。[1]《孟子》最大的特点就是有雄辩的论证艺术。诸子都是在培养学

---

[1] 张隆华主编：《中国语文教育史纲》，湖南师范大学出版社 1991 年版，第 51 页。

生的表达能力和交际能力，不断扩大和宣传各自的教育思想。这一时期，"邦无定交"，"士无定主"，士有选择服务对象的自由，他们凭借自己的才华和论辩能力成为一个游走于各国的独特的阶层。

二、教学方式

先秦时期的口语教学是在发展中前进的，它由最初生活中单纯的口语交际发展成为学校教育的一部分，教学方式也随之变化。

（一）口耳相传，相互模仿

原始社会，人人参加生产劳动，人人是受教育者，也是教育者。由于那个时期没有文字、书本和学校，所以教育的主要手段是通过口头语言，在生活和生产中进行的。

随着口头语言的发展，神话故事、歌谣、谚语等口头文学相继产生，因而语文教育的内容也不断丰富，涉及社会生活的各个领域。古书中就记载了一些原始社会诗歌产生的故事。《吕氏春秋·淫辞》记录："今举大木者，前呼舆谔，后亦应之。"鲁迅对这句话的分析是："人类在未有文字之前，就有了创作，可惜没有人记下，也没有法子记下。"[①]这种劳动号子，就是原始的口头文学创作，是一种最早的语文教育，有着多方面的教育作用。同时，古书中还记载了不少神话故事，都是历代语文教育选用的典型教材。其创作和传播的过程，有口头语言的教育，有激发先民向上的教育，也有开启先民智能的教育。

（二）练习法

夏、商、周时期学校的产生，阶级的出现，使受教育的范围缩小了，并不是人人都可以入校接受教育的，学校主要是为奴隶主贵族设立的。因此，一部分人是在生活实践中培养自己的听说能力的，而接受学校教育的学生则是通过礼乐教育和射御教育，在教师讲解知识过程中进行听说训练的。

儒家重视练习法的运用。练习可以使获得的知识和技能得到巩固。

---

① 鲁迅：《且介亭杂文·门外文谈》，《鲁迅全集》（第六卷），人民文学出版社 2005 年版，第96 页。

孔子曰："学而时习之。"①《学记》以铁匠、弓匠之子与小马学驾车为例，说明必须从最基本、简单的工夫练起，打好基础。"良冶之子，必学为裘；良弓之子，必学为箕；始驾者反之，车在马前。君子察于此三者，可以有志于学矣。"在练习的过程中应该有指导性的口语内容。

（三）开设综合言语课

春秋战国时期私学盛行，这时的口语教学就没有统一性，一是诸子带领学生周游列国，宣传自己的学说，在进行游说的过程中以身示范。二是在学校开设言语课，孔子就开设了言语课，从《子路、曾皙、冉有、公西华侍坐》一篇中可见。当然，这一时期的言语课不像我们今天这样规范，它的时间、地点、内容都带有很大的随意性，如孔子在外流亡期间，师生关于"道"的交流和学习。

第五节　语文学习

原始社会和奴隶社会中期以前的教育，是一种名副其实的"生活教育"；西周时期是"学在官府"，主要内容是学习"六艺"；春秋战国时期由于"天子失官，学在四夷"，私学骤起，出现了"百家争鸣"的局面。在先秦的典籍中包含有丰富的语文学习思想和方法。

一、语文学习思想

先秦时期的教育家、思想家、学问家尽管派别不同，但是他们都从不同层面对学习思想和经验进行了总结，为后人提供了宝贵的理论资源。

（一）学以致用思想

这一时期学术言论自由，读书人的精神得到充分张扬，各家从根本上讲都是想用本学派的意志和思想去管理社会和国家。儒家提倡"学而优则仕"②，这是一种积极的入世态度，儒家的这种教育思想成为后世

---

① 《论语·学而》。
② 《论语·子张》："子夏曰：'仕而优则学，学而优则仕。'"

读书人孜孜以求的一种目标和境界。读书就是为了从政，然后实施儒家的"以礼治国"和"仁政"的思想，提倡"仁""义""礼""智""信""温""良""恭""俭""让"等。

子曰："诵《诗》三百，授之以政，不达，使于四方，不能专对，虽多亦奚以为？"① 孔子强调学以致用。荀子明确指出，学习的目的不仅是为了积累知识，而是要付诸应用。他说："不务说其所以然，而致善用其材。"② 他特别反对"入乎耳，出乎口"的空谈学风。他把学习的过程具体分为闻、见、知、行四个环节，并把"行"看做学习的最终目标。荀子说："不闻不若闻之，闻之不若见之，见之不若知之，知之不若行之，学至于行而止矣。"③

孟子和墨子都重视论辩艺术的学习，就是因为生逢乱世，而要在战争年代体现自己的人生价值，他们需要凭借自己的智慧和勇气生存，作为文人，他们要学富五车，才高八斗，还要掌握论辩的技巧，口若悬河。战国时期群雄逐鹿，人才济济，游说成为当时很多读书人即"士"阶层的一项重要使命，这时的论辩之风尤为盛行，是适应时代要求的，体现了"学以致用"的思想。

（二）文道统一思想

语文课程的语言文字的学习一定要和思想内容结合起来，不能为言而言、为文而文。④ 古人云："言之无文，行而不远。"⑤ 荀子主张文以明道，同时又主张文道统一。在语言表达的问题上，荀子反对只顾形式技巧而不顾思想观点的做法，主张形式和内容的一致，做到文质兼美，达到文道统一的目的。

荀子认为"道"，是指"礼"，即社会伦理规范。同时，他还认为一切文化学术也是阐明道的，而天下之道汇总在一些"大儒"圣人那里，"五经"就是明道之作。特别是《诗》通过"言志"的特殊形式来实现

---

① 《论语·子路》。
② 《荀子·君道》。
③ 《荀子·修身》。
④ 张隆华主编：《中国语文教育史纲》，湖南师范大学出版社1991年版，第43页。
⑤ 《左传·襄公二十五年》。

明道。孔子重视诗教，曰："不学《诗》，无以言。"① "小子何莫学夫《诗》？诗，可以兴，可以观，可以群，可以怨，迩之事父，远之事君；多识于鸟兽草木之名。"② 又曰："文犹质也，质犹文也。"③ "质"就是指文章作品的思想内容即"道"，可见，自古语文就是强调文道统一的。

先秦作品是时代的产物，承载着先秦丰富的内容和思想，这些教材的内容包括道德教育、文化知识和技能技巧的培养等方面，可以说是属于大语文教育的范畴，真正体现了文道统一的思想。

（三）终身学习思想

子曰："吾十有五志于学，三十而立，四十而不惑，五十而知天命，六十而耳顺，七十从心所欲，不逾矩。"④ 由此可见，孔子是提倡活到老学到老的，强调不断学习。子曰："吾非生而知之者，好古，敏以求之者也。"⑤ "三人行，必有我师焉。"⑥ "孔子师郯子、苌弘、师襄、老聃。"⑦ 强调多从师多学习等。孔子晚年喜《易》，读易"韦编三绝"⑧。孔子以身作则，是实施终身学习的典范。荀子说："君子博学而日参省乎己。"⑨ 君子每天都要不断地反省自己，这也是终身学习的表现。

（四）以德为先学习思想

《大学》开篇讲："大学之道，在明明德，在亲民，在止于至善。"大学就是要弘扬美德，培养道德高尚的贤人、圣人。孟子也指出了德的重要性，他认为天下"不嗜杀人者能一之"⑩。同样孔子也是，不然《论语》中也不会有那么多的"仁"。孟子曰："穷则独善其身，达则兼济天下。"⑪ 强调修身，《礼记》中也说："古之欲明明德于天下者，先

---

① 《论语·季氏》。
② 《论语·阳货》。
③ 《论语·颜渊》。
④ 《论语·为政》。
⑤ 《论语·述而》。
⑥ 《论语·述而》。
⑦ （唐）韩愈：《师说》。
⑧ （西汉）司马迁：《史记·孔子世家》。
⑨ 《荀子·劝学》。
⑩ 《孟子·梁惠王上》。
⑪ 《孟子·尽心上》。

治其国；欲治其国者，先齐其家；欲齐其家者，先修其身。"① 应该说，有德无才，无用；有才无德，危险。学习应该以德为先。

二、语文学习方法

科学的行之有效的学习方法能提高学习效率。先秦语文学习内容的丰富性决定了学习方法的多样化，如学思并重、教学相长等被后人继承和发展，成为重要的学习方法。

（一）学思并重

子曰："学而不思则罔，思而不学则殆。"② "吾尝终日不食，终夜不寝，以思，无益，不如学也。"③ "博学而笃志，切问而近思。"④ 也就是说"学"是"思"的基础，思考必须以丰富的学习资料为前提。荀子认为："吾尝终日而思矣，不如须臾之所学也。"⑤ 在学的基础上，荀子又强调要进行思考。"诵数以贯之，思索以通之。"⑥ "荀子"学""思"结合的思想是对孔子思想的继承与发展。《中庸》总结道："博学之，审问之，慎思之，明辨之，笃行之。"⑦ 王夫之对这一思想作了阐释："致知之途有二：曰学，曰思……学非有碍于思，而学愈博则思愈远；思正有功于学，而思之困则学勤。"⑧ 可见先秦学思结合、学思并重的学习方法对后世的影响之大，至今仍然是我们学习的重要方法。

（二）温故知新

子曰："学而时习之，不亦乐乎？"⑨ "时习"就是要及时地不时地复习，巩固知识。子曰："温故而知新，可以为师矣。"⑩ 朱熹的解释长期以来被看做是经典，他说："故者，旧所闻。新者，今所得。言学能

---

① 《礼记·学记》。
② 《论语·为政》。
③ 《论语·卫灵公》。
④ 《论语·子罕》。
⑤ 《荀子·劝学》。
⑥ 《荀子·劝学》。
⑦ 《中庸·第二十章》。
⑧ （明）王夫之：《四书训义》（卷六）。
⑨ 《论语·学而》。
⑩ 《论语·为政》。

时习旧闻，而每有新得，则所学在我，而其应不穷，故可以为人师。若夫记问之学，则无得于心，而所知有限，故学记讥其'不足以为人师'，正与此意互相发也。"①

（三）循序渐进

循序渐进是强调学习应该遵循由浅到深、由易到难、由小到大、由低到高的规律，学习是一个日积月累，逐步提高的过程，不能贸然急进，急于求成。这既是教学方法也是学习方法，孔子、孟子、老子等都非常重视这一点。

子曰："无欲速，无见小利，欲速则不达，见小利则事不成。"② 孔子善待问，小叩则小鸣，大叩则大鸣，这是循序渐进的要素。《学记》中谈到了被称为"大学之法"的"豫"、"时"、"孙"、"摩"："禁于未发之谓豫，当其可之谓时，不陵节而施之谓孙，相观而善之谓摩。此四者，教之所由兴也。"

孟子用形象生动的比喻说："流水之为物也，不盈科不行；君子之志于道也，不成章不达。"③ "其进锐者，其退速。"④ 荀子说："积土成山，风雨兴焉，积水成渊，蛟龙生焉……故不积跬步，无以至千里；不积小流，无以成江海。"⑤ 老子曰："图难于易，为大于细。天下难事，必作于细；天下大事，也作于细。是以圣人终不为大，故能成其大。"⑥ "合抱之木，生于毫末；九层之台，起于累土；千里之行，始于足下。"⑦

（四）切磋琢磨

《诗》云："如切如磋，如琢如磨。"就是强调学习的过程中，学生之间要经常讨论、辩论、切磋，这样相互提高，形成良好的学习氛围。

---

① （宋）朱熹：《论语集注》。
② 《论语·子路》。
③ 《孟子·尽心下》。
④ 《孟子·尽心上》。
⑤ 《荀子·劝学》。
⑥ 《老子·第六十三章》。
⑦ 《老子·第六十四章》。

孔子经常教导学生要"择其善者而从之"①。《学记》中也写道："独学而无友，则孤陋而寡闻。""学，然后知不足；教，然后知困。知不足，然后能自反也；知困，然后能自强也。故曰：教学相长。"意思是说人们要相互学习，交流和切磋，这样才能拓展自己的知识，找到志同道合的朋友；只有经过学习，才会发现知识的困乏；知道知识的不足，就会促使自己进一步学习；知道困难，才能督促自己认真学习研究。

（五）藏息相辅

《学记》认为正课学习与课外练习必须兼顾，相互补充，相互促进。"大学之教也，时教必有正业，退息必有居学。""正业"是正课；"居学"是课外练习；按照规定的时间进行正课教学，课后必须进行练习。对于课外的"退息"，《学记》主张并非单一的消极的"休息"，而是提倡开展有益的游艺活动，使"藏"与"息"相互结合，相辅相成。

（六）深造自得

学生是学习的主人，是教学活动中的主体。孟子主张在学习上必须养成自学的习惯，刻苦钻研，才能有很高的造诣。孟子说："君子深造之以道，欲其自得也。自得之，则居之安；居之安，则资之深；资之深，则取之左右逢其源。故君子欲其自得之也。"②

（七）持之以恒

荀子主张学习上要专一不二："并一而不二，所以成积也。"③ 要想做到"专"，就要持之以恒。他说："骐骥一跃，不能十步；驽马十驾，功在不舍。锲而舍之，朽木不折；锲而不舍，金石可镂。"④ 荀子劝勉学生要勤奋刻苦、坚持不懈、永不放弃，这样就能够走向成功。

第六节　语文考试

先秦的大语文教育性质决定了语文考试是与其他方面结合在一起

---

① 《论语·述而》。
② 《孟子·离娄下》。
③ 《荀子·儒效》。
④ 《荀子·劝学》。

的。原始社会的教育是社会性和无阶级性的，教育不是专门的社会活动，而是以口耳相传和相互模仿为主要手段，[①] 并不存在规范的考试。从奴隶社会开始，教育才成为专门培养人才的活动，有了专门的学校。夏、商时期，教育发展还不太成熟，到了西周有了一套比较完备的教育体系，而这时学在官府，"唯官有书，而民无书"[②]，"唯官有学，而民无学"。春秋战国时期，私学盛行，官学衰落，各地私学成为教育的主要场所。

一、语文考试机构

先秦时期的语文考试机构主要是学校。在学校出现之前，一切知识技能都是在社会实践和生活中习得的，由老一辈的人传授和考查。夏、商、周的学校是有文字记载的，《孟子》云："夏曰校，殷曰序，商曰庠，学则三代共之。"[③] 庠、序，是早期的学校名称，或是早期的教育场所。不过它不是专门的教育场所，而是兼养老、习射的场所。当时的教育内容带有综合性的特征，它把习舞、习乐、习礼、习语、习文等教习活动融为一体。

西周的学校，分国学和乡学两级。国学即天子之学，又分小学和大学两级，是当时的最高学府，专为统治阶级的上层子弟而设，以诗、书、礼、乐、射、御为主要学习内容；乡学是中小奴隶主子弟受教育的场所，以书、数为学习内容。《礼记·学记》说："古之教者，家有塾，党有庠，术（遂）有序，国有学。"这时的学校因地域划分有不同的名字，但是，奴隶制国家的学术均为奴隶主的官府垄断，即"学在官府"，没有私学。这种"学在官府"的垄断局面，到春秋时期被打破，"天子失官，学在四夷"，私学兴起。

二、语文考试内容

这一时期语文考试的内容随着文字的产生和学校的出现不断丰富起

---

① 毛礼锐、沈灌群主编：《中国教育通史》（第一卷），山东教育出版社 1985 年版，第 52 页。
② 孟宪承等主编：《中国古代教育史资料》，人民教育出版社 1980 年版，第 14 页。
③《孟子·滕文公上》。

来，由最初的听说到识字写字、阅读、写作等。语文考试内容没有明确范围，是和生活、"六艺"、诗歌、散文等相结合的，既有听说、读、写、议、诵等方面的内容，也有德行和道义等方面的内容。

（一）社会生产和生活的知识和能力

这些主要是听说方面的训练和考核。原始社会时期，老一辈把生产劳动知识、社会关系的知识，包括原始礼仪祭祀方面的知识，传递给下一代，培养下一代具有社会生产和生活的能力。这种培养、传授、交流的活动就是原始社会的语文教育活动。在氏族公社中，男女快到成年时，在连续几年中，必须参加一定程序的训练和考核，即举行"成丁礼"，如果合格，达到了规定的标准，就成为正式的公社成员。这种训练和考核制度，可以说是一种原始的考试制度，其中有一部分就是关于语文考试的，如口语交际能力等。

（二）"六艺"

语文考试的内容是与"六艺"紧密结合在一起的。所谓"六艺"，包括六门课程——"礼""乐""射""御""书""数"。

"礼"是政治伦理课，其考核的内容很广泛，包括了奴隶社会的宗法等级世袭制度、道德规范和仪节等，学生需要理解记住，并在现实生活中应用。"乐"是综合艺术课，其考核的内容主要有六代乐舞等，礼乐经常是一体的。"射"与"御"是军事训练课，学生要首先掌握技术要领和理论，才能完成射、御的目标。"书"与"数"是基础文化课。"书"指书写常用字，如天干、地支、方名等，主要是识字和写字。"数"指算法。

由此可以看出，语文考试的主要内容是关于"六艺"特别是"礼""乐""书"等方面的内容。

（三）阅读和作文

先秦重视诗教，《学记》规定：在举行开学典礼时，让学生诵习《诗经》中的《鹿鸣》、《四牡》、《皇皇者华》三篇，使学生自始就懂得当官从政的道理。诗歌和散文是语文阅读考试的主要内容，这一时期阅读内容丰富多彩，同时也为作文考试提供了参考，学生要发表自己的观点和思想，不管是书面的还是口头的，都是写作的形式。春秋战国时期，私学的学习内容和考试内容是根据学派的不同而设立的，但都应该是关于学生的听、说、读、写等方面的内容。

（四）德行道义

中国文化以孝为先，注重德行道义的考查。按《周礼·地官·乡大夫》载，西周存在一种贡士荐举人才的制度，主要是"考其德行，察其道义"。考试主要内容是"德行与道艺"，包括"六德"（知、仁、圣、义、忠、和）、"六行"（孝、友、睦、姻、任、恤），这些对汉代的举孝廉影响很大。

三、语文考试方式

这一时期的考试方式大概有两种，一种是对才能智力方面进行考试，另一种是对德行道义方面进行考查。

《大戴礼·保傅》说："古者年八岁而出就外舍，学小艺焉，履小节焉；束发而就大学，学大艺焉，履大节焉。"所谓"八岁而出就外舍"，就是入小学；"学小艺"，即初步的读书、书写与计数；"履小节"，即初习家族中日常生活时应遵循的礼节。所谓"束发"，即成童，一般是指十五岁以上；"学大艺"，即掌握有关礼、乐、射、御等知识技能；"履大节"，即遵循朝廷君臣之礼。

《学记》中总结了"大学之道"的基本框架，并对大学阶段的"考核"作了规定："比年入学，中年考校：一年视离经辨志，三年视敬业乐群，五年视博习亲师，七年视论学取友，谓之小成。九年知类通达，强立而不反，谓之大成。"意思是说，大学每年招收一次学生，每隔一年考查一次学生的学习成绩：第一年考查阅读能力，第三年考查专业思想巩固的程度和对周围的人是否和睦相处，第五年考查学识是否广博和对老师是否亲密，第七年考查研讨学问的本领和识别朋友的能力。经过七年的学习，达到了目标就叫做"小成"。学习九年之后，要求对学业做到触类旁通，行动和见解均能坚定不移，这叫做"大成"。古代的语文教育，就是这样体现在"离经辨志"、"敬业乐群"、"博习亲师"、"论学取友"之中的。

思考与练习

1. 先秦语文识字教材主要有哪些？
2. 春秋战国时期的阅读教材主要有哪些？
3. 简述先秦时期写作教学的主要方法。
4. 简述先秦口语教学的内容。
5. 先秦时期语文学习方法述评。
6. 联系当代，谈谈先秦哪位思想家对当代语文教学的影响最大？

第二章　秦汉语文教育

秦汉时期（公元前221—公元220）是历史上大一统的封建国家形成和确立的时期，也是我国教育制度化和定型化的时期，更是我国语文教育的重大转折时期。秦朝建立后，在文教方面，采取了统一和简化文字、颁挟书令、禁私学、以吏为师等政策性措施。文字的统一，直接导致语文教育开始向着书面语言教育为主的方向转化。也就是说，此时的语文教育开始以文言文教育为主。汉代初期崇尚黄老之学，实行"休养生息"的政策。到汉武帝以后则采用董仲舒的建议，"罢黜百家，独尊儒术"。汉代实行察举制，采用"讽书取士"的用人政策，促进了语文教育的发展。同时，注重经学，为了讲经注经，学习语文成了必不可少的过程。注重辞赋教育的汉代文人，为了使辞赋更为华美，必须要进行语文知识的学习，这也从另一个侧面促进了语文教学的发展。

第一节　识字写字教学

秦朝统一六国以后，丞相李斯用小篆统一各地文字，结束了战国时期"言语异声，文字异形"的局面。识字写字教学也步入了一个全新的时代。汉初萧何草律明文规定：太史试学童能讽九千字以上乃得为史。还要用各种书体进行考试，考得最好的用作尚书御史史书书令史。汉代吏民上书，字写错了，尚书令史有责任检举揭发。这些规定，促使大家更加重视识字写字教学。故而，秦汉时期识字写字教学不论是在识字教材还是在识字方法方面都取得了新进展。

一、识字教材

秦汉时期，由于国家的政策支持，识字教材有了新的发展。特别是汉代，辞赋大家、语言大家更是编辑了丰富的识字教材，为学童识字写字提供了基础。

（一）秦代的识字教材

1.《仓颉篇》

作者李斯。这本识字教材用小篆写成，共七章。已亡佚，一些语句保留在《汉书·仓颉篇》中。

2.《爱历篇》

作者赵高。这本教材用小篆写成，共六章。已亡佚，一些语句保留在《汉书·仓颉篇》中。

3.《博学篇》

作者胡毋敬。这本教材用小篆写成，共七章。已失传，个别语句保留在《汉书·仓颉篇》中。

这三本教材与西周的识字读本《史籀篇》在内容上大同小异，编排体例上一脉相承，主要区别在于字形和字的写法。三本教材虽由三人写成，但可能是互相连接的。《汉书·艺文志》中有记载："《仓颉》一篇，上七章，秦丞相李斯作。'爱历'六章，车府令赵高作。'博学'七章，太史令胡毋敬作。"此外，这三本教材在教授字体的同时，还教授了语法，为汉代及其以后儿童字书的编写提供了依据。

（二）汉代的识字教材

1.《仓颉篇》

汉代闾里书师结合自身的教学经验，把秦代的《仓颉篇》、《爱历篇》、《博学篇》合编起来，组成了这部字书。在近代出土的汉简中，可发现首章前 40 字："仓颉作书，以教后嗣。幼子承昭，谨慎敬戒。勉力风诵，昼夜勿置。苟辑成史，计会辨治。超等轶群，出元别异。"①

---

① 转引自中国大百科全书编委会：《中国大百科全书·语言文字》，中国大百科全书出版社 2011 年版，第 31 页。

　　这部字书用隶书写成，60 字为一章，共 55 章，3 300 字。篇中虽有很多重复的字，但这本教材在编排体例上有其独特之处：第一，整篇四字一句，隔句押韵，且每章一韵到底。第二，句子仅为字词罗列，一般语意上没有关联。字与词之间、句与句之间，一般不具备语言上的逻辑关系，大多不表达完整的语意。

　　这种编排方法对于蒙童识字具有一定意义。首先，采用当时通行的四言韵文形式，编排零散的汉字，并且尽量将意义相同、相近、相关、相类的字编在一起，使字的认识和词的掌握融为一体，便于学童习诵和记忆。其次，作为字书，它一方面体现了秦代对汉字的认识和研究所达到的水准；另一方面也奠定了字书系统的原型，直接影响着后世字书的编辑。

　　这本书是汉代主要的识字教材，一直流传到东汉，后来被保留在《三仓》中，唐以后才亡佚。

　　2.《急就篇》

　　也称《急就章》，作者史游。这是唯一完整保留下来的秦汉时期的识字教材，其编写体例是把一些事物相近的字，分类编写在一起。《急就篇》共 34 章。其中有 31 章为史游所写，每章都是 63 字。第 7、33、34 章为后人补写。在开篇，作者就指出："急就奇觚与众异，罗列诸物名姓字。分别部居不杂厕，用日约少诚快意，勉力务之必有喜。请道其章。宋延年，郑子方。卫益寿，史步昌。周千秋，赵孺卿。爰展世，高辟兵。"介绍了写作意图。全篇分为三部分：一是"姓氏名字"，二是"服器百物"，三是"文学法理"，内容非常丰富，几乎涵盖了汉代生活的各个方面。

　　《急就篇》具有以下特点：第一，集中识字。此书 2 144 字中，包括单字 1 809 个和重复字 335 个。大量的汉字满足了蒙童的识字要求。第二，整齐押韵。用三字、四字、七字句，句式整齐而不呆板。三字、四字句隔句押韵，七字句每句押韵。这种句式，读起来朗朗上口，便于儿童记忆。第三，注重实用。史游选取《仓颉篇》中常用字而成《急就篇》，因篇中多为日用杂字，实用价值较大。第四，知识宽泛。这本书包括 100 多个姓，400 多种器物名称，100 多种动植物，60 多种人体部位器官，70 多种疾病药物名称，而且还有官名、法律知识、地理知识。全书收集了当时各种知识的有用词汇，具有很大的知识密集度和容纳量。第五，思想教育。在这本教材中，有砥砺品行的品德教育，也有不要触犯刑律的守法教育，还有"汉地广大，无不容盛"一章所进行的爱国主义教育等。它在教授识字的同时，也对学童进行了思想教育。第六，读写结合。这本书恰当地把读和写结合起来，提高了学习效率。读什么就写什么，既是识字教材，又是写字教材。

《急就篇》的目标是作为应急之用的识字课本，其教学对象是学童，因而所选的字均为日常所用，实用又不会太难。这样，就使识字课本与字书有了区别。如此这般分类编写，在我国字书编写史和语文教材编写史上都是一个进步。

《急就篇》的这些特点对后代蒙童教材和国外的蒙童教材都有很大的影响。一直到唐代它还是主要的识字教材，唐宋以后盛行的《千字文》、《三字经》、《百家姓》以及各种字书，都受它的影响。作为一种儿童读物，使用时间达六百多年，这种现象在世界教育史上是罕见的。这与该书本身的切合实用、符合教学需要是密不可分的。该书成书后就开始向国外传播，到了东汉尤为盛行。如日本的《官话急就篇》就是借用这本识字课本的名称，体例也很相近。

除了《仓颉篇》和《急就篇》以外，汉代还有很多识字教材，如扬雄的《训纂篇》、贾鲂的《滂喜篇》、李长的《元尚篇》、司马相如的《凡将篇》、蔡邕的《劝学篇》、班固的《十三章》等，但大都散佚，没能流传下来。

二、识字教学方法

秦汉时期要求学童在初入学的一年到一年半时间里识字 2 000 个左右，因此识字教学面临较大的压力，蒙师也适时探索出了适合学生提高识字效率的方法。

（一）利用识字课本集中识字

秦汉时期有众多的识字课本，在学童刚入学的较短时间里，教师会利用这些课本对学童进行集中识字的训练。使他们在较短的时间里进行强化训练，从而实现识字教学的目标。

（二）分类采取不同方法识字

汉字作为一种象形文字，具有很强的象形特点。所以，在进行简单的日常杂字教学时，会利用汉字结构特点进行识字教学。同时，在教授意义相近的字时，则多数是通过其中一个字的意义来识读一系列相同或相近的字，以此来提高学生识字效率。

（三）读写结合强化识字效果

汉字具有自己独特的特点，一个字一种形态。要想迅速认识大量的汉字，有必要采取读写结合的方法，读什么写什么，边读边写，如此既可提高识字效率，也可强化识字效果。

三、写字教学

秦汉时期是汉字定型的时期，在这一时期，为了适应社会发展，各种字体相继出现并得到发展。

（一）字体

秦始皇"书同文"的措施结束了六国"文字异形"的混乱局面。但这并不是说秦朝完成了统一文字的工作。许慎的《说文解字》上记载："秦书八体，一曰大篆，二曰小篆，三曰刻符①，四曰虫书②，五曰摹印③，六曰署书④，七曰殳书⑤，八曰隶书。"不过"八体"中通行的是小篆和隶书。李斯对大篆⑥和古文⑦两种字体加以改造，使笔画更为简单，成为小篆，也称秦篆，成为秦朝统一的官方文字。狱吏程邈为使用方便，又根据小篆再简化而创新字体，称隶书，这也就成为以后通行的

---

① 刻符，刻在符节上的字体。
② 虫书，写书幡信用的字体。
③ 摹印，摹写在玺印上的字体。
④ 署书，题写在扁额上的字体。
⑤ 殳书，写在兵器上的字体。
⑥ 大篆，周代使用的文字。
⑦ 古文，齐鲁地方通行一种简易的字体，称古文，或叫蝌蚪文。

方体字楷书的雏形。当时识字课本以小篆书写，但隶书因为使用起来更为方便实用，所以对于初学写字的蒙童而言，应该是小篆和隶书同时学习的。

汉代的字体也有很多。汉初有八体，到了王莽时，有六书，即古文（孔子壁中书）、奇字（古文而异者）、篆书（小篆）、左书（秦隶书）、缪篆（用来摹印）、鸟虫书（用来书幡信）。另外，汉代还有草书、真书、行书。汉代的草书，人们称之为"意草"，是在汉隶的基础上发展而来的，仍带有隶书风格。起源于汉末的楷书，则是隶书简易而成的字体，它将隶书的点画改为平点，把扁平的形体变得方正。这样笔画清楚，结体端正，既便于书写，又易于辨认。所以一经形成，长期保持稳定，一直沿用至今。随着社会生活文化信息日益丰富，行书出现。行书简化楷书点画，又兼带草书联绵笔势，虽没有楷书工整，却不像草书那么潦草。既比楷书易写，又比草书易认，最切合实用，因此和楷书一样通行至今。

秦汉时期，真、草、隶、篆四种字体基本俱备，其中汉隶是两汉学童的常用字体。这些字体为记载丰富的社会信息奠定了基础，也为笔墨功能的发挥提供了新的天地。

（二）书写工具和材料

1. 笔

在殷商时期就已经有毛笔。此后，毛笔不断得到改进，汉人写字用的毛笔，现在可以见到的有居延出土的汉笔。"居延出土的汉笔，笔杆是一根相当于普通铅笔而略细一些的木棍，一头渐细。这棍劈成四瓣，细的尖头，用一个木制的小尖帽顶把四瓣尖头套住，另一头四瓣中间挖出嵌毛的空腔，吞住一撮短黄毛，用细丝线缠住笔杆的下端，使那一撮笔毛紧紧地拢在四瓣杆头之内，牢固不致脱落，并可见到这种笔头是可以更换的。"① 由此可以看出，汉代的毛笔和如今所用的毛笔，在构造上基本相同。

---

① 《引言》，《书法丛刊》（第 11 辑），北京文物出版社 1986 年版。

2. 纸

在汉和帝以前，书写使用的是竹帛，竹是竹简，帛是缣帛。竹简、木牍笨重，缣帛又贵，所以都不便使用。到了东汉，宦官蔡伦发明了用树皮、麻头、烂布、鱼网等原料造纸，但这种造纸法并没有推行。故而，汉代书馆学童学书，大都用竹简。有的竹简写上字，可以拭去再写。那时学童还有揩拭这种简牍的布，叫"幡"。这些都是一般民间学童学书的文具。

3. 墨和砚

墨和砚在汉代也都已经使用。秦汉时期的砚多以石头为材料，但多了纹饰或兽形雕刻，线条亦渐为流畅。《汉书》有"尚书令仆丞郎月赐渝糜大墨一枚，小墨一枚。"北魏贾思勰《齐民要术》谈"合墨法"很细，据研究考证得知，这可能是汉代传下来的制墨方法。

秦汉时期，随着政治的稳定，经济的繁荣，教育也得到了相应的发展。为记载丰富的社会信息，培养人才，识字写字教学得到了较大的发展。这一时期语文教学在识字教材和识字方法上取得的成就，为后世开创了一个新的纪元。

第二节　阅读教学

秦朝建立，以法家思想为尊。为巩固其专制统治，公元前 213 年，秦始皇采取极端的文化政策"焚书坑儒"。在教育中，秦朝廷规定学生只能学习秦国的法令，因此，法令文书成为阅读教学的主要教材，本该丰富多样的阅读教学也就处于停滞状态。西汉初期，实行宽松的文化政策。各种学说逐渐流行，阅读教学也展现新颜。"独尊儒术"政策实行以后，儒家典籍成为学校主要阅读教材，并一直流传沿袭至封建王朝的覆灭时期。在宽松的文化政策的影响下，无论官学还是私学都得到了新的发展，并逐步建立了中央和地方的学校制度，为以后历代封建王朝的学校制度奠定了初步的基础。

一、阅读教材

总体而言，秦代的阅读教材较为匮乏，而汉代的阅读教材较为丰富。

（一）秦代阅读教材

秦代崇尚法制，法家思想受重视，儒家思想受打压。秦朝廷规定秦法令、法律和法家著作为主要阅读教材。主要有《秦律十八种》、《效律》、《秦律杂抄》等。此外，法家著作如《韩非子》等，也是学子的主要阅读教材。

（二）汉代阅读教材

1. 《论语》、《孝经》

这是汉代学童在"学书"之后，进一步学习的必读书目。汉代"以至孝理天下"[1]，《孝经》成为必读书目。到东汉明帝时，"期门羽林介胄之士，悉通《孝经》"[2]。因为崇尚儒术，记载孔子思想的《论语》也是士人必读之作。从中理解儒家思想，为进一步推行儒术奠定了基础。

2. 《五经》

经学在两汉时期极其昌盛，因此《诗》、《书》、《礼》、《易》、《春秋》也就成为学校的主要阅读教材。"《诗》《书》序其志，《礼》纯其美，《易》《春秋》明其知。"[3] 董仲舒认为五经各有所长，对于培养学生儒家思想的形成有重要作用，因此，要求太学学生必须学习。

3. 律令文书

汉代著名的律令有萧何律 9 篇、叔孙通益律 18 篇、张汤越宫律 27 篇、赵禹朝律 6 篇，共计 60 篇。这些律令所包括的条款更是数以千万计。如此庞大的法令体系，不进行专门学习是难以掌握的。了解一定的律令文书，对于巩固其统治也有一定的意义。

---

① 《后汉书·班超传》。
② 《后汉书·樊宏传》。
③ 董仲舒：《春秋繁露》（卷一）。

4. 诸子及其他

汉武帝以前，阅读用的书是比较杂乱的。如陈平"少时家贫好读书，治黄帝老子之术"。晁错"学申商刑名于轵张恢生所"。这些在《汉书》中都有所记载。武帝以后，虽说独尊儒术，但学者除《五经》之外，也读其他书。如冯异"好读书，通《左氏春秋》《孙子兵法》"。耿况"与王莽从弟伋共学《老子》于安丘先生"。这些都在《后汉书》中有所记载。

二、阅读教学方法

这一时期，随着经学的发展和昌盛，语文教学的书面语言发生了很大变化，形成了以先秦典籍所反映的古代汉语为基础的定型化的书面语言，即文言文。"人们口头上实际使用的语言是不断发展的，因而这种定型化的书面语同人们口头上实际使用的语言产生了距离。"① 因此，在实际教学过程中，就需要教师采取切实可行的教学方法，帮助学生去阅读理解儒学经典。

（一）熟读记诵

汉代的阅读教学中，对诵读有极高的要求。"讽"就是现在所谓的背诵，"诵"就是现在的吟唱，"读"就是现在的朗读。在阅读学习中，对古籍"专精诵读"是很有必要的。只有反复熟读记诵，才能够熟练掌握和理解意思。如汉初太史试学童要能背诵默写九千字以上才能担任史官一职。② 到武帝时，任官选拔也"先用诵多者"③。到了东汉，像延笃用十天时间就能背诵《左氏传》④，使他的老师也十分惊叹。

（二）精心讲解

汉代，由于口语和学习的先秦书面语相差较大，因此必须用正音、断句、训诂等方法精心讲解。

---

① 《语文教学论集》，张志公著：《张志公文集（3）》，广东教育出版社1991年版，第185页。
② 《汉书·艺文志》。
③ 《汉书·儒林传》。
④ 《汉书·延笃传》。

1. 正音

这是阅读教学的第一步，也是熟读记诵的前提。汉字作为典型的象形文字，有自身完整的结构。汉字中存在很多多音多义字，增加了读音和理解的困难。用"读如"、"读若"拟音，是汉代人常用的标音方法。

2. 断句

这是理解古文的基础，它包括：一篇有几章，一章有几句，一句有几处停顿，这就是句读。分章析句和理解语意是连在一起的，所以汉儒也把语意的解释叫做"章句"。句读是指分辨句和读而言，章句是分辨章和句而言。实际上都是指的篇、章、句、读的划分。对同一经文的理解，经师不同，断句就不同。在汉代，已经出现了断句符号，但是经师们使用的符号并不完全相同。

3. 训诂

先秦的古典书面语言和汉代的口语相差很大，学习起来相当困难，必须逐字逐句用汉代的语言解释先秦的语言，这就叫训诂。清末张之洞《輶轩语》说："诂，古语也，谓以今语解古语，此逐字解释者也。训者顺也，谓顺其语气解之，此逐句解释者也。"训诂，后来逐渐演变为教学中的评点法。

（三）启发引导

教师在进行阅读教学时，并不是一味地讲解，也让学生自己主动探讨，通过教师的引导让学生自己体悟其中内涵。郑玄有言："孔子与人言，必待其人心愤愤，口悱悱，乃启发为说之，如此则识思深之。说则举一隅以语之，其人不思其类，则不重教也。"① 作为一代教育大家，郑玄的教学方法对后世有深远影响。"专心经书，方其讲问，乃不食终日。及有难者，辄为张数家之说，令择所安。诸儒皆伏其多通，著录千余人。"② 也就是说，当学生碰到有疑难的地方时，老师列举出几种解说，启发学生从中选择出最恰当的一种。这种启发引导的教学方式，对于学生思维的发展具有重要作用。

---

① 《礼记·正义》（卷三十六）。

② 《后汉书·儒林传》。

三、阅读教学工具书

秦汉时期语文教育相较于前代来说达到了一个新的水平。这不仅是指它在教学方法上有所进步，在另一方面，这一时期出现的语文教学的工具书具有很高的学术价值和实用价值。这里着重介绍《尔雅》、《方言》和《说文解字》三部书。

（一）《尔雅》

《尔雅》是我国最早的一部解释词义的专著，也是第一部按照词义系统和事物分类编纂的词典。全书共 19 篇，前三篇是解释普通词语的，类似后世的语文词典。后 16 篇是根据事物的类别来分篇解释各种事物的名称的，类似后世的百科词典。这是我国第一部语文教学专用词书，全书共收录词语 4 300 个，来源相当广泛。对于儒生读经扫除语言文字障碍、提供写作词汇具有重要作用。

（二）《方言》

汉代著名语言学家扬雄著。《方言》经东晋郭璞注释之后流传至今，现存的版本共 13 卷，各卷大致分类编次。每卷又分若干条，把意义相同而属于各个不同方言的词汇集在一起，用一个常用词解释。有时在总的解释之后再分别指出某词属某地方言。书中使用了一些专门术语，如"通语"①、"某地语"②、"转语"③ 等。《方言》是我国第一部比较方言词汇的著作，也是一部学习语文的重要工具书，对于阅读教学中正音工作有很大的作用。

（三）《说文解字》

作者许慎，是东汉著名的经学家、文字学家。他广泛收集了先秦以来典籍中的 9 353 个字并加以解释。全书正文用小篆，解释用隶书，有些字小篆和古文、大篆形体不同，就将古文、大篆作为重文附在正文后面。书中把 9 000 多字按字形分为 540 部，每部均有部首字。在解释每

---

① 通语：当时的流行语。
② 某地语：当时的某地语言。
③ 转语：时地不同造成语言变化的词。

个字时，一般先解释意义，再解释字形并正音。如"扉，户扇也。从户非声。"这是我国第一部字典，在人们阅读先秦典籍时能起到重要作用。同时，也是历代语文教学和研究的重要工具书，对于阅读教学具有重要作用。

秦汉时期的阅读教学，从凋敝走向繁荣。阅读工具书，阅读教材的涌现，为语文教学的发展提供了深厚的基础。

第三节 写作教学

秦代崇尚法学，极力阻挠百家思想的发展。因此，在文章学方面没有太大的成就，就流传下来的文章而言，只有《吕氏春秋》、李斯的《谏逐客书》和刻石文字。在写作教学方面，学童所学大概是一些日常的应用文书和律令文书，而且并没有什么具体的写作文体要求。

汉代的写作教学，和各个学段的学习情况相适应。第一阶段与识字教学相配合，主要教日常应用文字。学习《三仓》中的字，不仅要求会认会写，而且要能够写日常应用文体。第二个阶段与读经相配合，文体要求比较广泛，随着学习者和教学者的不同而各有侧重。

一、写作文体

就文体而言，学童当时所学作的文体主要有以下五类：

（一）诗赋类

包括赋、诗歌、七言等。赋是汉代一大特色，写赋的大家层出不穷。班固《两都赋序》有言："故孝成之世，论而录之，盖奏御者千有余篇。"作为一种新出现的文体，在汉代许多人从小就学习作赋。《汉书·枚乘传》记载，枚皋在20岁左右因赋写得好，被皇帝召见，并被拜为郎。诗歌与赋不同，更注重抒情。没有赋的铺陈，因而更为简单易学，成为汉代写作训练的内容之一。

（二）书表笺奏类

包括各种公文和私人书信。东汉顺帝阳嘉元年（132年）规定郡国举孝廉，"文吏能笺奏"才可应选，对于那些想要靠读书做官的一介书生而言，公文是必学之作。而且据考证，汉代文书类别繁多，每一种都有书写格式和体例要求。中央一级的官文书有制、诏、敕等，地方一级的官文书有府、檄、谴、举、报等。要写好这些文书，做到言简意赅，行文得体，就必须要经过专门的训练。

（三）颂诔箴铭类

这类文章整齐押韵并且注重议论，实用性很强，在社会生活中用到的可能性会比较大，所以也是写作教学的重点。

（四）论说类

包括各种议论文，主要是散文。比较重要的有策论，它是专门供考试用的议论文。策论又可分为两类，一类是射策，另一类是对策。《文心雕龙·议对》中有言："射策者，探事而献说也。对策者，应诏而陈政也。言中理准，譬射候之中的，二名虽殊，即议之别体也。"既然考试要求策论，所以，一些宦学的士子在读经的同时也要学习写作这类文章。

（五）碑志类

包括各种记叙文，它在汉代也是一种常用文体。《后汉书·列女传》注引《会稽典录》，二十多岁的邯郸淳操笔而成《曹娥碑》，无需改动，且被蔡邕称为"绝妙好辞"，这一方面说明他有才华，另一方面也说明他接受过碑文写作方面的训练。由此可见，碑文写作也是写作教学的内容之一。

二、写作教学方法

汉代是赋这一文体大发展大繁荣时期，在教学过程中也相应地产生了丰富的切合实用的写作教学方法，主要有以下三种：

（一）模仿写作

这是最常用的写作教学方法。采取已有的形式，利用原有的语言材料，加上自己的思想，就可以写出文章。扬雄是汉代运用仿写方法最为成功的作家。史书称他每年作赋常模仿司马相如的文章格式，又仿照

《离骚》作《广骚》，仿《九章》作《畔牢愁》，这都是单篇的仿写。他在仿写中不限于体裁风格的相似，有时连原作的词语也加以采用，《广骚》就是模仿《离骚》并运用它的部分语言写成的。这种方法对于初学写作的人确实有好处。但是，一味模仿，只能让学生失去自己的创造力，从而没有继续发展的动力。

（二）反复修改

《尔雅》中说"灭字为点"，郭璞《尔雅注》说"以笔灭字为点"，这说明在汉代"点"是修改文章的术语，就是用笔将文章中应删的词句涂去。"加"也是术语，就是将文章应该增加的语句添上。祢衡《鹦鹉赋序》云："衡因为赋，笔不停辍，文不加点。"也就是说，祢衡在写作这篇文章的时候，思路连贯，文章没有经过修改就完成了。

（三）方法繁复

司马相如谈到赋时说："合綦组以成文，列锦绣而为质，一经一纬，一宫一商，此赋之迹也。赋家之心，苞括宇宙，总览人物，斯乃得之于内，不可得而传。"① 这就是说赋的写作中要求文辞兼美，大气磅礴。班固在《汉书·司马迁传赞》中赞扬司马迁的良史之材时说："善序事理，辨而不华，质而不俚，其文质，其事核，不虚美，不隐恶，故谓之实录。"这种称赞实际上已比较系统地阐述了史传文的写作艺术特色。另外，在诗歌写作中，"赋比兴"手法也开始广泛运用。写作方法的繁复，是写作历程中的一大进步，通过运用繁复的写作方法，汉代各类文章呈现出不同的特点，从而造就了一大批优秀的文学作家及作品。

写作教学历来都是语文教学的重点，运用灵活的写作方法写出多彩的文章作品是写作教学的基本目标。在秦汉之际，一大批文学大家的出现，正是写作教学的成功案例。

第四节　语文学习

秦汉时期是我国封建制度的形成和确立时期。随着大一统政权的建

① （东晋）葛洪：《西京杂记》（卷二）。

立，教育制度也趋向稳定，特别是在汉武帝以后，不论是官学还是私学都兴盛一时，出现了很多具有独特思想的教育大家，如董仲舒、司马迁、王充、扬雄、郑玄等。他们通过自己的学习过程和教学经验，总结出很多优秀的语文学习思想和语文学习方法，这些思想和方法对当今语文教育仍然有重要的借鉴意义。

一、语文学习思想

秦朝崇尚法制，对儒家等其他学说实行打压的政策，由于实行暴政，导致其最终走向了灭亡。西汉初年，黄老之学一度盛行，儒家思想在董仲舒的手中经过取长补短式的改造，最终将大一统的政治思想纳入自己的思想体系之中，从此成为整个封建社会的主导思想。因而，秦汉时期的语文学习思想带有浓重的思想教化痕迹。

（一）文章学习，教化为先

董仲舒有"汉代孔子"之称，他将一个国家的治乱兴废归之于礼乐教化。因而，他特别重视教育中的德育作用。他认为《诗》、《书》可以表白情志，《礼》、《乐》可以美化风俗，《易》、《春秋》可以鉴往知来，开发智慧。序志、纯美、明知，意思就是诗书的教化作用。即便是极力反对董仲舒的王充，也是提倡培养"尽材成德"的"鸿儒"。作为一个鸿儒，要德才兼备，知诗书，达礼仪。其本质上也是注重诗书的对人的教化作用。在汉代的学习中，对学生进行思想教育是从识字教学就开始的，《急就篇》部分内容就体现了教育的思想教化作用。

（二）经世治国，学以致用

在秦汉时期，国家实行了新的选官制度，重视对于社会上才能之士的选拔任用。因而，更多的学子是为了进入仕途而选择读书，经世治国成为广大学子学习的主要目标。汉代儒家更是倡导学以致用的学风，力求学习能够为国家和个人带来实质性的益处。这一思想与语文教育注重诗书教化功能是一脉相承的，董仲舒从治国和育人两个方面谈论了学习的重要作用。这里的学习，在很大程度上指的就是语文学习。王充也本着务本的思想，从批判浮华学风的基础上论述了学以致用学习观的重要性。在学以致用的学习思想指引下，汉代学子们通过学习提高了自己的素质，也为国家输出了大量的治国人才。

（三）广见博闻，知行合一

古代的语文教育具有整体性的特征，其中融合着历史教育、思想教育、哲学教育等方面的内容。因而，在语文学习中，教师们提倡广见博闻，知行合一。提倡在实践中增长见识，开拓视野，拓展思维。司马迁在《太史公自序》里说："二十而南游江淮，上会稽，探禹穴，窥九疑，浮於沅湘；北涉汶泗，讲业齐鲁之都，观孔子之遗风，乡射邹峰；戹困鄱、薛、彭城，过梁、楚以归。"在这次游历中，他收集了丰富的历史文化素材，了解了社会风习，这次的学习实践更是为他以后写《史记》做了充分的准备。王充在论述学习过程时，也认为在学习中要注重实践，通过观察、测试、比较去检验所学知识的正确性。他说："事莫明于有效，论莫定于有证。空言虚语，虽得道心，人犹不信。"[①]"凡天下之事不可增损，考察前后，效验自列。自列，则是非之实，有所定矣。"[②]许多事物的真相往往要通过亲自去经历、去实践才能获得真正的结果。

（四）经学教育，读写为本

识字、写字是语文教育的第一步。重视读写基础训练是秦汉时期重要的学习思想之一。秦汉时期，有众多的识字课本，学童入学，最先接受的就是识字教学。在有了扎实的识字能力的基础上，再进行阅读教学的学习。汉代古文经学的发展，也从另一方面对学子们的基础能力有了更高的要求。古文经学更注重对古文字句的斟酌解析，因而，在汉代语文学习中，对学生字句基本功的训练是一个重要环节。此外，对诵读也提出数量和质量上的严格要求。认为只有通过一定量的阅读，才能够掌握丰富的作文素材，接触多样的写作方法，这些对于学生进一步的学习都有一定的帮助。

---

① （汉）王充：《论衡·薄葬》。
② （汉）王充：《论衡·语增》。

二、语文学习方法

在汉代，由于一个教师教的学生有很多，所以教师会采取集体上课、次相授业的教学方式。在这种教学条件下，教师更注重对学习方法的点拨，学生的自学也就显得更为重要。语文学习方法主要有以下五种：

（一）多连博贯

汉代儒学大家董仲舒通过他研习《春秋公羊传》的体会，提出了"多连"、"博贯"的语文学习方法。"是故为《春秋》者，得一端而多连之，见一空（孔）而博贯之，则天下尽矣。"①《春秋》涉及两百多年的历史，人物复杂，时间繁多，且诸侯各国相互交织，学习时有很大的难度。董仲舒在研习时坚持贯通的原则，使用一条线索统领全书，从而把握整套书的精神实质，进而全面领悟学习内容的实质。"多连"、"博贯"的学习方法要求学习者在学习时不可就事论事，而应该争取做到融会贯通，利用类比归纳的方法，进行演绎推理，将所学所看勾连在一起，进而综合考虑。

多连博贯的学习方法对于当今学生的学习仍然有重要意义，特别是在接触宏观历史的学习时，学生如果能在其中理出一条线索，再将书中涉及的内容链接到线索上，就能迅速提高学习效率。

（二）学贵专一

汉代注重经学的学习，特别是专经的学习。汉人传经，要守师法和家法。经师传经，若不严守师法家法，便不能进太学做博士，即或当上了博士也有被赶出太学的可能。这种专经的做法，虽然导致了后来经学的章句烦琐的现象，但是，对于学生潜心进行一门学问的研究是有一定作用的。另一方面，专一，是指学生学习必须专心致志。董仲舒在《春秋繁露·天道无二》中提出："目不能二视，耳不能二听，手不能二事。一手画方，一手画圆，莫能成。"学习中必须要集中注意力，才能学有

_____

① （汉）董仲舒：《春秋繁露·精华》。

所成。王充也同意董仲舒的说法，在《论衡·书解》中，他说："人有所优，固有所劣；人有所工，固有所拙。非劣也，考意不为也；非拙也，精诚不加也。"在这里，他甚至认为专一与否直接决定了学习的好坏。

在当今学生的学习过程中，会受到各种各样的诱惑，也会出现面对众多学习对象难以选择的情况。在学习中，想要真正做出一定的成绩，就必须选择一个方向，进而专心探索，潜心研究。只有这样，才能真正深入学习，发现未知成果。

（三）勤学渐进

王充提出在学习上要勤学不怠，循序渐进。"人之学问，知能成就，犹骨象玉石，切磋琢磨也。"① 学习之人想要有所成就，就必须如雕刻象牙玉石一般，不可急功冒进，而应该细细琢磨，坚持不懈。大器晚成之人，在学习之初都是在积累知识，只有当知识储备到一定的程度，才能有所成就。董仲舒继承儒家"天行健，君子以自强不息"的思想，提出在学习中，要靠自我的努力去认真钻研。他在《对贤良策》里强调："事在强勉而已矣。强勉学问，则闻见博而知益明。强勉行道，则德日起而大有功，此皆可使还至而立有效者也。"在学习中，肯钻研，肯努力，能够严于律己，就能够日益完善自己的德行，事业大成。他以尧舜成德致贤为例，强调学习并非朝夕之事，而应该是循序渐进的。在学习中要明白"众小成多，积小成巨"的道理。

勤学渐进的学习方法对于今天的语文学习仍有重要意义。在学习中，只有坚持勤奋努力，才能日渐积累知识。只有遵循循序渐进的原则，才能够不急躁，不冒进，也才能对自己的每一步都坚定信心，不放弃，不沮丧。从量变到质变是一个漫长的过程，在这个过程中要坚定意志，刻苦努力。只有这样，才能获得学习上的最大进步。

（四）践行知识

王充是东汉时期的唯物主义思想家和教育家，他以唯物主义的眼光

---

① （汉）王充：《论衡·量知》。

提出在学习中要注重实践的地位，通过亲身实践体验知识。他反对那种皓首穷经式的学习方式，更重视习作的意义。在学习中，学生必须"日见之，日为之"，只有这样，才能真正将自己看到的知识融入自己的脑海中。扬雄也主张在学习中"君子强学而力行"，在学习中，只有认真践行学习的知识，才是真正的学问。司马迁更是用自己的实践践行了这一学习方法。在《史记》的编写中，有很多内容来自于他早年的游历。

当今的学习中，我们仍然要毫不犹豫地坚持践行知识的学习方法。通过书本等其他的学习工具，我们获得的更多是间接经验。但是，对于生活的体验，需要我们自身的直接实践，从中获得直接经验。这些经过我们自身验证的知识，在我们的记忆中往往会更加深刻。语文学习中，实践性学习是综合性学习的重要方式之一，提倡实践学习，对于学生体验生活、活跃思想具有重要意义。

（五）自主探究

在汉代，教师数量有限，学生却有很多。所以，在教学过程中，教师会采用集体上课的方式，这种方法被称为"大都授"。另外，由于学生受业年限各不相同，故而教师会采用高年级学生教低年级学生的做法。《后汉书·郑玄传》记载，在教师门下学习一定年限且成绩优秀的学生，就可以代替老师传经。在这样的教学情况下，学生在学习过程中，自学就显得尤为重要。学生在学习中有疑难问题，首先需要自己努力钻研，反复领会，寻求解决办法。在这个过程中，学生的自学能力得到提高，自主探究的学习方法得到锻炼。

学生的自主学习是与教师的启发密不可分的。在汉代，老师授业都有一定的时间，学生可以在上课时与老师交流自己在学习过程中遇到的问题，在教师的启发下获得知识上的提高。"专心经书，方其讲问，乃不食终日。及有难者，辄为张数家之说，令择所安。诸儒皆伏其多通，著录千余人。"① 这就是说教师启发学生在罗列的几种解说中选择最恰当的一种。正是在这种学生自主、教师点拨的学习方法下，汉代儒师培

――――――――――

① 《后汉书·儒林传》。

养出了一代代学识丰富的学术大师。

　　我们今天广为提倡的自主探究的学习方法，与汉代学子们的自学方法是一致的。这也是以学生为学习主体的学习思想的具体表现，在学习过程中，学生通过自主探究学习，针对学习内容提出自己的见解，教师进行适当的点拨。在这个过程中，激发了学生主动思考的兴趣，也提高了学生主动学习的能力。

　　总之，秦汉时期的语文学习思想及各位教育大家优秀的学习方法，不仅是当时的教学财富，更为当今语文课程改革提供了指导。所谓"以史为鉴"，就是要求我们能够从古代的教育经验中取长补短，为我所用。

第五节　语文考试

　　秦汉时期，随着大一统政治制度的建立与完善，教育制度也不断得到改进。虽然秦始皇焚书坑儒，为提倡法家思想而限制了其他学派的发展，但是随着汉代废除"挟书令"，教育迅速发展起来。选官制度与教育制度之间有密切的联系，为此，也有了较为严格的考试制度，语文考试就是在这个背景下发展起来的。

一、语文考试机构

　　秦汉时期，特别是汉代，自汉武帝"独尊儒术"的政策始，逐渐建立了中央和地方的学校制度，为以后历代的学校制度奠定了基础。

　　（一）官学

　　官学分为中央和地方两种。中央的官学主要是太学，至于四姓小侯学和鸿都门学则为一种特殊学校。地方官学就是所谓的郡国学校。① 这些教育机构直接为国家输送官吏，因而要通过考试测试学生的学习情况，根据考试情况对其进行选择淘汰，授予官职。汉代太学很注重考试，这也可能是采纳了董仲舒的意见，董仲舒在《对策三》中就曾建议

---

　　① 毛礼锐、瞿菊农、邵鹤亭编：《中国古代教育史》，人民教育出版社1996年版，第154页。

太学"数考问以尽其材"。汉代太学注重考试的另一个原因是，因为平时课堂教学不严格，教师少，日常的检查也难，所以只有用考试的办法来督促和检查学生的学习成绩。汉代太学的考试制度补救了教学制度不严格的缺点。

（二）私学

这是由经儒大师们自立的"学馆"、"书馆"或"书舍"等。当时由于官学招纳生员人数有限且兴废无常，而官学中又偏重太学，地方官学有名无实，所以在官学中就学的机会不足，加以官学缺乏蒙学一类的学习机构，因而青年、儿童多半就学于私学，这样就使私学的数量超过了官学，其中"蒙学"占据了主要地位。在学馆中，由于学生多，教师少，所以教师要定期进行考核，确定学生的学习进度。

二、语文考试内容

不同的教学单位，根据教授内容的不同，有不同的考试内容。

官学以讲授今文经学为主，每个学生除选习专经外，《论语》和《孝经》也是公共必修科目。所以，在考试中，这些都是必考内容。太学中，经学博士会根据讲习进度，考查学生的阅读与写作能力，并将考试结果直接与官员的选拔联系起来。所谓"讽诵取士"就是说通过对学子们经文理解背诵的情况进行考试，进而根据考试结果授予一定的官职。这也从另一个方面验证了语文考试的内容。

在私人学馆中，传授经学的主要是古文学派的经师。他们讲求名物训诂，注重考证。在考试中，更加注重对基本语法、词汇知识的考查。对蒙童来讲，考试的重点主要是对识字写字能力的考查。另外，对于学童的经文背诵情况，经师也会进行抽查。

三、语文考试方法

汉代太学继承了先秦注重考试的传统，在考试的办法上有所改进。汉代太学没有规定肄业年限，只要通过了考试就可以毕业，并按成绩高低授以一定的官职。太学初期规定每年考一次，叫做"岁试"，考试方法是"设科射策"。这种考试方法类似我们今天的抽签考试，这可以说是汉代太学在考试方法上的创举。

"设科"就是设为甲乙两科，以区别学生程度的高低和授官的职位不同。在考试中如果发现不用功或下材及不通一经的，可以开除学籍。到了东汉桓帝时，取消了甲乙科，改为上、中、下三等，每等规定录取名额和授官的名义。不到十年，桓帝更定课试办法，每两年考一次，不限制录取名额，根据通经的多少，授以不同的官职，到通五经为止。已经授官的人也可以应试，及格的可以授给更高的官职。考不取的可以在下次再考，不受限制。

总体来说，汉代是注重教育精神的时代。在汉代，察举制选拔人才方式的出现，使一些中小地主阶层的人才也能够进入到统治阶层，刺激了广大学子们的学习热情。学生们的学习内容，以经学为主，注重训诂考据，为我国语文教育的发展提供了良好的环境。

思考与练习

1. 识字教材《急就篇》述评。
2. 秦汉时期有哪些阅读教学方法？
3. 秦汉时期的写作教学有哪些形式？
4. 简述秦汉时期语文学习思想与方法对当今语文学习的启示。

第三章　魏晋南北朝语文教育

　　魏晋南北朝（220—581）是我国历史上长期处于动乱和分裂状态的时期。220 年，曹丕代汉建立魏国。刘备、孙权也相继称号建国，形成三国鼎立的局面。280 年西晋统一全国，仅维系了 20 年便土崩瓦解。西晋灭亡之后，江南先后出现东晋、宋、齐、梁、陈等五个政权，北方则经历十六国、北魏、东魏、北齐及西魏、北周等政权的统治。439 年北魏统一北方后与江南的宋、齐、梁、陈形成南北对峙之势。589 年，隋灭陈、统一全国，结束了这一时期的分裂割据状态。这一时期，文学、史学、科学技术在继承秦汉已有成就的基础上，有了新的发展。此时，魏晋南北朝时期的文学正如鲁迅所言进入了一个"文学的自觉时代"，在文化教育和学术思想等方面都形成了诸如私学兴盛，突破儒术独尊、展开教育理论争鸣，清谈玄学的风气十分盛行，玄、道、佛、儒的相互吸收，国际文化教育开始交流等一些新的特点。这一时期，政治、经济、文化、教育等方面的变化使语文教育在识字写字教学、阅读教学、写作教学、学习思想、学习方法等方面呈现出新的发展态势。

第一节　识字写字教学

　　张志公在《传统语文教育初探》中把整个语文教育过程分为三个阶段："开头是启蒙阶段，以识字教育为中心；其次是进行读写的基础训练；第三是进一步的阅读训练和作文训练。"① 识字、写字是读写训练的基础，魏晋南北朝时期的识字写字教学在继承汉代的基础上，又出现了一些新的教材与教学方法。

一、识字教材

（一）沿用汉代的识字教材

魏晋南北朝的识字教材，一部分是沿用汉代的识字教材。王国维在《汉魏博士考》中说："其书用《仓颉》、《凡将》、《急就》、《元尚》诸篇，其旨在使学童识字、习字。"② 不过这时这些教材已经有些难读，所以要有人作注解。《三苍》有郭璞注，《急就篇》有崔浩、豆卢氏注，刘芳有《续注音义证》。从史书记载看，西晋和北朝，用《急就篇》作教材的情况较为普遍。

（二）自编教材

随着魏晋南北朝时期社会的发展，原有的识字教材不能满足儿童识字的需要，于是很多人便开始了蒙学识字教材的编写。如蔡邕的《劝学篇》、陆机的《吴章》、王义的《小学篇》、王羲之的《小学篇》、顾恺之的《启蒙记》与《启疑记》、马仁寿的《开蒙要训》、周兴嗣的《千字文》。其中除了《开蒙要训》和《千字文》尚存于世，其他大都佚失，这里主要谈一下这两部蒙学教材。

1.《千字文》

《千字文》为南北朝梁武帝时周兴嗣所著，它的成书在公元 6 世纪初（南朝梁天监初年），③ 直到 19 世纪末，我国农村还用它来教儿童。作为蒙学课本，《千字文》流传了 1 400 多年，成为世界上现存最早、使用时间最久、影响范围最大的识字课本，不能不说是世界教育史上的一大奇迹。④

① 张志公著：《传统语文教育初探（附蒙学书目稿）》，上海教育出版社 1962 年版，第 1 页。
② 王国维著：《观堂集林》（卷四），台北：河洛出版社 1975 年版。
③《梁书·周兴嗣传》载，周兴嗣的《次韵王羲之书千字》在天监九年（510）除新安郡丞之前，故知《千字文》的编撰当在天监初年（502—509）。
④ 喻岳衡编：《千字文（传统蒙学丛书）》，岳麓书社 1987 年版，第 7～9 页。

《千字文》共有 250 句，1 000 个字，除"洁"字两见外，无一字重复。从"天地玄黄，宇宙洪荒；日月盈昃，辰宿列张；寒来暑往，秋收冬藏……云腾致雨，露结为霜"等常见的自然现象说起，接下来叙述上古之事，介绍一些有关历史的名物掌故，如"龙师火帝，鸟官人皇；始制文字，乃服衣裳。"然后讲到修身持己之理，为人处世之道，以及读书、饮食、居住、农艺、园林、祭祀等社会文化生活常识。这是最初的本子。以后，历代都有续编本、改编本。

《千字文》原是供宫廷习字用的，过了不久，逐渐流传开来。智永有真、草《千字文》传世。《隋书·经籍志》有《篆书千字文》一卷，《草书千字文》一卷。后世也有不少书法家写过《千字文》。《千字文》能够长期流传，历代书法家的书写也是重要原因之一，这一点和《急就篇》有点相似。

《千字文》不仅在汉族中流传，还出现了满汉对照本、蒙汉对照本，甚至流传到日本、朝鲜等国家。《千字文》不仅作为学童识字读本，而且在社会上也广泛流传，此后的商人账册、考场与试卷，以及大部头书卷册的编号，也常以"天地玄黄"为序。

《千字文》继承了西汉字书《急就篇》的编排方法，有以下特点：第一，内容上。表达丰富，前后连贯，条理清晰，强调用典使事，追求文采辞藻。文中大量用典使事，是受当时隶事风气的影响。第二，语言上。四字为句，句法整齐，结构简单，大都是普通的文言语法结构，适合学童诵读。讲求声律，押韵自然。第三，文风上。受永明文风的影响，句子优美清新。如："渠荷的历，园莽抽条；枇杷晚翠，梧桐早凋；陈根委翳，落叶飘摇。"这样可以在识字的过程中融入审美的教育。

基于以上特点，《千字文》才得以成为一本优秀教材，明代王世贞称《千字文》为"绝妙文章"。历代评价《千字文》为"天下第一字书"。

2.《开蒙要训》

《开蒙要训》是马仁寿所编，约成书于东晋与齐梁之间。和《千字文》撰法相近。这本书开头介绍了四时八节：乾坤覆载，日月光明，四时来往，八节相迎。春花开艳，夏叶舒荣，□□秋落，松竹冬青。结尾几句是：笔砚纸墨，记录文章，童□习学，易解难忘。中间是一些自然名物、社会名物、寝处衣饰、身体疾病、器物工具、动作操作、欲食烹调、耕作、树木、鸟兽等杂字。

全书共 1 400 多字，以教学识字为目的，涉及广泛，注重实用，语言质朴，比较通俗，不像《千字文》那样讲究辞藻声律和用典使事。并且该书以识字为主要目的，多用四言韵语，便于儿童的学习和记诵。张志公在《传统语文教育初探》里说："这本《开蒙要训》虽然没有像《千字文》那样风行，但直到五代还在传抄，又能完整地保存下来，并且不止一本，说明它还是流行过相当长的一个时期。再从以后产生的各种杂字来看，好些地方都能看出它的影响，比如，收入日用的俗语俗字，注重实用，分类编排等。研究古代蒙书，《开蒙要训》是很值得重视的一种。"①

二、识字教学方法

（一）以辨认字形、学读音为主

识字教学要求，开始一般只求辨认字形、学读音，不注重对字义的理解。基本做法是跟着老师认读识字读本，通过熟读、背诵的训练，培养认读的能力。东汉许慎《说文解字》一书问世，为识字教育提供了系统的识字教学方法，即"六书法"。

（二）以集中识字为主

在识字教学中第一步是用较短的时间教儿童集中认识两千字，然后才逐步教他们读书。汉语汉字的特点，使集中识字有了必要性，也有了可能性。因为汉字不是拼音文字，学习汉字，必须一个一个地认，在认识一定数量的汉字之前，是无法整句整段地阅读的。不阅读，不跟语言实际联系起来，识字的效果又会受到影响，难以致用，难以巩固。前人采取了集中识字的办法来解决这个问题。

（三）用反切和四声来规范字音

魏晋南北朝时期，反切的产生和四声的发现对于识字教学有非常重

---

① 张志公著：《传统语文教育初探〈附蒙学书目稿〉》，上海教育出版社 1962 年版，第 11 页。

要的意义。在注音字母出现之前，反切是汉字注音的主要工具。它不仅有注音的功能，而且在一定程度上起到了统一读音的作用。加上南齐的沈约又明确提出平上去入四声，使得汉字的注音更加准确。如《千字文》等一些识字教材就是利用声韵，才使其朗朗上口、通畅可读。为此还出现专门的书籍。如《声类》、《韵集》、《四声谱》等，对音韵作了详细的总结和归纳。

（四）识字与写字分开进行

魏晋南北朝时期的识字与写字教学是分开进行的，识字只注重会认读。而儿童开始学写字，写的是"上大人，丘（也作"孔"）乙己"，而并不是写《千字文》开头两句里的"地，黄，荒"等。

三、识字教学工具书

汉字历史悠久，始终是以一个个单个的形体代表一个词，或代表一个语素，但形体的写法随时间而有演变。由商、周的古文字发展为篆书，因篆书不便书写而又有隶书、草书、行书、真书，因此研究字形和根据字形以考证音义的字书很多。再加上魏晋南北朝还没有印刷术，文字的应用都靠手写，这就免不了出现许多异体字、错别字。为了减少文字书写的混乱状况，许多学者文人都致力于字书的撰写。魏晋南北朝时期编写的字书比较多，三国魏初，张揖著《古今字诂》、《难字》、《错误字》、《广雅》。晋代，吕忱著《字林》，李彤撰《字指》，葛洪撰《要用字苑》。北朝，颜之推撰《训俗文字略》。南朝，殷仲堪撰《常用字训》，顾野王撰《玉篇》。这些字书，对后世影响最大的是《玉篇》和《广雅》。

（一）《玉篇》

《玉篇》作者顾野王，撰于梁武帝大同九年（543 年）。成书后即经过萧恺等删改。到了唐代和宋代，又经过孙强、陈彭年的补充修订，就成了现行的《玉篇》（《大广益会玉篇》），共分 30 卷。体例大致沿用《说文解字》，稍有变动。全书共收正文 22 500 余字，比《说文解字》收字多一倍。正文用楷书，为我国现存的第一部楷书字典。每一正文下先用反切注音，然后解释意义，解释一般比较简略。卷末附《分毫字样》，收形近易混的字 248 个（如"刀、刁"，"袖、抽"等），目的是为了使学书的人防止写错别字。这也更说明了这本书的工具性。[1]

（二）《广雅》

《广雅》作者张揖，三国魏初博士。《尔雅》本来是一部帮助读经的词典，可是在汉代和后来都把它作为语文学习的教材使用。《广雅》是续《尔雅》编写的，用意在补《尔雅》的不足。这是一本供阅读时识字使用的语文工具书，共 10 卷，篇目和《尔雅》一样，分 19 类。解说体例也和《尔雅》相同。但内容作了不少补充，体现了"广"的特点。

四、写字教学

（一）书体

魏晋南北朝是我国历史上一个政局混乱的时代，社会动荡，政治腐败，统治力量比较薄弱，文人们纷纷逃避现实，游山戏水，书法创作中追求个性情感的抒发，书法艺术取得空前发展，是我国书法史上的第一个高峰时期。魏晋以前，只有篆书、隶书、章草等书体臻于成熟，这几种书体变化较少，所以难有更大发展，而易于寄托、抒发个人情感的楷书（真书）、行书、今草尚未成熟，经过魏以及西晋书法家的努力，这几种书体逐渐成熟。东晋书法，追求神韵、意趣和创新，讲究个人情感的抒发，书法理念有了质的飞跃和升华，后人称之为"晋书尚韵"。

这个时期出现了钟繇、王羲之、王献之等书法大家，他们的书风或飘逸，或雄浑，或遒劲，他们树立了真书、行书、草书美的典范。南北朝的书法家灿若群星，他们继承了前代书法的优良传统，为形成唐代书法的鼎盛局面创造了条件。

北朝时期盛行的魏碑书体独具风格。其继承了汉隶的笔法，突出方圆并用，沉稳大方，雄健挺拔，血肉丰满，但欠成熟，给人以粗悍之感。其代表作有：郑道昭书写的雍容端正的《郑文公碑》，纵横奇肆的《论经书诗》，还有雄峻伟茂的《龙门二十品》、享有"大字鼻祖，榜书

---

[1] 顾野王在《玉篇·自序》中说："六书八体，古今殊形。或字各而训同，或文均而实异，百家所谈，差互不少。字书卷轴，乖错尤多，难用寻求，易生疑惑。喂承明命，予页绩过庭，总会众篇，校雕群籍，以成一家之制，文字之训以备。"这也说明本书是作为语文工具书编写的。

之宗"之誉的《泰山金刚经》。

（二）书写材料和工具

自东汉起，以后的几百年是书写材料急剧变革的时代。从考古发掘来看，书写材料有简牍、缣帛、黄纸等。魏晋以后，黄纸成了主要的书写材料。写字文具有毛笔、墨、削刀、雌黄等。随着黄纸的使用，黄纸和雌黄便成为主要的写字文具。学童学习写字，一般地说，用的主要是黄纸和毛笔。

（三）写字步骤与方法

第一步写大字。首先描红（有的还先把腕，就是老师拿着儿童的手来写），描仿影，进一步是写"米"字格，再进一步临帖。大字写得有点基础才写小字。

这个时期的书法教学，多采取言传身教的方法。言传就是讲述运笔规则，身教就是书写示范。据说王羲之曾经写《乐毅论》及《笔势论》给王献之。《笔势论》讲笔法，讲学书应注意之点，是言传；《乐毅论》是书写范本，是身教。这一时期学习书法已经积累了一些经验。一是注意欣赏好的书法作品，勤于临摹。二是专心致志，反复练习。三是讲究笔法。王羲之"七岁能书，年十二，于父旷枕中见卫夫人所传蔡邕笔法，窃而读之，书遂大进"[①]。

第二节　阅读教学

魏晋南北朝时期的阅读教学，一般是在学童学完识字写字教材，已经会认会写一部分汉字之后开始的。这是沿用汉代的做法。

一、阅读教材

（一）《孝经》、《论语》

这是阅读教学的必读教材。从汉代以来就是如此。《孝经》的地位到东晋南北朝时被抬得特别高。封建统治者重视《孝经》是为了巩固他

---

① （元）刘有定：《〈衍极〉注》。

们的统治。当时，有人特制金字《孝经》，有人每天限定要读《孝经》20遍，像和尚念《观世音经》一样。

（二）《五经》

学童读完《孝经》、《论语》之后，一般接着就读《五经》。学童读《五经》大致有个次序，先读押韵的容易上口的（如《诗经》）或者字数少的（如《尚书》），后读难读的、字数多的（如《三礼》、《三传》）。《颜氏家训·勉学》说："士大夫子弟，数岁以上，莫不被教，多者或至《礼》《传》，少者不失《诗》《论》。"

（三）《老子》、《庄子》等玄学教材

这个时期读《老子》、《庄子》的人大大增多，这是汉代所没有的，这和清谈玄学的风气盛行有关。《颜氏家训·勉学》有云："何晏、王弼，祖述玄宗，递相夸尚，景附草靡，皆以农黄之化在乎己身，周孔之业弃之度外，泊于梁世，兹风复阐，《老》、《庄》、《易》总谓'三玄'。"随着"三玄"成为显学，玄学书籍也成为世人阅读和学习的必读内容，许多学童很早要读它。要读懂就得有注解，各种注本也就应运而生。如《老子》有王弼、钟会、孙登等的注本和梁武帝等的讲疏本，《庄子》有向秀、郭象等的注本和梁简文帝等的讲疏本。

（四）诗赋

因为诗赋押韵、好读，所以也常被选为学童初学诵读的教材。魏曹植"年十岁余，诵读《诗》《论》及辞赋数十万言"[①]。齐任防"四岁诵诗数十篇"[②]。北齐颜之推七岁"诵《鲁灵光赋》"[③]。

魏晋南北朝作为继汉开唐、承前启后的过渡时期，文体渐趋完备，文学的概念也更明晰。诗歌方面五言古诗一派丰硕，有陶渊明的田园诗、谢灵运的山水诗等。南朝谢灵运的山水诗，文辞幽美，冠绝一世，每写一首，人们争相传抄。辞赋散文方面，摆脱了汉代铺陈堆砌的陋习，王粲、鲍照、李密等佳作层出不穷，流芳百世。左思的《三都赋》，

---

① （晋）陈寿：《三国志·魏志》（卷十九）。

② （唐）李延寿：《南史》（卷五九）。

③ （北齐）颜之推：《颜氏家训·勉学》。

一时间"豪贵之家竞相抄写，洛阳为之纸贵"。

（五）文章

这时，文章也作教材，所以有《文章流别集》、《昭明文选》等书的产生。魏晋南北朝时期的文人学习东汉把别人的文章按作者编排在一起的方法，"以观其体势，而见其心灵"。如南朝昭明太子选编的《昭明文选》是秦汉以来收编诗文最丰富的文学总集，具有相当高的文学价值，后来成为历代学校的教科书。

《昭明文选》书名本叫《文选》，因为是南朝梁昭明太子编选的，所以后来称它作《昭明文选》。它收集了从周代到梁朝七八百年间 129 位知名作者和少数佚名作者的作品 700 多篇，原书共 30 卷，唐李善作注时，分为 60 卷。

魏晋南北朝时期，对文学作品已经有一定的认识，当时人们已经能够把文学与经学、史学、玄学分开。这种认识反映在《文选》的编撰上，就是经书、子书、说话的记录①、史书一般不选。萧统选文的标准，正如他在《文选序》里说的，要求"综缉辞采，错比文华，事出于沉思，义归乎翰藻"②。这就给文章的艺术技巧树立了一个标准。

《昭明文选》的编撰体例，是按文章的体裁分类编排，共 39 种文体。③ 每种文体中的作品，又按作者的时代排列。书名《文选》，却选入了不少的诗。这是因为那时把"诗"也包括在"文"内的缘故。《昭明文选》问世不久，就有隋代的萧该（萧统的族侄）替他撰写了《文选音》。到了唐代，曹宪、李善都是教授《文选》的老师。后人在李善的《文选注》的基础上进行研究，于是有"《文选》学"这项专门学问。《昭明文选》是我国文学宝库中现存的编选最早的一部文学作品总集。唐以后的文人学子，大都要读这部书。读它的目的，一是为了写文章，把它当做模仿的样板和取材的来源；二是为了应付科举，宋代有句谚

---

① 当时认为"言"和"语"不在文学范围内，见郭绍虞《中国文学批评史》，上海古籍出版社 1979 年版，第 70 页。

② 朱自清谓"事出于沉思，义归乎翰藻"二语即"善于用事，善于用比"之意。见王瑶《中古文学史论集》，上海古籍出版社 1982 年版，第 132 页。

③ 郭绍虞主编：《中国文学批评史》，上海古籍出版社 1979 年版，第 64 页。

语："《文选》烂，秀才半。"① 该书的编写体例也为后来此类阅读选本所沿用。

（六）史书

魏晋南北朝的史学也较为繁荣，一些有眼光的统治者十分重视史学，特别是南朝各政权选官取士的标准逐渐偏离儒学，倾向文史。而《史记》、《汉书》等历史书籍本身亦具有广泛的语文教育作用。既可以宣传正统的史学观念和忠君思想，又可以传播一些历史知识，以古鉴今，同时一些优美的传记篇章还具有相当的文学价值，所以历史书籍也成为一种很好的语文阅读教材。

（七）佛经

魏晋南北朝时期是国内各民族之间大交流、大融合的时期，以汉族为中心的中国与西方、南方及东北各邻邦交流频繁。印度的佛教于此时传入中国，并在统治阶级的扶植推动下深入人心。当时许多人兼通儒、玄、释之学。部分佛经成为了语文的阅读教学内容。

佛学还产生了义疏（一种逐条注释原文、辅助文章阅读的方法）。魏晋南北朝的文人运用义疏来注释经典，于是经典的义疏在教学中就常被作为教材使用，如魏晋何晏的《论语集注》、南朝崔灵恩的《左氏春秋义》和北朝李铉的《三礼义疏》等。

二、阅读教学方法

（一）采取个别教学，重视口授和诵读

在阅读教学中，主要是运用诵读和背诵的教学方法，使经书上文句如出己口，"之、乎、者、也"顺口而出。诵读一般经书作为一个独立的教育阶段逐步分化出来，找到了由集中识字教育到专经教育的过渡桥梁，这在教育制度和语文教育的发展上，都有重要意义。

（二）以自学为主，并辅以教师的讲解

这时期的阅读教学仍然以自学为主要形式，辅以教师的讲解。教师

---

① （宋）陆游：《老学庵笔记》（卷八）。

有的是家庭中的长辈（南朝的何承天、谢贞，北朝的房景先、辛公义，都是由母亲教读的，由父兄教读的更多），有的是学馆的老师。

学童自学的方法，首先是读书。当时读书有口治与目治的分别。所谓口治指朗读与吟咏，而目治则指浏览快读，即默读。其实这是传统语文教学中常见的一种"熟读精思"的阅读训练方法。自学的另一种方法是抄书。那时还没有印刷的书籍，要读书就得靠自己抄书。另外，抄书也可以加深印象。自学之外，还要辅以教师的讲解。因此，有些人想要深造就要外出访师求学。

（三）受清谈玄学的影响，贵在通旨意

汉儒讲经，往往死守章句，过于注重文句的解释，这不免会拘泥于对文本本身字词的理解，而很难从整体上把握文章的要旨。这是章句之学的流弊。而魏晋玄学家提倡"不言之教"，因此魏晋南北朝讲经阅读，多求通旨会意，即所谓"得象忘言、得意忘象"。

（四）采用辩论法

玄学以清谈见长，清谈风靡士林，所以"经学者，亦皆以为谈辩之资"。早在两汉教育中就有诘难的传统，如西汉宣帝曾召集诸儒讲五经异同，宣帝"亲临决"；东汉章帝召集博士及儒生聚会白虎观，讲论五经异同，章帝亦"称制临决"。但诘难、辩论是因各家互有异同而起，并非以此而决胜负。

在清谈风气影响下，教师教学与学生学习时，互相诘难、自由辩论蔚为风气。在南朝梁武帝时代，儒学重建在教育中的宗主地位，但儒学的讲授方法深受玄学清谈影响。如梁武帝令朱异执《孝经》诵《士孝》章，岑之敬升讲座阐释，梁武帝亲自诘难，岑之敬应声而答，纵横剖释。辩论式的教学模式，不仅可以锻炼学生的口才、提高语言的表达能力，而且还给魏晋南北朝时期的阅读教学注入新鲜的活力，它以平等、开放、创新的教学风气打破了经学教育专制、封闭、保守的局面。

第三节　写作教学

魏晋南北朝时期的写作训练，大致是和阅读教学同步进行的。

一、写作文体

（一）韵文

学童初学写作的文体，以韵文居多。一般先要学作诗。原因是那时诗的用途相当广泛，如"献诗"、"公宴"、"祖饯"、"游览"、"赠答"等，都是为了应用而写作的。加以封建帝王也重视作诗，用来文饰太平，往往在朝廷饮宴时命群臣共作。到南朝梁武帝，这种风气更加盛行。除了诗之外，赋赞一类韵文也在儿童时练习写作。

（二）应用文

这时的学童还要学习写应用文，包括两类：一类是公文，南朝齐刘孝绰 14 岁代父起草诏诰，可见从小要学习这类公文。① 另一类是通俗应用文。售卖牛马田宅的文券也属这类。书信是人们经常用到的一种文体，学童自然会学到它。此时正值我国书牍文发展的一个重要阶段，书牍文可以说是当时一种很普遍的应用文体。

（三）议论文

学童练习写作，也写议论文。这时产生一种问答体的议论文。那是因为当时社会上盛行学术论辩的缘故。魏晋清谈关于"才性"、"声无哀乐"等问题的辩论，南北朝儒家、佛学讲经时关于经义的辩论，以及儒释道三家优劣的辩论，这些辩论，往往是一主一客，彼此论难，使问题的讨论逐步深入。把这种口头论辩记录下来，就成了问答体的议论文。

二、写作形式

（一）拟作，即仿写

这种学写文章的方法，汉代已经有了，扬雄就是以模仿著名的。到了魏晋，拟作之风尤其盛行。如鲍照有《拟行路难》、《学古》、《学刘公榦体》、《学陶彭泽体》。《文选》集先秦两汉的精美文章于一书，也为拟作提供了范本。

---

① （唐）李延寿：《南史》（卷三九）。

（二）自拟题或由师长命题作文

这也是初学作文的一种常见形式。如谢贞 8 岁为《春日闲居诗》；顾野王 9 岁制《日赋》，12 岁撰《建安地记》。

（三）自作或代长辈作应用文

比如写信，代长辈回信等。从应用的角度说，它是一种创作的实践；从学习的角度说，它是一种写作的实践。如徐勉年 6 岁为《祈雾文》；刘孝绰年 14 岁，代父起草诏诰。

（四）跟随长辈参加写作活动

长辈常会以诗文会友，少年学子随行，一来可以从中学习创作经验，二来也能增加练笔的机会。如王羲之《兰亭集序》里有"群贤毕至、少长咸集"的话。

三、写作训练

魏晋南北朝是一个酝酿文学新变的时期，当时的文学样式以骈体文和近代诗最为繁盛，它们讲求对偶、声韵、用典、使事，所以写作训练便有相应的专项训练。单项训练是为写好诗文作技巧和材料准备的，是基础训练。主要有以下几种：

（一）用典的训练

作诗文崇尚用典使事，这风气从颜延之开始，愈演愈烈。所谓"辞不贵奇，竟须新事"，"句无虚语，语无虚字"[1]。诗文中用典多而新奇的，就被大家认为"富博"，受到尊重。

（二）音韵的训练

主要包括双声叠韵训练、四声训练、反语训练。《南史》中就反映了许多学童进行音韵训练的情况。

（三）修辞的训练

主要包括比喻和对偶。《世说新语》中记载有谢安利用下雪的机会进行比喻的修辞训练。

---

① （南朝梁）钟嵘：《诗品·序》。

（四）连珠的训练

连珠的产生时间一般认为是汉代。《文心雕龙·杂文篇》说扬雄"碎文琐语，肇为连珠"。到后来骈文盛行，连珠就成了一种特殊的单项训练。南朝宋沈麟士"重陆机《连珠》，每为诸生讲之"①。这大概是用来作为练习写作的范本。

四、写作指导用书

随着文学批评的发展，一些文学批评专著对学生的写作训练具有指导意义。

（一）《文赋》

陆机的《文赋》是我国历史上第一篇完整而系统的文学理论文章，其目的在于通过对创作规律的分析，使意能称物，文能逮意。因此，《文赋》以"意"为中心，细致分析了文学创作的整个过程，并在具体的写作方法和技巧上提出了有益的见解。虽然《文赋》侧重的是文学创作，但它毕竟对学习写作有利无害。

（二）《诗品》

钟嵘的《诗品》作为我国最早的一部关于五言诗的理论著作，主要品评了从汉至梁的122位五言诗人及其诗作。因所选五言诗多是学童学诗要读到的，所以《诗品》的评论对学童诗文的写作训练有所帮助，可以为诗歌写作学习和诗歌评论树立标准。

（三）《文心雕龙》

刘勰的《文心雕龙》不仅是我国第一部系统的文艺理论巨著，也是一部理论批评著作，完书于南北朝时期。《文心雕龙》分上下两编，每编25篇，包括"总论"、"文体论"、"创作论"、"批评论"和"总序"五部分。其中总论5篇，论"文之枢纽"，打下理论基础；文体论20篇，每篇分论一种或两三种文体；创作论19篇，分论创作过程、作家风格、文质关系、写作技巧、文辞声律等；批评论5篇，从不同角度对

---

① （唐）李延寿：《南史》（卷七六）。

过去时代的文风及作家的成就提出批评，并对批评方法作了探讨，也是全书精彩部分；最后一篇《序志》是全书的总序，说明了自己的创作目的和全书的部署意图。

《文心雕龙》是我国有史以来最优秀的文学批评著作之一，"体大而虑周"。全书重点有两个：一个是反对不切实用的浮靡文风；一个是主张实用的"攡文必在纬军国"之落实文风。此外，《文心雕龙》反对"贵古贱今""崇己抑人"的批评态度，初步建立了正确的文学批评方法。正确的文学批评是有助于读写训练的。所以《文心雕龙》不仅是文学批评专著，还是一部文章学论著，涉及写作、修辞等多方面理论，对学生学习写作具有重要指导意义。

第四节　语文学习

魏晋南北朝各代统治时间短暂，基本上是处在不断分裂与战乱中。这时期，由于社会矛盾更加尖锐复杂，形成了玄、儒、道、佛四家互相斗争、互相吸收并逐渐趋于调和的状态，因而人们在学术思想和社会意识上，也出现了比较复杂的认识，发展了学习理论，促成了新的"百家争鸣"局面，这对学习思想的相互融合与发展，无疑具有很大推动作用。

魏晋南北朝各代学者在深入语文学习实践和治学活动过程中，不仅继承了前人总结的学习思想和治学理沦，而且还根据学科门类的增多与科学文化知识的不断发展，从多维度、多层次、多方面进一步总结了他们的学习经验。如东晋葛洪的《抱朴子》、南北朝颜之推的《颜氏家训》等。针对文学艺术问题，出现了陆机的《文赋》、刘勰的《文心雕龙》；针对史学问题，出现了刘知几的《史通》等等。

一、语文学习思想

（一）德业相辅

古代学者学习与治学，既强调如何做学问，又讲究怎样去做人；既重视道德品质之修养，又崇尚学业著述之建树。他们提倡德业并隆，力主"文道统一"，强调德、识、才、学综合发展。如东晋葛洪就曾强调语文学习与道德修养要相辅相成。"夫学所以澄清性理，簸扬埃秽，雕锻矿璞，奢炼沌钝，启导聪明。"① 人们只有通过学习与受教，才能锻炼人们的天然矿璞之质，从而开启智慧，知情达理，引发聪明，使之逐步形成高尚的道德品质，成为文明进步之人。这就是"学而后德"、"文以载道"、"才者，德之资也"、"智者，德之帅也"的道理。颜之推也曾比喻说："夫学者犹种树也，春玩其华，秋登其实；讲论文章春华也，修身利行秋实也。"②

（二）学以致用

魏晋时期的多数学者认为，人不学习，没有知识则不能辨真伪，分不清古今事理，凭想当然行事，容易遭到"倾巢覆车之祸"，而受明师指教的学习者，则可"观彼以知此"③，接受经验教训，即可少遭祸害。此外，颜之推也反对空谈，他认为"世之读书者，但能言之，不能行之"④，所以他提出读书要务实，要学以致用，不能"空守章句，但诵师言，施之世务，殆无一可"⑤，并用"博士买驴，书券三纸，未有驴字"⑥ 的谚语来讥讽那些脱离实际、不能学以致用的学者。

（三）崇尚自然

魏晋时期的玄学教育思潮崇尚自然，反对名教，主张实施自然主义教育。就是从自然人性论出发，认为教育必须以个体为中心，必须从儿童的自然本性出发，遵循其自然发展的法则和规律，促进儿童个性的完善和发展。

（四）以人为本

魏晋南北朝是"人的觉醒"时代。传统的信仰、功业、学问、地位受到怀疑和批判，个体存在的意义、目的和价值就凸显出来。教育目的

① （东晋）葛洪：《抱朴子·勘学》。
② （北齐）颜之推：《颜氏家训·勉学》。
③ （东晋）葛洪：《抱朴子·勖学》。
④ （北齐）颜之推：《颜氏家训·勉学》。
⑤ （北齐）颜之推：《颜氏家训·勉学》。
⑥ （北齐）颜之推：《颜氏家训·勉学》。

便发生了从教人追求外在的东西到教人追求内在的东西的转变。这种转变是从批判名教开始的。玄学家首先批判了名教劝诫士人追逐名誉、地位、利禄、事功的目的。如王弼从"名教本于自然"、"崇本举末"的观点出发，认为那些东西都是末非本，假如兴末息本，则患害无穷。尽管它有缺陷，但重视主体价值和地位的思想，对于培养和发展人的个性和心理品质有着积极意义。

二、语文学习方法

（一）博约结合

在语文学习过程中要广博与专一相结合，既要有学习的广度，又要有学习的深度。葛洪做学问得出的体会是："故通人总原本以括流末，操纲领而得一致焉。"① 通人是对儒家学派中博达疏通的大学问家的称谓，他们之所以能成为"通人"，就是因为他们善于使用博约结合规律，对所学知识能"总原本以括流末"，能做到广泛获取，掌握专精，约取精华；能做到提纲挈领，得一而致全。

颜之推的《颜氏家训》在强调广泛阅读的同时，也十分赞同古人所说的"多为少善，不如持一"。一个人不可能穷尽一切知识，所以读书要有的放矢，专于一处，万不可贪多求大，囫囵吞枣。

（二）渐次积累

学习是一个渐次积累过程，不可以一蹴而就，必须经过长期磨炼方能达于成功。葛洪指出："千仓万箱，非一耕所得；千天之木，非旬日所长。"② 学问道德，也是如此。北齐文学家刘昼在《新论·崇学》中指出："慕学者，情缠典素，不可以一读能也，故为山者基于一篑之土，以成千丈之峭；凿井者起于三寸之坎，以就万仞之深。"肯定了学习是一个逐渐积累的过程，只有致力积学，细微不拒，兼收并蓄，才能丰富知识，增长才智，造就学业至最高峰。刘勰也提出多读书是积学的捷径。

---

① （东晋）葛洪：《抱朴子·尚博》。
② （东晋）葛洪：《抱朴子·极言》。

（三）切磋琢磨

学习中，"独学而无友，则孤陋而寡闻。盖须切磋，相启明也"[①]。颜之推也认为读书学习绝不是一个自我封闭的过程。他引用《礼记·学记》中"独学而无友，则孤陋寡闻"的话，并解释说："盖须切磋相起明也。见有闭门读书，师心自是，稠人广坐，谬误差失者多矣。"[②] 所谓"切磋相起"，就是必须经常与人交流，通过共同探讨、相互启发和长善救失的方法来读书，才会释惑通达，学有所得。

（四）无为不言

自然主义教育的核心是道法自然，具体做法是无为不言。所谓"无为"，不是不要作为，而是主张不强为、不妄为，依照个体身心发展的自然法则和规律施以相应的教育，顺应自然。魏嵇康认为教育是顺天和以自然，以道德为师友。西晋郭象认为，无为即善为而不强为，受教者率性而动，任其自为。无为教育就是要求教育应从个体自然本性的自身发展需要出发来进行，应将个体置于主体地位，充分发挥其主观能动性。无为教育在反对从外在需要出发的强制性名教教育对个体自然天性的压制、摧残、扼杀方面具有积极意义。

第五节　语文考试

"《四书》、《五经》等儒家经典，是传统语文教育学习的核心内容，也是语文考试的主要内容，因此，我国传统的考试也可以说是广义的语文考试。"[③] 在我国考试发展史上，魏晋南北朝处于一个转折时期，这个时期考试的发展具有继往开来的作用。

这个时期，九品中正制居于选举制度的主导地位，察举考试相对比较低落。但是"九品中正制本身并不是考试制度，而且也不是隋唐科举

---

① （东晋）葛洪：《抱朴子·内篇》。

② （北齐）颜之推：《颜氏家训》。

③ 耿红卫著：《革故与鼎新——科学主义视野下的中国近现代语文教育改革研究》，山东教育出版社 2008 年版，第 265 页。

制的前身，它是一种铨选方法而非贡举方法。隋代出现的科举制度并不是废除九品中正制而创建的，而是继承汉隋间的察举制而发展来的"①。因此，这里对九品中正制不再进行论述，而是主要论述在这一时期起着承上启下作用的察举制。与察举考试有着密切联系的学校考试，由于这一时期学校的时兴时废，也就时断时续。

一、语文考试机构

太学既是学生学习的场所，也是一个考试的机构。

每一年考试一次，是选拔性考试，通"一艺"（一种儒家经典）以上，可以任官，考获较高等级的能任郎中。如"一艺"也不通，该名学生会被打发回家，而推选他的人还要受罚。这样严格的制度，不仅能培养人才，还直接为国家选拔优秀的官员。

魏文帝曹丕恢复了洛阳的太学，有博士十九人，太学生在魏明帝时增至千余。太学学生依汉制设五经策试之法，通过考试的可补掌故、太子舍人、郎中等。《通志》中记载："魏文帝黄初五年，立学于洛阳。实慕学者使诣太学为门人。满二岁试通一经者称弟子，不通者罢遣。弟子满二岁试通二经者补文学掌故；不通者随后辈试，试通二经亦得补掌故。满三岁试通三经者擢高第，为太子舍人，不第者随后辈复试，亦通亦为太子舍人。舍人满二岁试通四经者擢其高等，为郎中；不通者随后辈复试，试通亦为郎中。郎中满二岁能通五经者擢高第，随才叙用；不通者随后辈复试，试通亦叙用。"②

西晋武帝时太学生三千人，依《晋令》规定，试经及格者可拜郎中。西晋时为五品以上官僚子弟专设了国子学，形成了贵族与下层士人分途教育，国子学、太学并立。

东晋和南朝国子生多为士族高官子弟，称之"国胄"或"世胄"，可以经明经策试入仕，而太学则往往仅存博士而无生员。

十六国时期，一些少数族政权亦曾设立太学以及四门学、郡国学、

---

① 刘海峰著：《科举考试的教育视角》，湖北教育出版社1996年版，第14页。
② （南宋）郑樵：《通志·选举二》（卷五九）。

律学，生员身份有所限定，一般限公卿大臣子弟。然各政权兴废不定，学校也时设时罢。至北魏道武帝，设立学校，称国子太学。后又别立太学。国子学一度改称中书学，后又改回。郡学也称太学。孝文帝、宣武帝时，又增设了四门小学，形成了国子学、太学、四门小学三学并立之制。南北朝后期至隋，又逐渐形成了律学（习法令）、书学（习文字）、算学（习计数）三学。

二、语文考试内容

这一时期察举主要有孝廉、秀才以及贤良、明经等。就考试而言，不如汉代正规，时兴时废，因朝而异。北魏后期考试有加强的趋势。南朝萧梁尤重儒学，察举考试为诸朝之最。但是因为这个时期战争不断，因此察举考试经常被中断。察举考试主要有以下内容：

（一）察孝廉试经，举秀才策问

魏晋南北朝时期与两汉一样，孝廉、秀才常并举，亦有分别荐举的，察孝廉需试经，内容限于五经，若试经中第者即可拜官，只是由于战乱不断、社会动荡，试经经常中断。对孝廉与秀才考试的内容各有偏重，察孝廉策问经学方面的内容，偏重章句。举秀才策问军国人事治道，侧重文才。西晋时秀才不仅策试且有皇帝亲策的传统。无论举秀才还是察孝廉与九品中正制结合起来了，州郡荐举由中正官掌握，必然会受九品中正制唯门第高低定品位的影响，所以尽管需要考试，仍免不了出现弊端。

（二）举贤良

魏晋时期诏举贤良方正、直言之士，已远不如两汉正常。举贤良多由皇帝亲诏，令公卿郡守荐举。举贤良需经对策，上策、下策各录数员至十员不等，并分别授官。

（三）策试明经

举试明经最早见于东汉末桓帝时，五馆诸生要考试经书，且"甲科间出"，即考得好的不在少数，这些人可授予官职，且不论出身如何，对于处处受限的庶族寒门子弟可谓网开一面，这无疑有利于人才的任用。汉代明经以明于经书为选士标准，梁代的明经意义已有变化。不只是明经籍，而是要看是否明于经国（治理国家）之道。《南史·梁简文诸子传》记载南海王萧大临，"后入国学，明经射策甲科，拜中书侍郎。"可见明经考试形式是射策，较之仅考经籍要难得多。《颜氏家训·勉学》中有梁朝的贵族子弟在明经考试时多雇人代答的记载，一般庶族子弟主要靠自己的真才实学参加考试，射策中第者不乏其人。

三、语文考试方法

（一）试经

指对经书的考查，魏文帝时，制定了"五经课试法"。《通典·礼十三》载曰："时慕学者，始诣大学为门人，满二岁试，通一经，称弟子"；"弟子满二岁试，通二经者，补文学掌故"；"掌故满二岁试，通三经者，擢高第为太子舍人"；"舍人满二岁试，通四经者，擢其高第力郎中"；"郎中满二岁试，能通五经者，擢高第随才叙用"；不通者随后辈复试，试通，亦补文学掌故、太子舍人、郎中，或随才叙用。魏国的"五经课试法"，集招生考试、校内考试、毕业考试、任官考试于一体，有巨大的历史进步性。

（二）策问

包括"对策"和"射策"。"对策"是将政事或经义方面的问题写在简策上，发给应举者作答；射策则类似抽签考试，主试者提出问题，书之于策，覆置案头，受试人拈取其一，叫作"射"；按所射的策上的题目作答。射是投射之意。后来，"策问"的形式定型化了，所以后世把它看成一种文体，萧统《文选》称之为"文"，对策也被认为是一种文体，简称为"策"。

（三）讽诵

北魏太学和国子学的考试就曾采取讽诵的方式进行，以考查经学章句为主，分为甲、乙两个等次，成绩优秀者授以官职。讽诵为讽咏谙诵之意。又作诵经、讽经、讽读、读经。即出声读诵经文、偈颂等。其讽诵法，原为印度婆罗门间，所行六行之一，佛教徒亦承用之。

思考与练习

1. 识字教材《千字文》述评。
2. 简述魏晋南北朝时期的主要阅读教学方法。
3. 魏晋南北朝时期写作教学有哪些形式？
4. 魏晋南北朝时期语文学习对当今语文学习有哪些启示？
5. 魏晋南北朝时期语文考试对当今高考有什么借鉴意义？

第四章　隋唐语文教育

隋唐时期（581—960）是中国历史上的强盛时期，特别是唐代前期更是如此，较之秦汉还尤过之。从时间上看，它承前启后，具有重要的历史地位。隋朝统一中国后，采取了一系列政治改革措施。唐朝则完善了隋朝的政治体制，继承了隋朝繁荣的经济和发达的文化。隋唐时期不仅在中国历史上而且在人类文明史上都具有重要的地位。从学术研究的角度，人们往往习惯于把隋唐连称，称之为"隋唐时期"。之所以有这样的称谓，原因不仅在于隋唐两朝在时间上前后相连，更主要的是两朝在政治制度、社会文化等方面有很多相同之处。隋唐时期尤其是唐朝，封建文化有了大发展，出现了灿烂辉煌的局面。唐代的文学发展如百花怒放，出现了李白、杜甫、白居易等大诗人，韩愈、柳宗元等古文家；涌现了大量的脍炙人口的佳作。唐代的史学、科学、艺术也呈现出一片繁荣的景象。唐都长安成了当时各国文化交流的中心，日本、新罗等国家纷纷派遣留学生和僧徒来长安学习。

隋唐五代的教育植根于这一时期灿烂的文化之中，作为这一时期封建教育主要组成部分的语文教育，更是依靠吸吮其丰富的营养而逐步发展的。在科举、经学、古文运动和文学创作等多种因素的影响和推动下，以文言型书面语言教学为主的语文教育体系基本形成。

第一节　识字写字教学

隋唐时期的识字写字教学有了新的发展。在教材方面，除了沿用前代的教材，隋唐时期又编写了新的教材；在识字方法方面，采用集中识字与其他方法结合，提高了学习效率；另外，书法教学是隋唐时期的一大开创。

一、识字教材

（一）训诫类知识读物

训诫类知识读物由抄集一些名言谚语而编成，目的是对学童进行识字教育和封建思想教育。

《太公家教》是现存最早的训诫类识字教材，出于敦煌遗籍。唐代李翱在文章中提到，这本书从唐到宋，在社会上流行非常广泛，几乎是家喻户晓的一种蒙书。《太公家教》的目的侧重于对学童进行封建思想教育，所以它的内容大多是讲些为人处世之道。文字很通俗，夹杂不少俗语，有些地方确实牵强不通，抄本里错字漏字也多。它的大多数内容，似是当时的俗谚格言，其中一些一直流传至今，如"人无远虑，必有近忧"、"贪心害己，利口伤身"等。此书在编法上的特点是：既吸取古书上的话，也吸取流行的谚语，尽量做到通俗易懂，多用四言韵语编成，以使儿童容易念，容易记。

就《太公家教》的思想内容而论，它充满了忠君孝亲、隐恶扬善、委曲求全、明哲保身等封建思想意识。这些思想意识，窒息了人们的呼吸，腐蚀了人们的思想，加强了封建统治。隋唐五代时期出现的这类识字教材除《太公家教》外，还有《新集文词九经钞》等。

总之，训诫类的知识读物，尤其是《太公家教》在封建社会影响很大。但就其内容而论，大多无足取；就其方法而论，应值得注意。把前人流传下来的和当时流行的格言谚语编成浅显易懂、流畅上口、易念易记的韵语读物，这种方法，在我国封建社会，在对儿童进行思想道德教育和识字教育方面起了很大作用。让儿童诵读格言谚语来接受封建思想教育的过程也是一个识字和巩固早期识字成果的过程。

（二）历史故事书

这一时期出现了一些历史故事书，如《蒙求》、《兔园册》、《籯金》

等。这些书将典故编成对偶押韵的句子，以供蒙童学习。以历史故事知识为主要内容来编写蒙书，教儿童诵读、记忆，这是古代蒙学一个新的发展。

《蒙求》是中唐到北宋最为通行的童蒙课本，作者为唐代李翰。成书大约在 746 年。《蒙求》现存本共 596 句，2 484 字，涉及范围很广，包括我国古代天文、地理、历史、神话、医药、占卜、民族、战争、动物、植物等诸多方面。全书所讲的，大部分是历史人物故事，也包括一些传说人物的故事，有的表现某种可取的言行，有的带有激励劝勉的意味，有的是文学上脍炙人口的轶闻，如匡衡凿壁、孙敬闭户。其中很多成为后来《三字经》、《日记故事》、《龙文鞭影》、《幼学》等取材的来源。此外，还有一些神话故事和古代寓言，如女娲补天、长房缩地。还包括一些纯知识性材料，如杜康造酒、仓颉造字。

从《蒙求》的思想内容上看，当然免不了宣扬封建思想意识的东西，但是跟古代许多蒙书加以比较，可以发现李翰《蒙求》中那类封建思想很重的东西比较少，而取材相当广泛，思想境界相当开阔。从编写特点来说，《蒙求》全文由四字句组成，这些句子是主谓结构，每两句为一组，互为对偶，包括两件性质相近的故事。逢双句押韵，每八句押一个韵，如开头八句：王戎简要，裴楷清通。孔明卧龙，吕望非熊。杨震关西，丁宽易东。谢安高洁，王导公忠。最后四句不包含典故，单独押韵：浩浩万古，不可备甄。芟繁撷华，尔曹勉旃。可以说《蒙求》是属对类事，整齐押韵。这本书在集事时不分门类，把 592 个典故组成一篇完整的四言诗。这是一种创新，对于儿童的记诵也更方便一些。《蒙求》在蒙学史上是一部可与《急就篇》、《千字文》前后辉映，具有开创性的著作。

这类识字教材还有《篆金》和《略出篆金》。敦煌遗书中有李若立撰《篆金》。此外，敦煌还发现《略出篆金》写本，写者为唐末敦煌张球，对李氏《篆金》稍有删改。

总之，以《蒙求》为代表的历史故事书，大多是由对偶押韵的句子组成，每句包含一个历史人物或者传说人物的故事。在学习过程中，这些故事大多由老师来讲，但由于有故事，就提高了儿童的兴趣，再加上语言整齐押韵、便于诵读，儿童很容易地把那些简单的句子背下来；记住了这些句子，又可以回过头去帮助记忆那些掌故。这样既达到了识字的目的，同时又增长了儿童的知识，为下一步阅读教学打下了很好的基础。

《太公家教》和《蒙求》等韵语知识读物的出现不是偶然的，而是我国古代蒙学进一步发展和深化的结果。经过早期的集中识字后，儿童记住了一定数量的字。然而，这些字是在很短的时间之内，在不完全理解意义的情形之下记住的，当然不牢固。所以在早期集中识字后，就需要采用某种方法，来巩固集中识字的成果，进一步扩大识字范围，同时还进行一定的知识教育和思想教育，为进一步读写训练打下基础。《太公家教》和《蒙求》等充当了早期集中识字和读"经"读"史"之间过渡的任务，并且比较成功。

（三）常识问答书和杂字书

隋唐时期的识字教材还有常识问答书《杂抄》。《杂抄》纂集时间大约是在贞观之后晚唐之前。书的内容包括当时学习和生活中一些实际有用的知识。体例是分若干标题，设为问答。卷首的几个标题是："论三皇五帝"、"论三川八水五岳四渎"、"论九州九经三史三才"等。每个标题下面再分项设为问答，如："何名三皇？伏羲、神农、黄帝。三皇何姓？伏羲姓风，神农姓姜，黄帝姓姬。"它密切结合实际，选择最实用的书籍和最通行的注本，十分符合当时一般读书识字的人的需要。《杂抄》是唐末农村和城市居民中流行很广的一部知识问答书。它是供学童随身携带、临时查阅的。通过查阅此书儿童不但可以识字，而且还可以获得一些实际有用的知识。

新编写的杂字书主要包括《俗务要名林》和《诸杂字》。《俗务要名林》是敦煌遗书，书分菜蔬、饮食、杂畜、舟、车等 19 部，每部排列常用词（单音、双音都有），逐词注音（用反切或直音），有的还有简单的注释。如"辖，轴头铁。"就内容来看，这是传统的分类词汇，可备查考，不适宜做识字课本，但是后来有些杂字书跟它的编法很相近。

《诸杂字》也是敦煌遗书，见《敦煌杂录》，无编撰者姓名。全书共306字，都是民间日用杂字。大体上按事物分类编排，没有组成语句。在现在所能见到的最早的几种杂字书中，它的编法与后世的杂字书最相类。

此外，隋唐时期还出现了为适应科举考试的需要而编写的一些正字形的书，如颜元孙的《干禄字书》和张参的《五经文字》。

二、识字教学方法

从上述的识字教材来看，隋唐时期的识字教学方法主要是两种：一是集中识字；二是把识字教育和初步的知识教育以及封建思想教育相结合。采用这两种方法，有个先后顺序。早期的识字教学中主要采用集中识字，而在进一步的识字教学中，则采用第二种方法。

（一）集中识字

集中识字是前人遗留下来的宝贵经验，做法是在儿童入学前后用比较短的一段时间集中教儿童认识一定量的字。这是传统识字教学的基本方法，千百年来，前人一直采用这个方法，不肯放弃。

（二）与知识读物相结合

在经过集中识字后，前人就采用了与知识读物相结合的方法，就是让儿童在读《太公家教》、《蒙求》等韵语知识读物的同时继续接受识字教育。采用这个方法，儿童可以巩固已识的字，还可以继续学习新字，并学到一些必要的常识，为下一阶段的学习打下基础。

三、写字教学

（一）写字训练

写字训练是隋唐时期的语文教育的重要内容。在唐代以前，识字和写字用的是同一套教材，像《急就篇》、《千字文》既是识字课本，又是写字课本。在这一时期出现了专供学童习字用的教材。

隋代儿童写字和识字的教材开始分别编写。这是因为儿童学写字，就必须从基本笔画、基本字形、基本结构练起，而为了集中识字，教材里的字就不能完全按照笔画的多少难易来安排。如果儿童跟着识字的速度学写字，那就会使他们一开始就学写很多难字；对他们来说，这是有困难的。所以写字和识字的步调不完全一致是在所难免的。

（二）书法教育

由于统治者的提倡和社会的重视，唐代的书法艺术呈现出空前繁荣的局面，出现了大批卓有成就的书法家。由陈入隋而终于唐初的书法家欧阳询和虞世南，都是学王羲之和王献之，各有所得。继欧、虞后，有褚遂良和薛稷。盛唐的颜真卿，是唐朝新书体的创造者。柳公权的字谨严而又有开阔疏朗的神致，所以人称"颜筋柳骨"。此外，还有善篆书的李阳冰、善隶书的贺知章、善草书的张旭和怀素等。他们留下了一大批珍贵的艺术精品。

唐代的书法教育也取得了很大的发展。唐中央官学中的国子学、太学、四门学、书学和弘文馆、崇文馆，都有书法学习的内容。国子、太学、四门的学生有写字练习，写字每天写一幅。为了使书写正确、符合规范，还要学《说文》、《字林》、《三仓》、《尔雅》等书。弘文、崇文两馆的也都要兼学书法，和国子学一样。书学的学生专业就是学习书法，学习《石经》、《说文》、《字林》，兼习其他字书。这些学生限三年学完《石经》三体，两年学完《说文》，一年学完《字林》。书学教师有博士两人，助教一人。学生学习期间每十天放假一天，放假前一天考试。另外还有岁考，考试全年学习内容。

在唐代的地方学校和私学中，学生往往也要学习书法。在私学中以书法相授受的为数不少。如虞世南从智永学书，又传给他的外甥陆柬之。这时产生了不少书法理论和书法教育的文章，重要的如虞世南的《笔髓论》，李世民的《笔法诀》，张怀瓘的《书断》、《六体书论》、《玉堂禁经》，徐浩的《论书》等。其中有不少总结学书经验的言论，如："大抵腕竖则锋正，锋正则四面势全。次则实，指实则节力均平。次掌虚，掌虚则运用便易。"①

---

① （唐）李世民：《笔法诀》。

　　教学法的研究也有进展。张怀瓘谓教学书法，"唯宜指陈妙理"，"如不知东都，惟须指示东都之道，日行远近，随其筋力"。他还说，教书法要"顺其性，得其法"。"如人面不同，性分各异，书道虽一，各有所便。顺其情则业成，违其衷则功弃。""是故学必有法，成则无体。欲探其奥，先识其门。有知其门未知其奥，未有不得其法而得其能者。"①

第二节　阅读教学

　　隋唐时期语文教育在阅读教学方面取得了很大进步，阅读教材大幅度增加，阅读教学的方法也有所创新。

一、阅读教材

　　隋唐时期经书仍然是主要读物。唐代有了"九经"的名称，九经是《易》、《书》、《诗》加上"三礼"（《周礼》、《仪礼》、《礼记》），"三传"（《左传》、《公羊传》、《谷梁传》）。《礼记》、《左传》为大经，《毛诗》、《周礼》、《礼记》为中经，《周易》、《尚书》、《公羊》、《谷梁》为小经。这样划分是为了适应学校教育和科举考试的需要。因为唐代明经、进士的考试都要试帖经，这种考试要求"文注精熟"，所以多数士子必须读经。

　　（一）《经典释文》、《五经正义》

　　隋唐时期有一批语文学家，为了后学读书的方便，新撰了一些古书注释本。这些书都是语文教学用书。其中有些对后世影响很大，如陆德明的《经典释文》和孔颖达的《五经正义》。

　　《经典释文》由陆德明撰。陆德明，字元朗，苏州吴人，经历了陈、隋、唐三朝，长期从事教学工作。这部书的撰写时间是陈后主至德元年（583年），这是他任国子助教时为教学需要而编写的。《经典释文》第一卷是叙录，包括序、条例、次第、注解传述人四个部分。序说明著书

---

① （唐）张怀瓘：《六体书论》。

的原因，条例说明编纂方法，次第说明所收各书的安排顺序和理由，注解传述人介绍各种经典的传授源流和注家。这一卷是全书的纲。从第二卷到三十卷依次为《周易》、《尚书》、《毛诗》、《周礼》、《仪礼》、《礼记》、《左传》、《公羊传》、《谷梁传》、《孝经》、《论语》、《老子》、《庄子》、《尔雅》等十四部著作作了音义。《经典释文》是一部音义之书。所谓音指辨音，所谓义指释义。这部书有注音，有释义，有考订校勘。注音采用汉魏以来230余家的音切，释义博取隋以前的诸家训诂，并考证文字异同。《经典释文》的一个重要作用在于确定读书的正音规范。

　　《五经正义》由孔颖达撰。孔颖达（574—648），字冲远，我国唐初著名的经学家和教育家。因其学识渊博，被唐太宗所赏识，遂入国子监任国子博士、国子司业及国子祭酒等职。638年，唐太宗令孔颖达等经学家撰疏《五经》义训，企图结束诸家对儒家经典注疏不一的局面。三年后，此项工作完成，奉诏名《五经正义》，钦定为全国统一教材。《五经正义》包括《周易正义》、《尚书正义》、《毛诗正义》、《礼记正义》和《春秋左传正义》五书，共223卷。孔颖达是经古文家，他作的疏，《周易》用王弼注，《尚书》用伪孔安国传，《毛诗》用毛传郑笺，《礼记》用郑玄注，《春秋左传》用杜预注。《五经正义》实际上是对南北朝众说纷纭的解经加以鉴别裁定，作了一次总结性的工作。《五经正义》许多地方以当代语言解释先秦两汉的语言。对意义的解释较前人更为周密，同时还运用了一些新的术语，对文中的修辞现象也注意加以说明。可见，在阅读教学中，它是一部作用相当大的书。

　　（二）诗赋

　　读诗也是这一时期阅读教学的重要内容。唐代是诗歌发展的黄金时期，"唐代不到三百年的时间中，遗留下来的诗歌就将近五万首，比自西周到南北朝的一千六七百年中遗留下来的诗篇数目多出两三倍以上"①。这就是唐代儿童读诗的丰富资源。这一时期读诗用的教材主要是当代诗歌选本和教师临时选用的一些当代诗篇。当代诗歌选本，如

---

① 游国恩等：《中国文学史》（第2册），人民文学出版社1963年版，第3页。

《文场秀句》等。

敦煌遗书《杂抄》中有个书目载："《文场秀句》，孟宪子作。"这大约是唐人选辑唐代诗歌或摘句。《旧五代史·冯道传》有"中朝士子，止看《文场秀句》便为举业，皆窃取公卿"的话，可见此书是当时科举考试用的初级读本，供学子讽诵模仿。敦煌变文《左街僧录大师压座文》说："女郎使闻《周氏教》，儿还教念《百家诗》。"① 《周氏教》、《百家诗》大概都是儿童教材，书已亡佚。《百家诗》是给男孩念的诗歌选本。从《压座文》可以看出，《百家诗》在当时是很流行的。

除诗歌选本外，老师也临时指定某位诗人的作品作为教材。《唐诗纪事》卷三八载：元微之（稹）《长庆集序》云："予尝于平水市见村校诸童竞习诗，招而问之，皆对曰：'先生教我乐天、微之诗。'固亦不知余之为微之也。"可见白居易、元稹的诗就被教师选定为教材。

此外，《昭明文选》这一文选类教材的修缮本一直作为阅读教材来使用。

二、阅读教学方法

（一）朗诵和吟咏

读书方面，朗诵和吟咏仍是主要方法。在读书腔调上，出现了用楚声读《楚辞》。《隋书—经籍志》在谈到《楚辞》时候说："隋时有释道骞，善读之，能为楚声，音韵清切，至今传《楚辞》者，皆祖骞公之音。"并载释道骞《楚辞音》一卷。这就是说，当时诵读《楚辞》这种韵文，有特殊的地方腔调，而且递相传授。以擅长这种读法著名的释道骞，还写成专著《楚辞音》。

（二）注音和点识

为了便于阅读，此期采取了随文注音和点识的方法。如在正文的古字旁边注上当时通用的字，给难认的字注上音。注音有时用直音，有时用反切；有时注在正文的旁边，有时注在所注正文的卷子背面。另外，

---

① 王重民、王庆菽、向达等著：《敦煌变文集》，人民文学出版社1984年版，第840页。

当时还有"点识四声以代反切"的办法。王重民发现的敦煌《文选》写本，在黄纸莹墨中间有朱笔点识以标明四声。这在读书方法上应该是一种改进。

（三）抄书

由于当时印刷术尚未广泛应用，一般学子读书需要自己抄写。抄书可以加深印象，所以有"读书不如写书"的说法。

第三节　写作教学

隋唐时期写作教学已发展到成熟的地步，其中诗歌是最大的文学成就，所以这一时期的语文教育也特别注重对学生诗歌写作能力的培养；另外，随着科举制度的完善，与科举有关的应用文写作也得到了特别的关注。

一、写作常用文体

（一）诗歌写作

在隋唐时期的作文教学中，诗歌写作训练是一项重要的内容。

人们在学习写诗过程中要进行声律、对仗、集事等单项训练。这些训练用《兔园册》、《蒙求》以及为科举服务的写作参考书等作教材。在各项训练中，属对训练很受重视。《唐诗纪事》卷五四载：李义山谓温（温庭筠）曰："近得一联句云'远比赵公三十六年宰辅'，未得偶句。"温曰："何不云'近同郭令二十四考中书'？"宣宗尝赋诗，上句有"金步摇"，未能对，遣求进士对之，庭筠乃以"玉条脱"续也。宣宗赏焉。又药名"白头翁"，温以"苍耳子"为对。这些都是属对训练，不仅具有语音训练、词汇训练、语法训练的作用，还有修辞训练和逻辑训练的作用，所以它对作诗有很大的帮助。蔡元培曾说它"不但是作文的开始，也是作诗的基础"[①]。骆宾王七岁时写成《咏鹅》诗，王维十七岁

[①] 蔡元培：《我在教育界的经验》，高平叔编：《蔡元培教育论著选》，人民教育出版社1991年版，第711页。

时就写出成名作《九月九忆山东兄弟》。不可否认，他们有写诗的天赋，但如果没有早期接受这些基础训练，怕也是不行的。

作诗的过程，大致要经历立意取材、炼字炼句、修改加工等步骤。

首先，立意取材。有的诗人强调从日常生活和眼前景物中立意取材，李贺就是这样。《新唐书》（卷二零三）载：李贺"每旦日出，骑弱马，从小奚奴，背古锦囊，遇所得，书授囊中。及暮归，足成之"。

其次，炼字炼句。诗人要写出生动、传神的语句，就需要锤炼字句。大家所熟悉的贾岛"推敲"的典故就是炼字炼句的一个典型例子：岛赴举至京，骑驴赋诗。得"僧推月下门"之句，欲改"推"作"敲"，引手作推敲之势，未决，不觉冲大尹韩愈。乃具言，愈曰："敲字佳矣。"遂并辔论诗久之。[①]

最后，修改加工。这里说的修改加工是指整首诗写好后的修改加工。一般是写完一首诗，自己要反复吟诵，这样就可以发现不妥当的地方。杜甫的"新诗改罢自长吟"，贾岛的"二句三年得，一吟双泪流"，都是说在反复吟诵中修改自己的诗作。除自己修改外，也有请别人帮助修改的。彭乘《墨容挥犀》卷三云："白乐天作诗，每命老妪解之。问曰：解否？解则录之。不解，又复易之。"

（二）应用文的写作

隋唐时期也出现了适应日常需要的写作，主要是应用文写作。民间通行的应用文种类不少，《敦煌资料》每一辑载有契约文书 100 多件，主要包括买卖、典租、雇佣、借贷的契约，以及分家文书、分配遗物的凭据等。这类民间应用文与应举诗赋有很大的不同。一是不讲究声律对仗，也很少使事用典。二是语言质朴准确，不容许有虚构夸张成分。三是通俗易懂，不用古字古语。民间的契约有一定的格式，如卖地契约先写这地的所在、亩数、四至，再写卖地的年月日、卖主姓名、卖地原因、买主姓名、交易条件，然后是对一些特殊情况的处理意见，最后署名。这些格式并不复杂，但也需要有人教，并且最好能提供式样。那

---

① 《唐诗纪事》（卷四十）。

时，民间学习语文是有这项内容的。这种学习主要不是在学校进行，而是在社会上进行的。青年人往往从师长那里学写应用文。同时也有人编写了学写应用文的参考用书。

在敦煌写本中，保存了相当一批书仪。书仪，就是供人们写信时模仿和套用的参考书。敦煌写本书仪可分为三种类型。一是供朋友之间来往的书札范本。二是侧重于表、状、启、笺及婚丧往来的书疏范本。三是既包含公务往来的表状笺启，也包含朋友往来的书启，又增加了朝见及公务往来的口头用语等，略去了婚丧仪礼等内容，是专门用于公私往来应酬的文范或手册。从这些书仪的内容来看，它们应是当时应用文写作的参考书。下面，我们择要介绍两种书仪。

《记室备要》三卷，郁知言撰。它属于上述第三种类型。"上中两卷为官牍，上自天子庆赏，下至内外百官，各具一式。下卷为四季书仪，惜已残缺过半。"[①] 从《记室备要》中，我们可以看出唐代公私应用文的格式。书文中有空缺的地方是准备临时更改填写的。

《书仪》二卷，杜友晋撰。它属于第二种类型。王重民说："上卷吉仪，下卷凶仪，自天子至于庶人，各具一例，简而适用，故其书能传至敦煌。"[②]

二、写作教学方法

唐代的写作教学方法主要是关于诗歌写作的教学，包括自由作诗、作命题诗、联句等方法。

（一）自由作诗

就是写自己所见所想的内容，表达自己的思想感情。这是最普遍的方式。

（二）作命题诗

作命题诗，有时是在私人聚会中。如元稹、刘禹锡、韦楚客三人到白居易家中聚会，谈论起南朝兴废的事，当场每人要写一首《金陵怀

---

① 王重民著：《敦煌古籍叙录》，商务印书馆1958年版，第224页。
② 同上，第225页。

古》诗。刘禹锡就写了"王睿楼船下益州"那首名作。在官场聚会时，也有时要作命题诗。这种官场聚会的命题作诗，应景的多，缺乏思想，没有多少价值，但因为它带有评比性质，所以也起到了刺激和训练写作的作用。

（三）联句

这是唐代诗歌写作中一种特殊的训练方式。联句多产生于朋友聚会，往往用它来纪事、咏物、送行、赠人、寄人、怀人等，题材相当广泛。联句有三言、四言、五言、七言、一至七言、一至九言等，而以五言为最多。一般是集会时一人首倡，写两句，然后依次接下去，一轮写完了再第二轮。联句是几个人合作写诗，是互相督促进行写作训练的一种方式。

第四节　语文学习

隋唐时期韩愈和柳宗元等古文学家提出了许多关于语文学习的思想。韩愈（768—824），字退之，唐代河内（今属河南孟县）人，韩氏先世居昌黎，后人称其为韩昌黎。他是我国古代著名的文学家、思想家和教育家。在思想方面，他提倡儒学，反对佛道。在文学方面，他提出了"文以载道"的主张，即写作的目的是为了体现和宣扬儒家的仁义之道，文章的内容和形式要统一起来，以改革齐梁以来只重形式而不重内容的四六排比骈体文。柳宗元（773—819），字子厚，祖籍蒲州解县（今山西运城西南），由于解县当时居河东郡，所以后人亦称为柳河东。他是我国古代著名的文学家、思想家、教育家。他的教育思想和教育实践活动都产生过较大的社会影响。在培养目标方面，他主张教育要培养行道的君子；在学习内容方面，他主张突破儒家经学的局限，而扩及诸子百家以至佛学。柳宗元不仅对韩愈提倡尊师重道的言行表示赞赏和支持，而且还进一步阐述了社会不尊重教师的危害性。

一、语文学习思想

(一) 文以载道，文道统一

韩愈说："愈之所志遇古者，不惟其辞好，好其道焉尔。"又说："学古道则欲兼通其辞。通其辞者，本志乎古道者也。"① 这里充分说明了"文以载道"、"文道统一"的基本观点。

在文学方面，韩愈提出了"文以载道"的主张，即写作的目的是为了体现和宣扬儒家的仁义之道，文章的内容和形式要统一起来，以改革齐梁以来只重形式而不重内容的四六排比骈体文。

韩愈主张读"三代两汉之书"，除了经书，还要读"诸史百子"。他在《上兵部李侍郎书》中说："性本好文学，困困厄悲愁，无所告诉，遂得穷究于经传史记百家之说，沉潜于训义，反复乎句读。"

韩愈提出"文以传道"的主张："文书自传道。"② 道，包含有与语言形式相对的思想内容的意思在内，也就是说文章必须表达一定的思想观点。

(二) 博极群书，志乎古道

柳宗元主张既要"邃于经书"，深入钻研儒家经典，又要"博取诸史群子"，认真研习诸子百家之书。他认为读书做学问不能偏执一说，孤陋寡闻。所以，他教导前来求教的学生说："当先读六经，次《论语》，孟轲书，皆经言。左氏《国语》、庄周、屈原之辞，稍采取之。谷梁子、太史公甚峻洁，可以出入。"③

柳宗元不仅主张要博览群书，而且更强调在读书过程中的钻研和理解。他教导学生说："凡为学，略章句之烦乱，采摭奥旨，以知道为宗。"④ 这里所谓"奥旨"，即指书中的深刻道理。所谓"采摭"，即穷究求取的意思。这句话就是说读书要深刻领会和掌握书中的真谛。这与韩愈的"钩玄提要"可谓如出一辙。

---

① (唐) 韩愈:《题哀辞后》。
② (唐) 韩愈:《寄崔二十六立之》。
③ (唐) 柳宗元:《报袁君陈秀才避师名书》。
④ (唐) 柳宗元:《柳常侍行状》。

柳宗元提出写文章是为了明道。他说："始吾幼且少，为文章，以辞为工。及长，乃知文者以明道，是固不苟为炳炳煌煌，务采色，夸声音而以为能也。"① 他认为作文著述，目的不在辞工，根本目的在明道——宣传某种思想和主张。他提倡文以明道，反对"贵辞而矜书，粉泽以为工，遒密以为能"② 的颓靡文风。

关于文章的文采和写作技巧，柳宗元说："君子病，无乎内而饰乎外，有乎内而不饰乎外者"，"切磋琢磨，镞砺括羽之道，圣人以为重。"③ "抑之欲其奥，扬之欲其明，疏之欲其通，廉之欲其清，固而存之欲其重，此吾所以羽翼夫道也。"④

二、语文学习方法

（一）勤学苦读

关于阅读的方法，韩愈在《进学解》中讲得很多，也很全面。首先，多读多看，吟诵涵咏。也就是说要"口不绝吟"。二是区分读物，提要钩玄。"记事者必提其要，纂言者必钩其玄。"意即阅读资料一类的书，一定要抓住要点，阅读理论一类的书，一定要探究它的精义。三是广采博取，认真积累。他还认为读书应该"贪多务得，细大不捐"，此外，还应"旁收""远绍""俱收并蓄"等，这些也是语文学习的基本方法。

（二）能者为师，交互为师

在语文学习方面，韩愈强调"能者为师"。他在《师说》中说："弟子不必不如师，师不必贤于弟子，闻道有先后，术业有专攻，如是而已。"柳宗元则强调"交互为师"。这既是一种学习理念，更是一种学习方法，有利于提高学子们学习的积极性，构建出和谐、平等的师生关系。

---

① （唐）柳宗元：《答韦中立论师道书》。
② （唐）柳宗元：《报崔黯秀才论为文书》。
③ （唐）柳宗元：《送豆卢膺南游序》。
④ （唐）柳宗元：《答韦中立论师道书》。

第五节　语文考试

隋朝废弃了魏晋以来按照门第高低选用官吏的九品中正制，采用考试的办法，实行以才选人。原来没有秀才、明经两科，隋炀帝增设了进士科，放宽了录取标准，把录取和任用权完全集中在中央。

虽然隋朝的进士科举尚未严格化和制度化，但它毕竟是科举制度产生和发展的重要开端，它在中国选举考试上开创了一个新时代——科举时代。科举制度为以后历代王朝所沿用，它发展于唐，定型于明，完备于清初，衰废于清末。

唐朝继承并发展了科举制度，逐步扩大考试科目，增加考试内容，完善考试程序，从而使科举制度完全取代了以荐举为主的选士制度。唐太宗实行学校教育和科举制度并重的指导方针使学校教育和科举制度都得到了较快的发展。武则天开创了殿试的形式和武举的先例，还采取了糊名考试的办法。到了天宝年间，科举制度中大部分考试科目已经形成，考试的内容已基本确定。考试的形式业已定型。科举制度已经发展成为一种比较完备的选士制度了。

一、语文考试机构

隋唐时期负责语文考试的机构也就是政府中负责科举的机构，这主要包括州县、尚书省（后改为礼部）和吏部。

隋唐时期，要参加科举的考生首先要参加州县主持的"乡试"，取得了"乡贡"的资格后方可再参加上一级的考试。考生取得"乡贡"资格之后，便可参加上一级的省试。省试是因为其由尚书省主持而得名，后来主持该考试的机构改为礼部。礼部也因此而设贡院，科举时的考试和评卷均在贡院中进行。考生在通过了礼部的省试之后，便获得了进士的身份。但想要做官，还要经过吏部的"选试"，合格的才授予官职。选试，谓之"关试"，因关试时间一般在春天，故又称"春关"。通过了"关试"的考生一般所授官职在八九品之间，职位都不太高。

以上是常举型科举考试，每年进行一次。还有一种考试类型叫制举。制举，起源于汉代皇帝因某方面事务亲自策问人才制度，到了唐代，演变为由皇帝亲自主持，或以皇帝名义另指派官员主持的特殊科举考试。制举考试地点于长安设在中书省，或随设在皇帝封禅、巡视途中，武则天时改在殿廷举行。制举及第者，直接授予不同的官职，并多为要官。

二、语文考试内容

在唐朝的常科、制科和武举中，实际上经常举行的是秀才、明经、进士、明法、明字、明算科。其中考试内容与语文教育相关的有：秀才科注重选拔博识高才、出类拔萃的人物。隋唐均以此科为最高。但由于要求严格，造成了报考人数较少的局面。唐高宗永徽二年，废除了秀才科，以后偶开此科，但及第者很少。明经科注重考核儒家的经义。考试的形式有帖经、口试和时务策，其中最重视帖经，可见此科主要考查人们的记忆力。只要熟读经文、注疏，一般都能通过，所以有"三十老明经"的说法。进士科注重诗赋。唐高宗以后，进士科考试包括帖经、试杂文和时务策三场。杂文，即作诗赋各一篇，必须洞悉文律。进士科考试逐渐偏重于以诗赋取士，不仅体现了唐诗的繁荣，而且又促进了唐诗的进一步发展。

在以上几科中，统治者非常看重进士科，唐太宗见到新科进士缀行而至，高兴地说："天下英雄，尽入吾彀中矣。"① 同时，进士科也最受士子青睐。《唐摭言》说："缙绅虽位极人臣，不由进士者终为不美。"但进士科录取人数有限，《全唐诗》中有"桂树只生三十枝"，反映了进士科每年录取的名额不超过 30 个。

三、语文考试方法

科举制度自产生后，就不断地探索新的考试的方法，经过唐代 200 多年的发展，终于形成了口试、帖经、墨义、策问和诗赋等方法。

（一）口试

让考生当场口头回答问题。这种考试方法比较灵活，但随意性较强，有复查无凭的缺点，容易给一些考官和考生提供联合作弊的机会。

---

① （五代）王定保：《唐摭言》。

（二）帖经

把所试的经书任揭一页，将其左右两边遮住，中间只开一行，再用纸帖盖住三字，令应试考生填出来。这种类似于现代的填空的帖经，主要考查考生的记诵能力，对考生的其他能力是无法检查的。

（三）墨义

一种简单的笔试问答，不需要考生发挥自己的思想，只需熟记经文和注释就能答出，这种方法也主要考查考生的记忆能力。

（四）策问

要求考生针对当时社会政治、经济和文化等方面出现的问题，发表自己的看法，类似于政治性的论文。相比前几种方法来说，这种方法能够考查出一个人治国安邦的才能，能够促使考生开动脑筋去思考一些现实问题，利于其思维水平的提高。

（五）诗赋

要求考生当场做诗赋一篇，主要考查考生文学修养和文学创造能力。诗赋考试在一定程度上推动了唐诗繁荣发展，唐诗的发展盛行也促使诗赋考试越来越为人们所重视。

从与政治、教育关系来说，隋唐时期的科举制度有以下几方面进步作用：第一，科举制度的实行有利于加强中央集权。第二，科举制度使选拔人才较为公正客观。第三，科举制度使选士与育士紧密结合。统一的考试内容必然促使教育内容和教材的统一，而教育内容和教材的统一，又有利于教育的普及和发展。

思考与练习

1. 隋唐时期新编写的识字写字教材有哪些？可以分为哪些类型？
2. 简述隋唐时期的阅读教学方法。
3. 简述隋唐时期写作教学的主要形式。
4. 隋唐时期的语文学习思想对当今语文学习有哪些启示？
5. 隋唐时期的语文考试方法述评。

第五章　宋元语文教育

　　宋初的统治者在打败割据势力、基本统一国家之后，在统治策略上作了重大改变，即由原来的重视"武功"，改为强调"文治"。表现为重视科举、重用士人，这都有利于中央集权的建立与巩固，却忽视了兴建学校培育人才，在三次兴学运动后才在中央和地方陆续建立了完备的官学教育体系。宋朝的教育制度基本沿袭唐制。宋朝统治者推行"兴文教"的政策，提倡尊孔崇儒，并提倡佛、道，其主观目的是为维护统治，但结果是使儒、佛、道三家在长期而激烈的斗争中，逐渐走上了融合的道路并最终孕育出以儒家思想为主体，糅合佛、道思想而成的新的思想体系——理学思想。理学思想对宋元时期（960—1368）语文教育的教育理念、教育内容有着很大的影响。宋元时期不可忽视的语文教学机构就是书院，书院作为一种教育制度在宋朝得到发扬光大，为这一时期规范化的语文教育奠定了基础。江西九江的白鹿洞书院、湖南长沙的岳麓书院、河南登封的嵩阳书院、河南商丘的睢阳书院、湖南衡阳的石鼓书院、江苏江宁的茅山书院都是宋代影响较大、闻名一时的书院。书院促进了南宋理学的发展和学术文化的繁荣，培养了一些理学大家和儒士。

　　宋元时期的语文教育，无论是理论研究还是教学实践，都达到了我国古代语文教育的高峰。两宋盛行的理学对教育，特别是语文教育有着极为深远的影响。元朝的建立则极大地促进了民族之间的联系和思想文化、教育的融合。在官学发达、书院兴盛、私学普及等多种因素的影响下，我国传统语文教育的文言型书面语言教学的理论体系已经形成。

第一节　识字写字教学

宋元是我国传统蒙学教育发展的繁荣时期，识字写字教学在蒙学教育中一直占据着十分重要的地位。启蒙教育者很早就意识到，在开始阅读前必须要集中识字，所谓"蒙养之时，识字为先"正是此意。南宋理学家朱熹提出了"大学"与"小学"两个学段。宋元时期语文教育的一个特点就是识字写字教学、阅读教学、写作教学紧密结合在"小学"语文教学中，并贯穿着学礼养德的价值教育。识字教学作为小学教育的重要组成部分受到启蒙教育者的重视。

一、识字教学

（一）识字教材

宋代识字教学可分为集中识字和分散识字两个阶段。识字教材可分为两类：

一是集中识字教材，主要有"三百千"，即《三字经》、《百家姓》、《千字文》，相互补充，构成系统化的识字教材。明代学者吕坤在《社学要略》中曾说："初入社学，八岁以下者先读《三字经》，以习见闻，《百家姓》以便日用，《千字文》亦有义理。"道出了"三百千"的顺序性和互补性。杂字类的书也是集中识字教材之一。

1.《百家姓》

一般都信从宋代学者王明清的意见，认为《百家姓》是宋初钱塘老儒或越人所编。他在《玉照新志》中称："如市井间所印《百家姓》，明清尝详考之，似是两浙钱氏有国时小民所著。"何则？其首云："'赵、钱、孙、李'，盖钱氏奉正朔，'赵'乃本朝国姓，所以'钱'次之，孙乃忠懿正妃，又其次则江南李氏。"可见作者浓厚的皇权正统观念。

文本编排有以下特点：（1）通篇由没有意义联系的单字组成，共收集507姓，其中单姓446个，复姓61个。（2）采用四字一句，隔句押韵的形式。有学者考证，宋初出现的《百家姓》曾经配有曲谱，旋律优美，适合儿童吟诵，是世界上第一部可以唱颂的识字课本。全书共用15个韵，71个韵脚。通篇语调和谐，读来顺口，听来悦耳。如："赵钱孙李　周吴郑王　冯陈褚卫　蒋沈韩杨　朱秦尤许　何吕施张。"（3）便于查考，注重实用性。《百家姓》广为流传的重要原因在于"以便日用"。中国古代社会是以家庭为单位构成的，所以宗族观念极重。例如立家谱、族谱相当普遍，非常需要了解本族、本姓的谱系，也需要了解其他族姓的谱系。建立或查考族谱、家谱成为重要的族姓的社会活动内容，熟读《百家姓》可提供方便。时至今日，读一读《百家姓》也不无裨益，至少可以避免不识人姓氏或读错别人姓氏的窘态。例如，有人不知"澹台""公刘""司马"等是复姓；有人将"仉"（zhāng）读作"几"，将"仇"（qiú）读作"酬"等等。因此，《百家姓》至今仍不失有"以便日用"之效。

2.《三字经》

一般认为《三字经》是宋末元初的学者王应麟所编撰。《三字经》是我国古代最有影响的蒙学读物，全文用三言写成，短小流畅，便于儿童朗读背诵。《三字经》篇幅不大，清代王相训诂本《三字经》共1 122字，除去重复的字，实际510个单字。后来比较通行的本子，即《徐氏三种》本，总共1 248字。

《三字经》是一本综合性的教材，其内容主线是用封建伦理纲常教育学生，并且从启蒙教育的重要性讲到教育内容、读书方法，特别注意从"学"的角度教育学生，这些既符合当时办教育的目的，也适应了启蒙教育发展的需要。这种以思想教育为主线又辅以其他教育的做法，有利于增加教材的趣味性，而且学习者学习此书后，可以对中国历史、文学、自然、名物等有初步了解，为进一步学习打下基础。共分六部分：

（1）教与学的重要性，84字。如开篇写道："人之初，性本善……苟不教，性乃迁……养不教，父之过。教不严，师之惰。子学，非所宜。幼不学，老何为。玉不琢，不成器。人不学，不知义。为人子，方少时。亲师友，习礼仪"等。

（2）封建伦理，114 字。把封建伦理忠孝节义作为思想教育的内容是本书的主线，如三才、三纲、五常、十义等。如："三纲者，君臣义，父子亲，夫妇顺。"并举出一些榜样人物："香九龄，能温席……融四岁，能让梨。"

（3）地理名物常识，96 字。介绍四时、五行、六谷、六畜等基本名物，如："稻粮菽，麦黍稷，此六谷，人所食。马牛羊，鸡犬豕，此六畜，人所饲。"又如："知某数，识某文。一而十，十而百。百而千，千而万。三才者，天地人。三光者，日月星。……曰春夏，曰秋冬。此四时，运不穷。曰南北，曰西东。此四方，应乎中。曰水火，木金土。此五行，本乎数。"

（4）为学的次序和学习的内容，246 字。以介绍儒家经典为主，如小学、四书、六经和五子这些基本知识。如："为学者，必有初。小学终，至四书。论语者，二十篇，群弟子，记善言。孟子者，七篇止，讲道德，说仁义。作中庸，子思笔，中不偏，庸不易……诗书易，礼春秋。号六经，当讲求。"

（5）讲述历史，468 字。把中国历史从上古到宋代理出了一个清楚线索，简明易记，不失为《三字经》中最富神采部分。如："自羲农，至黄帝，号三皇，居上世。唐有虞，号二帝，相揖逊，称盛世。"

（6）讲述历史人物发奋读书的故事，共 240 字。如"头悬梁，锥刺股，彼不教，自勤苦。如囊萤，如映雪，家虽贫，学不辍"等。

《三字经》在内容上和其他蒙学识字教材的不同之处在于：其目的在于以统治阶级的立场观点宣传正统的历史观念，"以古为鉴，可知兴替"。

3. 杂字

除了专业教材，杂字类书也应归属到集中识字教材里。杂字类书在宋代已广泛流行。这类教材从内容上看，都属于综合类读物，结合识字介绍各种日用知识。《五言杂字》结尾说："几句俗言语，休当戏言观。专心记此字，落笔不犯难。"书中之字切合日常需要，熟读背诵之后，遇到要用的字便背诵而得，再查书就能默写。这类书不仅可做教材，也可起到字典的作用，很适合农民、手工业者和商人的需要，因此是民间私塾的重要识字教材。

二是分散识字教材，主要用来在学习知识的同时巩固和扩充识字量，主要教材有《性理字训》、《名贤集》及各种"蒙求"读物。

1.《性理字训》

该书是介绍理学基本观点的识字教材，流传较广，影响较大。程端蒙的《性理字训》形式类似词典，内容是从《四书》和《四书集注》中提出命、性、心、情、才、志等三十个范畴，加以通俗疏解，作为青少年学习理学基本知识的启蒙教材。全书分三部分：第一部分讲人性论，包括命、性、心、情等。说明性根源于天理，心是一身的主宰等。第二部分讲认识论，包括明性和修身两项内容。第三部分讲宇宙观，包括天理、人欲、义、利、善、恶等范畴。

这本书的特点是：一是四字为句，不讲究音韵和谐，颇为"棘唇吻"，不宜于儿童记诵。二是内容上专讲性理，比较玄奥。所以，这本教材从内容到形式都不适合儿童学习。虽然很受理学家们的推崇，但实际上并没有多少蒙馆采用。

2.《蒙求》

宋代传授博物常识的蒙求读物，最著名的是《名物蒙求》。作者方逢辰，南宋人。全书共 2 720 字，介绍自然和社会的各种名物知识。内容相当广泛，包括天文、地理、鸟兽、花木、服饰、器物、日用工具、建筑和耕种技术，以及社会、家庭等人事关系。其主要特点，一是注重常见常用的名物，很少生僻难懂的内容。如"高平为原，窈深为谷。小路为径，通道为衢。闹则为市，静则郊墟"。二是具有科学性，迷信色彩不浓。如"云维何兴，以水之升。雨维何降，以云之蒸"。三是以儒家思想贯串，但也有较为开明的见解。如"纨绔弟子，锦幛豪家。楚客珠履，杨姨锦花"。全书是用四言韵语，通畅易懂，很适合于儿童学习。

宋代识字教材较唐朝有了新的进展，主要表现在：第一，宋代的识字教材在识字效果的基础上，伦理教化的内容加重。尤其是随着理学思想的发展和成熟，关于传授义理、修身养性的内容显著增加，如朱熹的

《小学》、吕本中的《童蒙训》、吕祖谦的《少仪外传》等都是向少儿灌输义理性命学说和进行伦理道德教育的分散识字教材。第二，随着农、工、商子弟入学者的实际需要，各业各类的实用知识和应用技能也逐渐被充实到蒙学教材中，各种杂字类的识字教材开始出现并得到广泛的流行。第三，宋代识字教材的内容和形式都有所丰富，除了综合性的识字教材，历史知识、诗词歌赋、典章名物都作为识字教材的内容。宋代还专为女童编写了蒙学教材和读物，如唐代宋若莘的《女论语》、宋代徐伯益的《训女蒙求》等。

（二）识字教学方法

1. 蒙师口授

这是学童认识掌握字形、字音的主要方法。识字教学中，每字每句的读音，都是通过蒙师领读、学童跟念、反复训练而掌握的。

2. 学生诵记

蒙师口授后，学童要反复诵记。这不仅要认识每个字的字形，掌握其读音，而且还要把编成韵文形式的语句背熟。

3. 读书认字

学童通过集中识字掌握一定数量的汉字之后，就开始读书，进一步扩大识字量。有韵对、诗歌、散文故事等适合儿童的读物，并对深、难字词加了注音、注释。如《磨杵成针》一文对"道逢一老妪"中的"妪"字，注"音于，去声，老妇曰妪"。这种注释有助于学童扩大识字量。

4. 知识结合伦理道德扩充识字量

《性理字训》、《名物蒙求》等读本，就是进行伦理道德和知识教育的同时扩充识字量。

上述前两种属于集中识字教学方法，后两种属于分散识字教学方法。

二、写字教学

宋元时期的写字教学，无论在理论上还是实践上都更加成熟。宋朝的很多《须知》、《学则》对写字都有明确的规定，如朱熹《童蒙须知》："凡写字，未问写的工拙如何，且要一笔一书，严正分明，不可潦草。凡写文字，须要仔细看本，不可差讹。"程端蒙、董铢在他们制订的学则中，也专列"写字必楷敬，勿倾欹"①。

（一）写字训练的程序

宋代的写字训练有一定的程序和方法，重视基本功训练。

1. 先写大字，后写小字。王日休在《训蒙法》中说："写字，不得惜纸，须令大写，长后再写小字。"他认为，若让蒙童先写小字，"则拘定手腕，长后小字，则写不得"。

2. 先写笔画简单字，勿贪多求快。在写字教学初始阶段，王日休要求："写字时，先写'上大'，二三日，不得过两字，两字端正，方可换字。若贪字多，必笔画潦草，写得不好。"②

3. 先写方格字，后写无格字。

（二）写字教学方法

宋代的写字训练以学习楷书为主，规定凡儿童入小学发蒙，重要的一步是练习楷法写字。楷书写字，须经把腕、描红、影写、临帖几个阶段，有人把这四法称作作字四法、把笔四要等。这是一项重要的基本功训练。

1. 把腕。学童刚开始学写时，蒙师须扶手润笔，手把手地教握笔运腕。

2. 描红。学生在老师用红笔写的字体上，依样一笔一笔地用墨笔描写。宋代已出现专为写字用的描红字帖，并一直沿用到清代。描红材料多是一些较为简单、比较容易写的单字或韵律自然的诗歌。

3. 影写。即古人所说的影摹、写影。选择透明度较强的棉纸或薄皮纸覆盖在范本上进行书写练习。经过这样的训练，学童一般就能掌握写字运笔的基本方法。

4. 临帖。就是使用字帖作摹写的范本。

---

① （宋）程端蒙、董铢：《程董二先生学则》。
② （明）王日休：《训蒙法》。

四种教学方法由浅入深，循序渐进地提高书写能力。

（三）写字教学法则

写字教学法则，主要是让学生掌握点、横、竖、趯等笔画的用笔方法。最为流行的是以"永字八法"为书法训练的范本，后来又有人加上"折"而成了"永字九法"。

点为侧，须侧锋峻落，铺毫行笔，势足收锋。

横为勒，须逆锋落纸，缓去急回，不应顺锋平过。

直为努，不宜过直，太挺直则木僵无力，故须直中见曲势。

钩为趯，须驻锋提笔，突然趯起，其力集中于笔尖。

仰横为策，用力在发笔，得力在画末。

长撇为掠，起笔同直画，出锋要稍肥，力要送到。

短撇为啄，落笔左出，快而峻利。

捺笔为磔，要逆锋轻落笔，折锋辅毫缓行，至末收锋，重在含蓄。

写字教学是宋代语文教学中的一项最基本的内容，不仅在写字教学的程序、方法、原则上有了许多探索和进步，并且古人特别注重蒙养时期学习态度的培养和学习习惯的养成，从严格规范的写字教学程序和原则中可见一斑。写字是学生学习语文的必备技巧，新课标把"识字教学"改为"识字与写字教学"也继承了重视培养写字能力的优良传统。

第二节　阅读教学

朱熹把教育分为"小学"和"大学"两个阶段，"小学"大致是指八到十五岁的学童所接受的教育，相当于现在的义务教育阶段。学生在十五岁以后则要接受"大学"教育。这两阶段的阅读教学目的、内容、方法等方面存在一些差异，所以将阅读教学分"小学"和"大学"两个阶段来研究。

一、阅读教材

（一）"小学"语文阅读教材

宋元时期"小学"语文阅读教材可分为三类：散文类、诗歌类、工具类。

1. 散文类

散文类教材承担了学生从学习整齐的韵语到学习内容复杂的文章的过渡任务。此类教材可分为故事类、经学类、文选类。

(1) 故事类

朱熹曾说:"童稚之学,不止记诵。养其良知良能,当以先人之言为主。日记故事,不拘古今,必先以孝弟信、礼仪廉耻等事,如黄香扇枕,陆绩怀桔,叔敖阴德,子路负米之类,只如俗说,便晓此道理,久久成熟,德行便自然亦矣。"① 可见古人早已认识到了故事的社会教化作用,客观上对语文教育起了一定促进作用。

宋代使用的散文故事教材主要是胡继宗编的《书言故事》。按天文、时令、地理等分类,举出典故或成语,这类故事内容简单,篇幅很短,是一般记叙文章的雏形。例如,《列子》中所载"忧天崩坠"故事:杞国有人,忧天坠,身亡无所寄,废寝食日久。有晓之者曰"天,积气也,奈何忧崩坠乎!"于是其人甚喜。《书言故事》这类教材有插图,且相当精美,利于提高儿童的阅读兴趣,帮助儿童理解故事内容。

(2) 经学类

儿童经学读物可分为两类,一类是群经类,就是把儒家经典作为一个整体来对待,作粗略的介绍。二是专门介绍某一经书,在实际的教学活动中这类教材运用并不普遍,在这里只作简要介绍。

朱熹《小学》共六卷,分内外篇。它完全是选录"古圣先贤"的文献编成,目的是为了向儿童进行封建思想的教育,并为《四书》、《五经》的教学奠定基础。内篇的内容以选录儒家经书为主,包括立教、明伦、敬神、稽古四部分;外篇的内容,则是历代贤德之士的嘉言善行。其中,内容除了直接说教以外,也有一些格言、故事、诗歌及名物知识,且处处不离"洒扫应对进退之节,爱亲敬长隆师亲友之道"②。《小学》是朱熹当时所有蒙学读物中最著名且影响最大的教材。

---

① (宋) 朱熹:《小学·外编·嘉言》(卷五)。
② (宋) 朱熹:《小学》序言。

继《小学》之后，还出现了很多"类小学"教材。如宋代吕祖谦《少仪外传》、袁采《袁氏世范》、吕本中《童蒙训》、陈淳《小学诗礼》等。何异孙《十一经问对》，全书 5 卷，包括 13 部儒家经典，此书用或问之体，有问有答。

这类教材有自身缺点，那就是"开卷多难字，不便童子"①，不考虑蒙童特点，只把理学知识和道学观念硬灌给学童，因而在蒙学中流传不广。

（3）文选类

宋代学者所编选的"文选"型教材有真德秀《文章正宗》、谢枋得《文章轨范》、吕祖谦《古文关键》和《东莱博仪》、李涂《文章精义》等，编选体例皆以南朝梁太子萧统选编的《昭明文选》为宗。这些教材既是语文阅读教学的内容，又是写作的范本和指导书。

2. 诗歌类

古代教育家认为诗歌的感染力强，能陶冶性情，使人师善改恶。又加上有音韵，能激发学生的兴趣。唐以来诗赋又成为科举考试的重要内容，在蒙学中自然也会有一些诗歌教材。其中最著名的有《千家诗》和《神童诗》等。

（1）《千家诗》

南宋刘克庄编辑的《千家诗》，全名是《分门纂类唐宋时贤千家诗选》，全书共 22 卷，将唐、五代及宋人的诗按照时令、节令、昼夜、百花、竹木、天文、地理、器用、昆虫、人品等十四类进行选编。《千家诗》选录广泛，不拘一格。选录标准有三条：一是简洁短小，二是通俗易懂，三是诗作好，而不论作者的名气大小，可谓"鼎尝一脔，其味无穷"。《千家诗》分上下两集，上集收七言绝句 94 首，下集收七言律诗 48 首，共 142 首。尽管对这部诗集前人有不同的看法，但它无疑是古代最风行的且流传时间最长的诗歌基础教材。

《千家诗》既是集中识字教学向分散识字教学的过渡形式，又是识

---

① （清）陆世仪：《论小学》。

字教学向阅读教学的过渡形式。所以后人把《千家诗》作为初级的阅读教材，而把《千家诗》与《三字经》、《百家姓》、《千字文》合起来，简称"三百千千"，作为识字教学的系列教材。

（2）《神童诗》

相传是北宋神童汪洙所作。《神童诗》共34首，均为五言绝句。其中劝学诗14首、颂太平4首，还有歌咏时令、节气的16首。后又增补28首，多为描写花草和自然现象之作。《神童诗》全部选用五言绝句，篇幅短小，诗味浓郁，格律严谨，音韵和谐，读起来朗朗上口，情趣盎然，易于记诵。《神童诗》是优秀的少儿诗歌读物，也是教少儿习作诗歌的示范教材。这些诗作多以高官厚禄引导学童向学，是其诟病。

其他诗歌教材有北宋陈淳编《小学诗礼》、朱熹作《训蒙诗》100首等。这类诗歌读本着眼于向儿童进行封建思想教育，对于语言文字的艺术基本不加考虑，所以流传不广。

3. 语文工具书

宋元"小学"语文工具书有王应麟编的《小学绀珠》。编法是把见于古书的名物，按天道、律历、地理、人伦、性理、人事、艺文、历代、圣贤、名臣、氏族、职官、治道、制度、器用、警戒、动植这些项目分类编写，每一类中又以数目为线索排列，例如，艺文类开头的次序是：六艺、五经、六经、九经、七经、四术、三史。每条注明包含的内容，有的略加解说，注明出处。这样的书很像一个小百科辞典，备学习中查考。

（二）"大学"语文阅读教材

宋代科考的内容和侧重点不断变化，但经文始终是最重要的内容。

1. 经学教材

经学教材自古以来就是古代语文阅读教学的重要内容，到了宋代更有着自己的特点。

（1）十三经

唐代以《九经》取士，《九经》包括《诗》《书》《礼》（《礼记》、《周礼》、《仪礼》）《易》《春秋三传》（《左传》、《公羊传》、《公粱传》）。

唐文宗时又加上《孝经》、《论语》、《尔雅》。到了宋代又加上《孟子》，确定为十三经。这在教材史上具有重要意义。

（2）《三经新义》和《字说》

王安石在教材改革方面的突出成就表现在编定了《三经新义》和《字说》，并把二者作为教材进行推广。"三经"是指《诗》、《书》、《周礼》，其中后者是由王安石自己阐释，前两者是由王的儿子王旁、吕惠卿共同诠释，总称《三经新义》，于神宗熙宁八年（1075年）颁于学校，作为学生必读教材。此外，王安石还编纂了一部文字训诂方面的书——《字说》，他认为字"皆有义，皆本于自然"，要通过对字的了解来统一思想。《三经新义》、《字说》随着王安石新法的兴废经过了几起几落，但在当时影响还是很大的。

（3）《四书》

宋儒对《四书》的阐释最多，影响也最大。《论语》从汉代就开始作为教材，可谓源远流长。《大学》、《中庸》作为《礼记》中的两篇过去没有突出的地位，但二程和朱熹把它抬举得很高，认为《大学》是"孔子之遗言也"，把它们作为学校的必修教材。《孟子》一书，虽然有很大争议，但是由于二程等理学家的推崇也与前三本并列。后来朱熹作《四书集注》，确立了这四本书在封建社会作为阅读教材的地位。

2．文选型教材

我国宋代语文的文选型教材，以南朝梁太子萧统选编的《昭明文选》为宗。宋代科考很重视以作文、作诗赋为主的辞科，因此才有"文选烂，秀才半"的俗语。此外，很多其他"文选"型教材既是语文阅读教学的内容，又是写作的范本和指导书，与读写训练密不可分。下面介绍几部宋代文选型教材：

（1）《文章正宗》

宋代真德秀编，分正集和续集，各二十卷，其正集收录《左传》、《国语》以下至唐末的文学代表作，体例包括辞令、议论、叙事、诗歌四类；续集则选录北宋文章，分叙事、议论两类。其中末卷议论文章有目录而无文章，估计为未成之本。关于选文标准其《自序》中说："故今所辑，以明义理切实用为主。其体本于古，其指近乎经者，然后取焉。"这道出了他选作读本的基本要求。他认为读正宗文章，首要的就是要把握它的义理，要经世致用。

（2）《文章轨范》

宋代谢枋得编，共七卷，收辑了汉、晋、唐、宋的文章共 15 家，69 篇。其中韩愈的文章几乎占一半。前两卷题为"放胆文"，后五卷题为"小心文"，并对这类文章加以评点，而且建议初学者先写放胆文，再写小心文。

（3）《古文关键》

宋代吕祖谦编，共两卷。选录了韩愈、柳宗元、欧阳修、曾巩、苏洵、苏轼、张耒等人的文章 60 多篇，逐篇说明作者写文章的关键所在，在评注中指出命题、布局之关键，故以"关键"为书名。

（4）《东莱博仪》

宋代吕祖谦编，共 25 卷，168 篇。成书于乾道四年，门人张成昭作注。内容以《左传》记载的某些史实为题加以评议，其中不乏与传统观念不同的独到见解。本书常作为写文章的起步指导书。

（5）《文章精义》

宋李涂编。它以先秦、两汉、唐宋的名家名作为例，评点文章的精到之处。

3. 其他语文教材

（1）诗歌、散文和词

应科举之需，学生们需要读一些诗词、骈文。宋代的很多散文大家同时又是语文教育家，在阅读和写作上都有着自己独到的见解，比如欧阳修、苏轼等，他们的作品比之于唐代散文，更易于说理、叙事和抒情，为学生们提供了优秀的阅读和写作范本，是学生散文阅读的最佳材料。另外，宋代还出现了一些指导读诗的理论书，如叶梦得的《石林诗话》等，对于提高学生的鉴赏能力很有帮助。

（2）古文

这个时期的学生除了学习《四书》、《五经》等经学教材外，还要读一些古文，这些古文主要是从《左传》、《国语》、《国策》、《史记》等史书中选出的若干篇章。

（3）时文

应科考之需，官学和私学的老师们都会教学生读一些"时文"，或者称作"制艺"，就是当时的状元、进士等人作的科举文章。当然，这不是阅读教学的主要内容，多是科考前的临阵磨枪之法。

二、阅读教学方法

（一）"小学"语文阅读教学方法

按照读书教学过程的先后顺序，可分为授书法、读书法、讲书法。

1. 授书法

学童在读书之前，先须经过蒙师"授书"。（1）讲明句读、字音，作出范读。在蒙学阶段，老师指导学生读书的第一步就是所谓"点书"，重在点出"句读"。文辞语义已尽处为"句"，未尽者而需停顿处为"读"。学童初学，只有逐字逐句点读分明，才可进一步理解文章的含义。蒙师教学童，范读很重要。宋代真德秀则指出："句句字字分明，每句终字重读则句完，不可增虚声，使句读不明。"[①] 范读要字字句句念清楚，且不计遍数，直到学生会读为止。（2）培养兴趣，使其乐读。宋代程颐说："教人未见意趣，必不乐学。"[②] 这说明培养学童读书的兴趣，在蒙学尤为重要。（3）注重读书、背诵方法的指导。朱熹要求学童读书"多诵遍数"，认为这样会自然上口，久远不忘。"遍数已足，而未成诵，必须成诵；遍数未足，虽未成诵，必满遍数。"[③]（4）记录检查，督促学童读书。元代程端礼提出师生要用日程空眼簿来标记每日授书内容，以此来记录和检查学生的学习效果。

2. 读书法

宋元时期，小学对蒙童读书有两项基本要求：一是熟读成诵，二是

① （宋）真德秀：《家塾常仪》。

② （宋）程颐：《河南程氏遗书》。

③ （宋）朱熹：《小学·嘉言》。

理解文意。两者以前者为主，后者是在前者的基础上逐步达到的。第一是多读遍数，反复诵记，直至熟背。第二是先"考其文，辨其音"，然后"求其意"①，做到"字求其训，句求其义，章求其旨"②。第三是温故而知新。宋代王日休对温书的重要性及方法做过具体论述："读书，当时极熟，久而不读，亦必忘。"③除了每天温习前三五天所授书之外，还要定期温书一遍。

3. 说书法

说书即讲书，也就是"串讲"。主要是蒙师讲，也有学童讲。蒙师"说书"，是在学童熟读成诵的基础上，讲解"句语义理"，以帮助学童理解字意、词意、句意、文意。王日休认为，对学童说书，只"可说句语义理，又须分明直说，不可言语多"④。应根据学童的接受能力，先易后难。为了检查学童对字词文句的理解和掌握情况，也可让学童自己说书，不仅便于蒙师检查其学习状况，而且还有利于提高其语言表达能力，加深对所读之书的理解，是一种很有效的阅读教学方法。

经上述分析，宋代小学阅读教学方法可以概括为四个方面：多读、多背、温故、讲书，这对于当今语文阅读教学均有重要借鉴意义。

（二）"大学"阅读教学方法

宋代"大学"形式主要有两种：私学和官学，其中私学又分为经馆和书院。老师多是一些名师巨儒，其学识、品德有相当高的社会影响，在教学上也勇于尝试新的方法。

1. 讲授法

这是当时最重要的教学方法。在具体做法上，官学侧重于对儒家经义的讲授，经馆的创办者们则一般都能将自己的观点贯穿于教学内容之中。书院的讲授法又有自己的特点，讲授的次数较少，而水平高，而且在教师讲授时，学生可当堂质疑问难，发表评论。经馆和书院的讲授除

---

① （宋）吕祖谦：《少仪外传》。
② （元）程端礼：《程氏家塾读书分年日程》。
③ （宋）王日休：《训蒙法》。
④ （宋）王日休：《训蒙法》。

了老师自讲，也有学生代讲。如朱熹写信给学生黄榦："他时可请直卿（黄榦）代即讲席。"①

2. 答疑解难法

私学的开设者对于有疑难来请教者，都能诲人不倦地详为解说。如张载："答问学者，虽多不倦。有不能者，未尝不开其端。"② 朱熹也是如此，他的学生黄榦在文章《行状》中记载："从游之士，选诵所习，以质其疑。意有未喻，则委屈告之而未尝倦。问有未切，则反复戒之而未尝稳。务学笃，则喜见于言。讲道难，则忧形于色。——虽疾病支离，至诸生问辨，则脱然沉疴之去体。"③ 由此可以看出，宋代私学的开办者在学行方面都是很有威望的，都能为其学生所景仰。他们教学认真负责，私学中教学风气较为优良，对其门徒思想和学术上的影响很大。师生之间接触较多，感情深厚。

3. 讨论辩论法

早在宋初，胡瑗就使用了组织学生辩论、讨论的教学方法。他主张教师在指导学生自学的同时，要随时召集学生讨论。讨论的方式一般有两种：一是让学生各述其所学，由教师概括其大意；二是由学生提出问题，教师组织其进行讨论辩论，并对他们发表的意见进行评判。据《安定言行录》记载："胡瑗初为直讲，有旨专掌一学之政。遂推诚教育多士……胡亦时召之，使论其所学，为定其理；或自出一义，使人人以对，为可否之；或就当时政事，俾之折中。"除了组织和辅导外，还结合当时的政事阐发见解，讨论教学法根据学生的性之所近组织讨论，注意调动学生学习的积极性，启发他们的思维，同时提高他们的口语表达能力，收到较好的教学效果。

4. "会讲"和"讲会"法

南宋书院最早的会讲是张栻、朱熹的岳麓之会。这种教学方法主要践行在书院。朱熹说是"会友讲学"，张栻说是"会见讲论"。其实就是

---

① 《宋史·黄榦传》。
② （宋）朱熹：《朱子文集大全类编》，第一册《行状》，齐鲁书社1997年版，第26页。
③ （宋）吕大临：《横渠先生行状》。

聚在一起进行学术交流和讨论。会讲对理学和书院的发展有明显的促进作用，正因为如此"会讲"后来渐渐成为制度而被称为"讲会"，这种"讲会"制度在南宋兴起，这与当时理学思想十分活跃的状况是分不开的。元代时，由于程朱理学成为唯一的正统思想，官学化的书院主要是起着传播程朱理学的作用，所以书院的会讲也就衰落了。明代中叶，王守仁之心学兴起，书院重新繁盛，终于形成为制度化的讲会组织，讲会成为学术性组织，类似于近世之学会。

第三节　写作教学

宋元时期的写作教学较隋唐时期更加细化，按小学、大学的年龄分段发展，由属对、作诗、模仿习作到习作，由浅入深、循序渐进培养写作能力。这个时期的写作教学与阅读教学材料是密不可分的。

一、"小学"写作教学

（一）属对教学

在宋代的小学语文教育中，属对是最基本的必修课程，属对和韵律训练是最基本的语文训练。属对主要是一种语音、词汇和语法的训练，同时也包含修辞和逻辑训练的因素，是语文教育的综合训练。通俗地说，属对就是作对子，就是把两句缀成对偶。蔡元培说："不但要名词对名词，静词对静词，动词对动词，而且每一种词里面，又要取其品行相近的。例如先生出一'山'字，就要用'海'或'水'字来对它，因为都是地理名词。又如出'桃红'，就要用'柳绿'或'薇紫'来对它，第一个字都是植物的名称，第二个字都是颜色的静词。别的可以类推。"①

1. 属对教材

《对类》是宋代最主要的属对教材。全书共 20 卷，其中前 19 卷分

---

① 蔡元培：《我的教育界经验》，高平叔编：《蔡元培教育论著选》，人民教育出版社 1991 年版，第 704～711 页。

天文、地理、时令、花木、鸟兽、宫室、器具、人事、人物、文史等，编列了许多属对的材料，以供人们查找和选择使用。此外，还详细地讲了属对的方法。此章的编例，是按照对句字数的多少排列，起于 2 字，终于 20 字。在这之下，又按对句的内容分类，如五字类：天文、地理、时令、文史、叠句、花木等。类目的设置，每一类对句的多少，视具体情况而定，并不强求一致。这本书中的很多对句由拆字、绕口令组成，构思巧妙，颇有意趣，一直很受世人的喜爱。此书可以称为教儿童学习作对的集大成之作。

2. 属对教学的方法

首先是训字。先取《对类》中要用的字眼，弄清楚其确切意思。第二是立程。"读得古诗千百首，不会作诗也会吟。"对于学童来说，需要多读名家名作，以此为范本学习作文。作对子也同样如此，不能用刻板的死字来约束学童，而要让他们多读古今名对，加以仔细讲解，直至他们可以熟练掌握，才教之于作对。第三是增字。比如"眺塞北"对"观江南"，增至五字"眺塞北风雪"对"观江南雨露"，增至七字"远眺塞北风雪寒"对"近观江南雨露酣"。以此类推，从一字可以增至几字。第四是句眼。句眼是指诗句中最为传神、最能表现意境的关键字。古人写诗很重视"句眼"。如以"轻风柳絮"、"明月梨花"令人补一句眼，有人用"飘"字、"照"字补之，但均不妥，推敲再三，唯用"轻"字、"明"字传神。以此类推，有眼在首尾者，有眼在中间者，不能尽举。属对是一种非常严格的训练。对于蒙童来说，单纯地给他们讲实字虚字、死活句眼、四声平仄等，不是十分有效。最主要的是应选一些古今名对，让他们熟读记诵，培养他们的兴趣，达到一定的程度后，就能灵活运用。

（二）作诗教学

作诗，是宋代蒙学写作教学的基本内容和基本形式。

1. 作诗教材

宋元时期没有专门的写诗教材。但有些阅读教材客观上起到了教材的作用，比如《神童诗》、《千家诗》之类的诗歌教材，学童在朗读、背诵这些诗歌时，会受到最初的写诗熏陶。另外，属对教材则给了学童在音韵、词汇、语法、修辞、逻辑等方面最基本的训练，而这些同样是作诗最需要的基本功和技巧。所以说，《对类》这样的属对教材也是基本的写诗教材。

2. 作诗教学方法

蒙学作诗教学的方法主要有两种：一是填诗，二是模仿。

（1）填诗

王日休做过具体阐述："小儿填诗时，便教他做工夫。如杜工部、韩昌黎之诗，选长篇一韵，读一篇；上下平声，止有三十韵，是三十篇，足矣。若举此韵，则此一韵中，诸韵皆可以记矣。非惟作省，题诗止于六韵而成，是虽长篇，亦何难哉？又其次如前以三十版匡纸标三十韵头，不问是何省题诗皆编韵于其中，每一版，编一韵。若作诗时，用此一韵，则揭开策子一观，则皆可见矣。"[1] 也就是说，教学童写诗，重点是应教他们"填诗"。首先是从朗读范例中，记住每一类的韵，总共不过三十类韵。其次是用匡纸表韵头，以便填诗时查阅。这些都说明宋代小学写诗教学已探索出了一套行之有效的办法。

（2）模仿

"古人作文作诗，多是模仿前人而作之，盖学之既久，自然纯熟。"[2] 朱熹认为，如果熟读某名人的文章，融会贯通，潜移默化，就可以写出与之相近的文章。这里说的不仅是他自己的写作经验，也是一般写作的规律。尤其是对初学者而言，在模仿中慢慢培养熟练的写作技巧，这的确是一种有效的方法。

（三）作文教学

1. 写作教材

宋代出现了很多专门为初学写作者选编的文选和写作教材，流传使用下来的和见于著录的这类教材不下十余种。比较出名的是真德秀所编《文章正宗》、谢枋得所编《文章规范》、吕祖谦所编《古文关键》、楼昉

---

① （宋）王日休：《训蒙法》。
② （宋）朱熹：《朱子语类》（卷一百三十九）。

所编《古文标注》等。这些教材虽然是阅读教学中的文选型教材，但也充当着蒙童的写作范本，是学生模仿的对象。同时，学者们在选编这些教材时，有意识加进了很多自己关于写作的观点，比如谢枋得所编《文章规范》把所选的文章分为"放胆文"和"小心文"两大类加以评点，并提示初学写作者，先写"放胆文"、后写"小心文"的道理。因此说，这些文选型的阅读教材又是学生的写作教材。

2. 写作教学方法

（1）模仿

在模仿时必须遵循两条原则：一是必须模仿名家名篇。因为"名家名篇""皆是行正路"，初学写作的人，"而今只是依正的路脉做将去，少间文章自会高人"①。二是忌抄袭，提高模仿技术。初学者在进行模仿中应有创造，模仿而不抄袭前人的文章，这才是学习写作的正路。这种作文教学法至今都是值得借鉴的。

（2）改文字

即蒙师批改作文。对初学者"作品"的批改应侧重于鼓励。王日休说："若改小儿文字，纵做得未是，亦须留少许，不得尽改。若尽改，则沮挫其才思，不敢道也。直待做得十分是了，方可尽改作十分，若只随他立意而改，亦是一法。"② 这种对学童的作品不求其完美，重在鼓励的办法值得借鉴。

二、"大学"写作教学

（一）写作指导书籍

北宋写作理论的研究开始偏于形式和技法的探讨，出现了一些系统性的诗话、评点和散文理论著作，如《文则》、《文章百段锦》。另外，还有一些文学大家们在序、跋、书信中也表达了自己的写作观。

1.《文则》

南宋陈骙著。这本著作是我国历史上第一部修辞学专著，奠定了我

① （宋）朱熹：《朱子语类》（卷一）。
② （宋）王日休：《训蒙法》。

国古代写作修辞理论的基础。它是在作者研究有代表性的经籍（主要是四书五经）时所作的笔记集录，体系性不是很强，但对写作尤其是散文写作却具有许多修辞技巧上的指导作用。它的最大特点就是：在归纳总结出某种修辞类型后，加以简要的文字说明，再续之以具体的实例。显得条理清楚而又简切翔实，便于初学。

2.《文章百段锦》

宋方颐孙著。它收集了唐宋名家的文章100段，在每段文字之后加了评语。这百段文章共分为11格，供科举考试者揣摩法式的，有很大的局限性。最大的缺点是束缚学子的思想，容易把文章模式化。

（二）写作训练的步骤——先"放"后"收"

首先鼓励学生大胆地写，等有了一定的基础再要求精练严谨。宋朝几位文学大家都有这样的主张，就连最主张庄严典重的欧阳修也说："作文之体，初欲奔驰。"① 谢枋得在《文章规范》序言中说："凡学文，初要胆大，终要小心，由粗入细，由俗入雅，由繁入简，由豪荡入纯粹。"他在《文章规范》中正是贯彻了这一思想，把选文分为两部分："放胆文"和"小心文"。南宋严羽在《沧浪诗话》中说："学诗有三节：起初不识好恶，连篇累牍，肆笔而成；既而识羞愧，始生畏缩，成之极难；及其透彻，则七纵八横，信手拈来，头头是道矣。"严羽这里讲的为文的三个阶段，实际是写作中由必然王国走向自由王国的飞跃表现。

（三）写作训练的方法——多作多改

所谓"多作"主要是指写成篇文章。宋代古文家认为多读多作工夫自出，所谓"多读自知，多作自好"②。欧阳修说作文有三个要点，一是多读，二是多作，三是多商量，并充分肯定勤学苦练的做法。"多改"的目的在于深入揣摩。一方面掌握语言文字的运用方法，同时养成严肃认真、一丝不苟的写作态度和习惯。

---

① （宋）欧阳修：《与渑池徐宰》。
② （宋）姜夔：《白石道人诗说》。

第四节　语文学习

宋元在建朝之后都采取了"兴文教，崇儒术"的政策以加强中央集权，巩固江山。宋代以唐代的"诗教"流为弊端，在批判浮靡风俗反思唐代教育的过程中形成了"存天理，灭人欲"的理学思想。理学思想对宋元语文教育的影响极其深刻，学术思想异常活跃和丰富，教育理论和实践经验也空前深入，出现了胡瑗、程颢、张载、王安石、朱熹、陆九渊、陈亮、叶适等一大批有影响的教育思想家，丰富了中国古代的教育宝库。

一、语文学习思想

（一）格物致知，天人合一

宋代的理学家们认为教育就是"格物"，其目的就是"致知"，"格物致知"是宋元时期语文学习的指导原则。因已知而求未知，格天下之物，才能豁然贯通，明吾心之全体大用。先要知天理，将万物所具之太极贯通，然后才能明心之全体大用，止于至善。接受的教育、进行的语文学习都是"穷理"的过程。格物致知是为了以物之理来印证其本心之知，以期达到天人合一的境界。

（二）博学、审问、慎思、明辨、笃行

朱熹把《中庸》中的"博学、审问、慎思、明辨、笃行"这五个步骤继承下来作为《白鹿洞书院学规》的一部分，称之为"为学之序"。"博学"、"审问"、"慎思"、"明辨"有着内在的递进关系，"学之博然后又以备事物之理，故参伍之以得所疑而有所问，问之审然后有以尽师友之情，故能反复之发其端而可思。思之慎则精而不杂，故能自有所得而可以施其辨，辨之明则断而不差，故能无所疑惑而可以见于行。"[1] 这五个步骤中最关键的步骤就是"博学"和"慎思"，不仅学习的视野要

---

[1] （宋）朱熹：《四书或问·中庸或问》（卷一）。

开阔，思考还必须细致严密，体现了传统儒学对"学思并重"的重视。

（三）自立于己，虚受于人

陈亮、叶适是南宋事功学派的代表人物，他们认为在语文学习中，既要有主见，不盲从别人，又要谦虚地向别人学习。学习是一个"其智交相明，其材交相成"的取长补短、共同受益的过程。不可"专于己"，绝于人；亦不可"虚受于人则失己，自立于己则失人"①，要在既不强人就己、也不屈己从人的基础上做到人己的统一。

（四）明体达用，治学为国

为改革浮华时弊，胡瑗提出"明体达用"的教学思想，培养既有封建伦理道德思想、又能实际应用的通经致用的人才。

二、语文学习方法

（一）朱子读书法

"朱子读书法"集中反映了朱熹关于读书的目的、态度、方法的深刻认识，对于指导宋代学子怎样读书、怎样学习语文有着深刻的指导意义。

1. 循序渐进

朱熹曾以《论语》、《孟子》为例，发表了以下言论："以二书言之，则先《论语》而后《孟子》，通一书而后一书；一书言之，则其篇章文句、首尾次第。亦各有序而不可乱也。……字求其训，句索其旨，未得乎前，则不敢求乎后，未通乎此，则不敢志乎彼。如是循序而渐进焉，则意定理明，而无疏易凌躐之患矣。"② 学习语文或是读书都必须有先后顺序，根据年龄特征，从浅近平易处开始，由浅入深，"伦类贯通"。切勿贪多求广，应量力而行，如此才能"研味从容"，"而无迫切泛滥之累"。

2. 熟读精思

朱子曰："大抵观书，须先熟读，使其言皆若出于吾之口；继以精

---

① （宋）叶适：《习学记言书目》（五十卷）。
② （宋）朱熹：《朱子语类》（卷十）。

思，使其意皆若出于吾之心，然后可以有得尔。"① 在熟读的同时精心思考。为了培养学生思考问题的能力，他提出了一个思考问题的流程：无疑——有疑——解疑。这里所说的从无疑到有疑，是发现问题的过程；从有疑到解疑，则是解决问题的过程。无论是发现问题还是解决问题，都需要勤于思考和精于思考。在朱熹看来，只有熟读精思，才能收到"心与理一"、"永远不忘"的效果。

3. 虚心涵咏

为纠正世人"主私意"、"旧有先入之说"这些旧想法，朱熹提出学习语文须有虚心的态度，心平气和地寻求书中的道理。他说："读书但当虚心平气，以徐观义理之所在，如其可取，虽世俗庸人之言，有所不废。"② 虚心之意并非让人随声附和，人云亦云，不知变通，而是要弄清义理，判明是非，决定取舍。其次，当读书遇到众说纷错时，亦要虚心净滤，而不能卒然定论。

4. 切己体察

这是儒家传统的为学之法，切己体察要求如下：一是把语文学习和自己的体验相结合。"从容乎句读文义之间，而体验乎操存践履之实，然后心静理明，渐见意味。"③ 二是用书中的理论指导自己的道德行为。总而言之，切己体察的功夫，就是要把圣人之言，变成自己的信念，见诸自己的行动。

5. 着紧用力

读书穷理要有发奋勇猛的精神。具体要求：一是抓紧时间，"宽著期限，紧著课程"④。语文学习计划要宽打算，但实施得抓紧，不能松懈。二是刚毅果断。三是要推勘到底。"看文字须如酷吏治狱，直是推勘到底"，"做工夫一似穿井相似，穿到水处，自然流出来不住"⑤，把勇猛奋发的精神与科学的态度结合起来，严谨治学。

---

① （宋）朱熹：《朱子大全·读书之要》。
② （宋）朱熹：《朱子大全·读书之要》。
③ （宋）朱熹：《学规类编》。
④ （清）张伯行：《学规类编》，中华书局1985年版，第131页。
⑤ （宋）朱熹：《朱子语类》（卷十）。

6. 居敬持志

朱熹认为，居敬持志不仅是道德教育的重要原则，而且也是对语文学习的基本要求。"居敬"即精神专一，全神贯注。朱熹指出："读书须收敛此心，这便是敬。"[①] "持志"即有远大志向，坚持到底。朱熹指出："立志不定，如何读书?"[②] 只有坚定的志向，才能"一味向前"。

朱子读书法是一个相互联系的整体，不是单独谈方法，而是贯穿着道德修养、治学精神和学习态度的要求，对语文学习有着很大的方法指导意义。

(二)"八面受敌"读书法

宋代大文豪苏轼除了在文学上取得了巨大成就，在语文学习方法上也有自己独特的见解："卑意欲少年为学者，每一书皆作数过尽之。书富如入海，百货皆有。人之精力不能兼收尽取，但得其所欲求者尔。故愿学者每次作一意求之。如欲求古今兴亡治乱圣贤作用，但作此意求之，勿生余念。又别作一次，求事迹故实，典章文物之类，亦如之。他皆仿此。此虽愚钝，而他日学成，八面受敌，与涉猎者不可同日而语也。"[③]

后人因原文中有"八面受敌"一语便称其为"八面受敌"法。苏轼"八面受敌"法的要领是"每次作一意求之"，集中注意书中的一个问题，这样，读了数遍之后对书中精髓有所理解，在此基础上再"综合"搞清楚全书甚至"书外之意"。苏轼的"八面受敌"读书法，丰富了宋代的语文学习方法。

(三)开放平等，问难论辩

书院作为一种教学机关和教学组织形式在宋元时期得到了发扬光大，给后世留下了许多经验和精神财富。书院教学"门户开放"，允许不同学派进行讲学，形成了"讲会"制度，促进了学术争鸣。书院教学多采用问难论辩式，注意启发学生的思维，培养学生的自学能力。"疑

---

① （宋）朱熹：《朱子语类辑略》。

② （宋）朱熹：《朱子读书法》。

③ 转引自曹泽华：《说说苏东坡读书法》，http://www.lianzheng.com.cn/c34711/w10237686.asp.

渐渐解，以致融会贯通，都无所疑，方始是学。"① 学生要通过个人钻研读书提出疑难，经由师生的论辩得到提高。除了平等开放的学术氛围，尊师爱生的优良传统在书院教学中得到充分的体现。教学是师生双方的活动，尤其是在重视思想交流的语文课堂上，融洽的课堂氛围、平等的课堂秩序是优质语文教学的必要条件。

（四）根据年龄分阶段学习

朱熹按照受教育者的年龄把教育分为"小学"和"大学"两个阶段，不同阶段的教学内容和重点也很不同。小学阶段是打基础的教育，是大学教育的基本，是道德规范和读书写字的训练。主要内容有洒扫、应对、进退等种种礼节，教六艺即礼、乐、射、御、书、数。为此，他曾为儿童编写教材和读物，其中《小学》一书最有代表性和影响力，其他的还有《童蒙须知》等。大学阶段的教学内容主要包括"穷理"、"修己"、"治人"三个方面。所谓"穷理"，主要是指学习儒家经典。朱熹认为《四书》和《六经》是学子们的必读教材，其中《四书》是《六经》的初级阶段，读经必须先读《四书》，后读《六经》。后来《四书集注》成为官方的钦定教材。《四书》中又要先读《大学》，原因是："先通《大学》，立定纲领，通得《大学》了，去看他经，方见得此是格物致知事，此是正心诚意事，此是修身事，此是齐家、治国、平天下事。"②

（五）游学考察学习

胡瑗提出游学考察是学习语文的行之有效的学习方法，不仅能锻炼人的意志，还能使人增长见识，可谓一举多得。充分将"知"与"行"相结合，才能更好地促进语文学习。

第五节　语文考试

宋元时期语文考试主要沿用隋唐时期的科举制度，重视"文治"士

---

① （宋）朱熹：《晦翁学案》。
② （宋）朱熹：《朱子语类》（卷十四）。

人。在官学体系建立之前，书院教育获得了良好的发展。南宋时期书院教育发展至鼎盛，客观上促进了学术的发展。宋元时期总体上还是以儒家经典为考试内容，但也更加重视崇实尚用的教育思想。在考试方法上也有所创新。

一、语文考试机构

（一）科举取士

宋代科举制度得到进一步完善，确立了三年一次的三级考试制度。宋初科举，仅有两级考试制度。一级是由各州举行的取解试，一级是礼部举行的省试。宋太祖为了选拔真正踏实于封建统治而又有才干的人担任官职，为之服务，于开宝六年实行殿试。自此，正式确立了州试、省试和殿试三级科举考试制度，分别由地方提学司、尚书省礼部和朝廷（皇帝）主持完成。

1. 提学司

宋代自神宗熙宁四年起陆续设置诸路学官，后又设诸路提举学事司，掌管一路州、县学政。这是中国古代最早设置的地方教育行政机构，至此，州试由提学司掌管执行。

2. 礼部

省试在各省或京城的贡院举行，连考三天，由礼部主持。礼部是中央最高政务机构尚书省的下设机构，主管礼乐、祭祀、朝会、学校、贡举等方面的事物。学校建设政策法令的贯彻和全国贡举的实施是其基本职能。

3. 朝廷

殿试也称廷试，唐代武则天开殿试之先河。宋太祖则正式以殿试取代了吏部试。殿试是由皇帝亲自主持的最高规格的考试，殿试结果填榜后，皇帝于太和殿举行传胪大典，宣布殿试结果。从宋代起，凡于殿试中进士者皆即授官，不需再经吏部选试。这种"学而优则仕"的科举道路使统治者的中央集权制得到了强化。

元代的科举制度基本沿袭宋代，用"经义"、"经疑"为题述文。科举分为地方的乡试和在京师进行的会试及殿试。元代科举只考一科，但分成左右榜。右榜供蒙古人、色目人应考，乡试时只考两场，要求相对较简单。左榜供汉人、南人应考，乡试时考三场，要求相对较严格。乡试、会试考获名单俱按种族分配。

（二）学校取士

宋代在继承唐代教学管理的基础上，适应时代需求，制定了一些新的教育管理制度。

自三次兴学运动后，宋朝建立起了完备的官学教育体系。王安石在熙宁兴学中创立了"太学三舍选察升补之法"，简称"三舍法"。"三舍法"是在太学内部建立的严格的升舍考试制度（太学是中央官学中的主干，也是办学规模最大的一所学校）。蔡京主持的崇宁兴学提出罢科举，改由学校取士。为缓解重科举轻学校这一顽症，徽宗朝间尝试以"三舍法"取代科举，后又重新恢复。

元代由于内部各族官僚权力斗争的需要设置了三所国子监，分别管理一所国子学，形成一个监学合一的体制。在地方教育上，首创社学组织地方基层教育，具有积极意义。

二、语文考试内容

宋代的科举内容基本沿袭唐代，主要的常科是进士科和明经科。

（一）明经科

宋初，有五经、九经、三礼、三传、学究等统称为明经诸科。主要通过帖经和墨义的形式考，内容一般为儒经。程颐和程颢把《大学》、《中庸》、《论语》、《孟子》抬出，与五经并列，至朱熹完成《四书章句集注》，"四书"、"五经"广为流行，成为封建社会最正统的考试内容。

（二）进士科

进士科考试内容有诗赋、杂文等，其中用词赋取士。宋代进士科的地位远高于明经诸科，因此有"焚香礼进士，撤幕待经生"之说。

（三）明法科

熙宁、元丰时期，出于变法需要注重官员的法律素质。明法科原为诸科之一，地位很低。明经、诸科被取消后，允许原举人应法律考试，以补充执法官吏，遂成明法科。

元代科举考试的最大变化是考试内容的变化，钦定《科举条例》规定："如今将律赋省，题诗、小义等都不用，止存留诏诰表章，专立德行明经科。明经内《四书》、《五经》，以程子、朱晦庵注解为主，是格物致知、修己治人之学。"

三、语文考试方法

宋元时期主要采用口试、帖经、墨义、策论、诗赋等考试方法。这些考试方法在唐代时期已基本形成，从不同侧面考查了学生对所学知识的掌握程度。宋代在严密科举命题、考试、评卷的政策上有所创新。包括：实行别头试，以回避亲嫌；按榜引座，加强考场管理；颁布继烛之禁，减少作弊机会；严禁挟书、传义、代笔；实行锁院制度；实行封弥、誊录制度；制定严格的试卷行文、声律规则等等。

思考与练习

1. 简述"三百千"三部字书在古代语文教育中的地位。
2. 宋元时期的阅读教学方法有哪些？对现代阅读教学有何启示？
3. 宋元时期的写作教学对当今写作教学有何指导意义？
4. 宋元时期语文学习思想和方法述评。

第六章 明清语文教育

从明代开始到鸦片战争（1368—1840）近五百年的时间，是我国封建社会由繁荣走向衰落的时期，也是中国传统蒙学教育集大成的时期。在这段漫长的时期里，中国经济的演变、民族的融合、文化的发展仍走自己典型的东方道路。明清虽为两个朝代，不仅在加强君主专制方面前后相因，各具特色，而且在继承中国传统管理机制方面，有着极为相似的管理思路。中国传统教育发展到明清时期，已经进入相当成熟的阶段。明清时期在继承中国传统教育机制方面将中国教育管理制度发展到十分完备的地步。无论是学校体制的建构，还是科举制度的完善；也无论是在官学管理方面，还是在书院官学化方面，其完备程度，甚至可以说达到了中国传统教育管理的最高峰。数千年的人类文明成果和丰富的教育经验累积在这一时期被纳入君主专制和文化专职的框架，使明清国家教育机制的功能进一步加强。国家继续推行尊孔崇儒、八股取士的文教政策，促使文言型书面语言教学更加成熟和完善。明朝中后期，随着商品经济的发展，中国追求民主进步的市民阶层在发展壮大，资本主义开始萌芽，文化教育领域出现了反封建的实用教育思潮。这又促使着日益僵化的文言型语言教育，逐步向口语型书面语言教育的方向转化。

第一节 识字写字教学

识字是一切语文听说读写的必要基础，也是制约蒙童发展的重要条件。中国古代蒙学一直十分重视识字教育，把它作为蒙学教育阶段的第一个重要任务。到了明清时期，这一蒙学教育的重点依然没有发生偏移，而且还得到了理论的论证。王筠说："蒙养之时，识字为先，不必遽读书。"① 崔学古说："凡训蒙勿轻易教书……识字至千字外，方用后法教书。"② 总括明清蒙学，没有不以识字为第一教学重点的。全祖望在考证明清教育情况时指出："若乡里学舍，则守令于其同方之先辈择一有学行者以教之。在弟子称为师训，在官府称为秀才。其教之也，以百家姓氏、千文为首，继及经史律算之属。"③ 明代吕坤曾说："初入社学，八岁以下者先读《三字经》，以习见闻；《百家姓》，以便日用；《千字文》，亦有义理。"④ 把三百千作为训蒙的开始，反映了明代蒙学是以识字为先的。清代也依然如此。其实王筠和崔学古的主张正是历代和当代蒙学教育实践的总结。

一、识字教材

（一）识字教材

明清的教育家们为识字教学而编写的教材主要有改编本和韵语知识读物。

1. 改编本

当时学者们秉承前代识字教学研究的成果，编写了不少《三字经》、《百家姓》和《千字文》的改编本。

（1）《三字经》的改编本

清初黄周星的《新编三字经》、道光年间连恒的《增补注释三字经》等。这些书有的是增加了思想教育的内容，有的偏重于专业词汇的学习，当时都有一定的社会影响。

---

① （清）王筠：《教童子法》，《清代前期教育论著选》（下册），人民教育出版社 1990 年，第485 页。

② （清）崔学古：《幼训》。

③ （清）全祖望：《明初学校贡举事宜记》，《吉奇亭集（外编）》（卷二十二）。

④ （明）吕坤：《社学要略》。

（2）《百家姓》的改编本

明初洪武年间吴臣、刘仲质的《黄明千家姓》，收单姓 1 768 个，复姓 200 个，共 1 968 姓，2 168 字。它是以"朱"姓打头的四言韵语，把原来打头的"赵钱孙李，周吴郑王"改为"朱奉天运，富有万方"。康熙年间张瑜笺注的《御制百家姓》，改用孔字打头："孔师阙党，孟席齐梁"。这些改编本扩充了原书的内容，明显突出了思想政治教育的内容。除此之外，在兄弟民族之间，还流行《蒙古字母百家姓》、《女真字母百家姓》等。

（3）《千字文》的多种改编本

这一时期也出现了《千字文》的多种改编本，主要有明代周履靖的《广义千字文》、李登的《正千字文》以及清代何桂珍的《训蒙千字文》等，注重封建思想的灌输是这些改编本的基本特色。其中《正千字文》顾名思义，在于正字。还有一种汉文、梵文、日文对照的《梵语千字文》。

2. 韵语知识读物

这一时期学者们最大的贡献不是对识字教材的改编，而是编写的韵语知识读物。这些各具特色的融识字、伦理道德教育和知识教育为一体的蒙学教材，为当时蒙童从识字阶段顺利过渡到阅读阶段提供了极大的便利。从识字向阅读过渡的韵语知识类教材主要有：明代萧良友编著《龙文鞭影》（原名《蒙养故事》）、明代程登吉编著《幼学琼林》（原名《幼学须知》、《成语考》、《故事寻源》）、清代李毓秀编著《弟子规》、明代孝廷机编《鉴略妥注》（原名《五言鉴》），还有《昔日贤文》（又名《增广》）等。

（1）《龙文鞭影》

这是一本介绍自然知识、历史典故的蒙学读本，原名《蒙养故事》，明萧良友编著，后由清朝学者杨臣净补充订正，改名为《龙文鞭影》。书名具有象征意义，"龙文，良驰，见鞭影则疾驰，不俟驱策而后腾骧也"[①]。全书主要选辑的是二十四史中的人物典故，旁及神话、笔记小

---

① （明）萧良友编著：《龙文鞭影》，岳麓书社 1997 年版。

说等方面的两千多个典故。内容丰富，涉及政治、军事、文艺、儒林、方术、怪异等方面的著名人物和事件，人物如周公、孔子、管仲、诸葛亮、华佗、海瑞等，事件如孟母断机、毛遂自荐、红叶题诗、董永卖身等。形式上特色鲜明，可读性强：四言成句，上下联句；逐联押韵，流畅顺口；两句对偶，易于记诵。再加上文句简明、知识性强的特点，其在清代中叶之后流传很广，并在传播过程中衍生出若干通行本。

(2)《幼学琼林》

它是整个清代风靡全国的名物常识类蒙学教材，对此后的教育特别是语文教育影响较大。原名《幼学须知》，又名《成语考》、《故事寻源》，明代程登吉编著，清代邹圣脉增补注释后更名为《幼学琼林》，共4卷33类。取材广泛，涉及面广，综合性强，语言两两相对是其主要特色。从形式上讲，突破了四言、五言、七言的限制，句子根据内容可长可短，整齐中有变化。用骈体文的形式介绍了自然、社会、历史、伦理等方面的知识典故，在识字的同时对学生进行自然常识等方面的教育。如卷一的天文篇："混沌初开，乾坤始奠。气之轻清而上浮者为天，气之重浊而下凝者为地。"有些是当时社会风俗、人情世态的介绍，如"爆竹一声除旧，桃符万户更新"。同时更不乏有关神话传说、历史故事、人物掌故等的叙述，如"刎颈交相如与廉颇，总角好孙策与周瑜"。

(3)《弟子规》

《弟子规》是清朝中叶以后流传最广、影响最大的三言读本，当时的影响甚至超过《三字经》。康熙年间李毓秀编著，问世不久就被官方确定为各类学校的蒙学必读教材。全书共1 080字，分五个部分，对《论语》中的"弟子入则孝，出则弟，谨而信，泛爱众而亲仁，行有余力则学文"做了通俗解释。内容精要、语词浅近是其主要特点。如"读书法，有三到，心眼到，信皆要。方读此，莫慕彼，此未终，彼勿起"。《弟子规》是通过学规、学则的形式，既对蒙童进行生活上、学习上的指导，还向蒙童进行封建道德教育的伦理类蒙学读物。因此，它既是童蒙的识字课本，又是进行思想道德教育的好材料。

　　（4）《鉴略妥注》

　　这是一本用五言韵语叙述古今历史的蒙养教材，原称《五言鉴》，明代孝廷机编，分上中下三卷，是一部简缩的纪传体历史书。书中在叙述历史知识时使用了大量的历史故事，能在扩大学生词汇量的过程中向学生传授历史知识。采用朗朗上口的韵语形式，便于学生诵读、记忆，也容易激发学生的学习兴趣，如"项羽与刘邦，两意相交结。共立楚怀王，举兵攻帝阙"。

　　3．"杂字"类教材

　　以教专业常用字为主的教材则体现为各种各样的"杂字"。如《山西杂字必读》，以市井小商人的子弟和学徒为对象。它尽量把有关各种日用商品器物和手工技艺的字都编进去，《山东庄农日用杂字》则以庄农子弟为对象，尽量把有关农具、农活和农事经验的字收进去。而《六言杂字》则似北方较大城市或近郊农村土财主的子弟为对象，内容涉及广泛，文字较通畅，方言土语较少，也掺杂着一些文言的附庸风雅的成分，封建迷信、因果报应、发财致富之类的思想色彩很浓厚。

　　以上这些蒙学识字教材，在运用韵语和对偶、简化语言、综合识字教育、知识教育、道德教育于一体等方面，为我们提供了很好的经验。随着私学、义学、社学的普遍发展，幼学教材也便多种多样。过去所广为流传的"三百千"以及《诗经》、《蒙求》、《神童诗》和《四书》，仍然是幼学的重要教材，不过明清时期又有"三百千"的改编本、续编本。这些改编本、续编本，或流行于某地，或流行于某时，但都不及原来的流行。

二、识字教学方法

（一）识字教学的原则

1．根据学生自身特点

　　注意利用蒙童心理特点，强调记忆在识字教学中的作用，不崇尚单纯的识字，力求把常用字编成有意义的韵语，并尽可能地把知识教育内容和道德教育内容糅合其中，使识字教学呈现出一种"文"与"意"结合的趋势，在识字教学中进行写字（习字、书法）训练。

2. 根据汉字特点

识字教学中善于利用汉字的特点，尽量通过对字形、字义的分析来帮助学生学习，使识字教学呈现出一种"文"和"意"结合的趋势。同时根据童蒙的心理特点，强调记忆在识字教学中的重要作用，力求把常用字编成有意义的韵语，并尽可能地把知识教育内容和道德教育内容糅合其中，不主张单独识字。

（二）识字教学方法

1. 集中识字

唐彪在《父师善诱法》指出："初入学半年，不令读书，专令识字，尤为妙法。"用半年左右时间，先认一千上下的字。王筠一强调先识字后读书。"蒙养之时，识字为先，不必遽读书"，即教学应循序渐进。学童在发蒙阶段，首先要集中识字，先认识两千左右字后才可以读书。同时强调识字与解字要分两个阶段进行，先识字后解字。但如果弟子聪明，可识字解字紧密结合；"如弟子钝，则识千字后乃为讲"①。

2. 先易后难法

先识独体字后识合体字。先取象形、指事的纯体字教起，然后乃教以合体字。"先取象形、指事之纯体教之，识'日''月'字，即以天上日月告之，识'上''下'字，即以在上在下之物告之，乃为切实。纯体字既识，乃教以合体字。"②

3. 比较辨形法

汉字有很多形近字，儿童在认字之初区别它们有困难，故要比较其异同，才能提高识字的准确性。"教蒙童泛然令认字，不能认也。凡相似而难辨者，宜拆开分别教之。"③

4. 复认法

学童认字快，但忘得也快，识字时要常常复习。"将认过之字，难

---

① （清）王筠：《文字蒙求·自序》。
② （清）王筠：《教童子法》。
③ （清）唐彪：《读书作文谱》。

记者，以厚纸钻小隙露其字，令认之；或写于他处令认之。"①

5. 卡片法

王筠特别强调意义识记的方法，倡导利用卡片提高学生的"自解"和"横解"水平。即剪裁一张张方寸大小的纸片，每片纸上正面写楷体字，背面写篆体字。"独体字非篆不可识，合体则可略。"所谓"自解"，即每日打开五十字一包的有一定内在联系的生字卡，在无上下文的情况下，"必须逐字解出苗实，异日作文，必能逐字嚼出汁浆，不至滑过"②。

识字教学是古代蒙学教育的基础，读书作文都要以识字为根底。但是也应指出，当时一般的蒙师在识字教学中，处理识、写、讲、用关系上，是以识为主的，在教学字的音形义方面，是以音形为主的，因此教会儿童认字就算完成了任务。至于每个字怎样写和怎样讲，要求很低，而怎样用，几乎全无要求。水平低的蒙师，往往仅用带读识字这种单一的方法进行教学。这些都严重影响着教育教学质量的提高。③

三、写字教学

写字训练方面，把识字教学与写字训练分开进行，并编纂了具有完整体系的写字训练教材。因为科举考试对考生的书法要求很高，故蒙师对学生的写字训练要求很严，几乎每天都有写字课。蒙童在入学不久，就在集中识字过程中但稍晚于识字而开始进行写字训练。

（一）写字教材

明代除用一种约定俗成的写字教材，即"上大人丘乙己"一类外，还有较高水平的写字教材。

1.《正千字文》

李登撰。正文前有《楷书字法》，从执笔讲起，然后按偏旁部首讲基本字形，最后讲书法原则。正文后附《篆书字法》、《草书字法》、《隶

---

① （清）王筠：《文字蒙求·自序》。
② （清）王筠：《文字蒙求·自序》。
③ 李国钧：《明清蒙学教育述评》，《华东师范大学学报》（教育科学版）1992 年第 1 期。

书字法》。识字与写字相结合，编法可取，但由于失之烦琐，要求偏高，终究流行不广。①

2.《结体八十四法》

明代李淳进撰，它是指导学生习写大字的代表性著作。他把文字的结体形式分成八十四种，每种都举若干例子加以佐证。如"天覆：宇宙宫官，要上面盖尽下面，宜上清而下浊"。作者是以笔画、间架结构、字形为依据指导学生练字的，符合汉字的特点。

（二）写字教学的特点

第一，写字与识字有根本不同，各有其一套独特的教学方法和训练程序，主张把写字与识字分开进行，平行组织教学。

第二，写字训练需从基本笔画、字形、间架结构练起，应先练笔画稀少、易写易认的字。清初褚人获在《坚瓠集》中说："小儿习字，必令书上大人，孔乙己，化三千，七十士。尔小生，八九子，佳作人，可知礼也。天下同然，不知何起。"② 写字训练的一般步骤：先扶手润字，继而描红、描影、跳格，最后临帖。原则是先大后小，先慢后快。崔学古说："蒙童无知，与讲笔法懵然未解，口教不如手教，轻重转折，粗略具体，方脱手自书。"③

第三，划分写字与书法的界限。写字是应用技能，书法是写字艺术。练字是每日必有的功课，书法要根据个人的天赋进行训练。写字技巧训练包括执笔方法训练、笔顺训练、临摹训练等。书法能力的培养包括执笔法、运腕运指法、基本笔画的用笔法等。特别指出蒙童要用心练习写字和书法，以求得最佳效果。

（三）写字方法

明清蒙学十分重视写字训练，这不仅因为汉字难认难写，亦因为科举考试对考生的书写有严格的要求。写字训练包括低层次的写字练习和高层次的书法练习，是蒙学里的专门课程。儿童入学后，几乎每天都有

---

① 张志公著：《传统语文教育初探》，上海教育出版社 1964 年版，第 14 页。
② （清）褚人获：《坚瓠集》。
③ （清）崔学古：《幼训》。

毛笔字课，以养成学生写字的技巧和习惯，并巩固识字的成果。写字训练略迟于识字教学，并与之相辅而行。其实，两者是有很大不同的。其难易和顺序并不一致。写字训练必须从基本笔画、字形、结构练起，识字则不纯然以笔画多少难易来安排。因此，在明清的蒙学中，普遍把识字与写字分开，平行地组织教学。这是对写字和识字教学规律认识的结果，是教学方法上的一大进步。写字作为一种单独的基本训练，经过长期的实践探索，逐渐形成了一套相对稳定的教材和较为有效的训练原则、步骤和方法。

第二节 阅读教学

明清时期人们对阅读教学的认识逐步深刻，在文言文时代，怎样指导儿童阅读，是很复杂的问题。关于阅读教学的复杂性，张志公的《传统语文教育初探》和李国钧的《明清蒙学教育述评》都作过深入的探讨。李国钧认为："在整个教学过程中，有两个困难问题要解决，即内容和语言的问题。在语言方面，是书面语言和口头语言的分家；在内容方面，由于中国历史悠久，要读古书，须记忆相当的名物制度和典故。同时古人的思想和经验与儿童的生活也相隔甚远，这更加对文章的内容不易理解。还由于阅读教学这一环节有承上启下的任务，既得巩固和扩充识字，又必须从识字教学向阅读写作教学过渡。在这种复杂的情况下，不但要求教学的方式方法多样化，而且教材的选择也甚为重要。"①明清的蒙师特别是蒙学家已意识到这些问题，并为此做过种种尝试。

一、阅读教材

为了继续提高语文能力的需要，在幼学教材的基础上，又选编了提高阅读能力的教材。明清时期，这类阅读教材渐次增多。在选读《四书》、《五经》和其他经、史、子、集类教材基础上，新编了一些文选读

① 李国钧：《明清蒙学教育述评》，《华东师范大学学报》（教育科学版）1992年第1期。

本。如《日记故事》、《童蒙观鉴》（清代丁有美编），《唐宋八大家文钞》（明代茅坤编），《古文观止》（清代吴楚才、吴调侯编），《古文辞类纂》（清代姚鼐编），《文章辨体》（明代吴讷撰），《文章明辨》（明代徐师曾撰）等。除这些"故事"、"文钞"、"古文"之外，还有浅近的各种诗歌读本，如《千家诗》、《唐诗三百首》等。现在选择几种流行版本加以说明。

（一）《古文观止》

清代康熙年间吴楚材、吴调侯选编。共选文 222 篇，分为 12 卷：卷一、二、三，周文 56 篇；卷四，秦文（包括战国策、楚辞）17 篇；卷五，秦汉文 15 篇；卷六，汉文 16 篇；卷七，六朝唐文 19 篇；卷八，唐文 19 篇；卷九，唐宋文 22 篇；卷十、十一，宋文 40 篇；卷十二，明文 18 篇。从文体上讲，选文以散文为主，兼收骈文和韵文，但不选商业和科技方面的，体现了重农轻商、重思辨轻实践的思想。从编排顺序来看，以时间为经，以作家为纬，打破了过去文选读本的框框，是我国文选型语文教材编撰史上的一大突破。从选编的内容上说，选集中的作品，重《史记》轻《汉书》，唐代以韩柳为大家，宋代以欧苏为重点。浅显且易读易记的文章，再配上为世人所称道的精当评点，此书很快就流传开来，对后世的语文教材编写影响颇大。之后，有仿本书的《清文观止》问世。

（二）《古文辞类纂》

清代桐城派学者姚鼐历时 40 年编定，为桐城派重要读本。自两汉到明末，几乎各类选文都有选录。全书共 75 卷，按文体分为论辩、序跋、奏议、书说、赠序、诏令、传状、碑志、杂记、箴铭、辞赋等十三类。每类都有一个序目，其对各种文体之源流叙述甚明，对教学很有帮助。至此文章选编型的语文教材已基本成熟，对后世产生了莫大影响。根据此类编写体例，清代黎庶昌选编了《续古文辞类纂》，晚清曾国藩选编了《经史百家杂钞》。《经史百家杂钞》共 26 卷，较多地选编了有益于实用的经史百家作品，这是与《古文辞类纂》的最大区别。

（三）《唐诗三百首》

它是一本脍炙人口的唐诗精选普及读本，清代乾隆年间蘅塘退士孙洙选编。全书共分八卷，既有绝句也有律诗，涵盖了我国古诗中的各种诗体。第一卷是五言古诗，第二、三卷是七言古诗，第四卷是七言乐府，第五卷是五言律诗，第六卷是七言律诗，第七卷是五言绝句，第八卷是七言绝句，后附有乐府诗。主要特点是：第一，全书310首诗，以适合私塾教学为基本原则，以学童容易理解和记忆，适合儿童兴趣为主要出发点。因此，被塾师广泛采用，也深受学童和成人的欢迎。第二，选材范围广，既选了李白、杜甫、白居易等著名诗人的作品，也选了不少不知名的诗作，如无名氏《杂诗》；不仅选了高适、岑参等边塞派的诗作，还收入了孟浩然、王维等田园派的代表作。其流传很广，影响着我国语文教育的诗教和诗风，对发扬我国"诗教"传统有重要作用。

以上这些文选读本，大都是有注、评、批和圈点的评点本，这是当时阅读教材的显著特色。注，指注解字义、名物、典故等；评或批，是指出思想内容或写作技法的要点或特点，主要是文章的作法和读法；圈点，是用一些阅读符号来标示出重要的词句和段落。运用评点的方法，不仅能使阅读更进一步，还能促进写作能力的提高。

二、阅读教学方法

明清两代的读书教学，仍为个别教学，一般做法是：学童立于蒙师案旁，蒙师领读，学生跟读，数遍后，学生自读，直到会背。尔后授之以"正书"，再进行"探书"（预习新课）。每隔一段时间再温习旧书，即为"温书"或"理书"。主要的阅读教学方法有：

（一）朗读指导法

蒙师在阅读教学中先采用范读、带读的方式，帮助学童初步掌握断句的方法，继而让学生朗读。同时对朗读提出了严格要求：一曰"读得字字响亮"。发音清晰，读出感情。二曰"读得准确"。读书时不增字、不少字、不脱字。三曰"心思专一"。读书时要集中精力，全神贯注，调动全身心去读书。塾师们训练学生朗读的程序很明确，先分段读，等口熟后再通篇读，若有很难的章节还要反复地读。最终有读不懂之处，才进行讲解。

（二）讲读法

强调给学生讲书。初次教读，宜极缓，令蒙童听得句句分明，看得字字周到；讲明句读之间的界限，极长之句，老师可加读点，权作句读；教读宜分出层次，先易后难，先读短文，后读长文；先读时文，后读古文（先唐宋后秦汉）；教读诗、文宜重平仄音韵等。"读书而不讲，是念藏经也，嚼木札也。"讲书，"又须先易讲者，而后及难讲者。讲又不必尽说正义，但须说入童子之耳。不可出之我口，便算了事"。"能读识两千字，乃可读书，读亦必讲"，对于理解理差的，"只可逐句讲之"。①

（三）先"明"后"熟"法

蒙师们把阅读教学分为"明"（即明文见意、精思）、"熟"（即熟读成诵）两个阶段，讲、读、背、温四个环节。其实二者是互为表里的，熟读是精思的依据，精思需凭借熟读才能达到。讲书时蒙师主张：一要及时，不要使问题堆积过多；二要浅近，易于接受，不要讲得过多过深；三要切实，不要脱离实际生活。其作用有二：一是为学生作文奠定厚实的基础。从读书与作文的关系上看，读书是作文的基础，书读得不多、不透，学生做起文来就比较难。"劳于读书，逸于作文"即是这个道理。二是有助于训练学生的记忆力。蒙童正是记忆力特别好的时期，让学生适量地背一些古文、古诗，对发展学生的智力很有帮助。他们记性好，但忘得也快，故要经常让学生"温书"以防遗忘。

（四）会通法

古人曾把针灸和看书作比较，说两者也有相同之处，针灸可以融会贯通，读书也是如此。如果读书时遇到疑虑，可以联系上下文，也可以借鉴其他同类的书籍，这样的话，疑虑很快就会消除。

第三节　作文教学

写作教学是阅读教学的深化，也是古代蒙学教育的主要目的，对古

---

① （清）王筠：《教童子法》。

代传统教育起着导向的作用。即古人认为阅读是为写作服务的，既主张多读，更主张多写，即"文章惟多作始能精熟"①。这在一定程度上反映了写作教学的规律。因此，以读书为主的阅读教学开始不久，蒙师就开始对学童进行写作训练。

一、写作教材

明清时期写作教学的目的主要是为参加科举而学写八股文，顾炎武认为八股文的步骤是破题、承题、起讲、提比、虚比、中比、后比、大结（近似于今天文章的"起、承、转、合"）这里介绍几本写作指导书，多是指导八股文写作的。

（一）《钦定四书文》

它是清代桐城派学者方苞根据皇帝的旨意编定的，用以指导学生写八股文的作文指导书，即乾隆皇帝的"今朕欲褒其集有明及本朝诸大家制义，精选数百篇，汇为一集，颁布天下"②。全书共 41 卷，其中明代480 篇，清代 297 篇，是清代士子的一本官定的学习八股文的读本，是当时八股文写作的范本。

（二）《八法集》

清代王步菁编写。它是讲解八股文作法的，并作为塾课的主要读本，对当时的影响颇大。它包括启蒙、式法、行机、参变、精诣、大观、老境、别情八个方面的文章作法，规定了写作的具体步骤：属对—省略—句读—辞赋。

（三）《古文笔法百篇》

清代李扶九选编。笔法即用笔之法，包括用字、选句、修辞、布局、谋篇等方面。所选的 100 篇范文，都是短小精悍的历代古文名篇，都可以称得上是上乘之作。古文是相对于时文讲的，也是和八股文相对立的。学生选学了这些古文，基本上就可以免使学生落入八股文的俗套。但书中讲的笔法，受到当时科举的影响，颇有八股遗风。此书将笔

---

① （清）唐彪：《读书作文谱》。
② （清）乾隆：《关于选编钦定四书文的"圣谕"》。

法分为 20 类，分类标准不统一，有的类重在练字造句，有的又接近风格、流派方面。但书中讲了不少的具体方法，如题字生情法，例如柳宗元的《愚溪诗序》、苏轼的《喜雨亭记》，都是就题目中的"自言"以抒发情怀；又如一字生骨法，如刘禹锡的《陋室铭》、苏轼的《超然台记》，用文眼的"陋"、"超然"立下全篇之旨；又如波澜纵横笔法，例如贾谊的《过秦论》；又如起笔不平笔法，例如欧阳修的《醉翁亭记》；如小中见大笔法，例如范仲淹的《岳阳楼记》；如无中生有笔法，例如陶渊明的《桃花源记》等。这些评价都很得体，是一本不可多得的学习古文作法的入门书。

（四）《文章指南》

作者归有光，明代散文家。《文章指南》讲述了义理、养气、才识、奇巧、论事、抑扬、相应、层叠、总提、分应、题外生意、结意有余、结束呼应等写作技法。它也是当时一本不可多得的作文指导书。

二、写作教学程序与方法

当时写作的目的主要是为了参加科举，但也有很多成功的经验在其中。此时蒙学的写作训练较前又有新的发展，形成了一套完整而有效的训练程序和方法。

（一）写作教学的程序

写作教学程序是：属对—做诗—作文。属对要求平仄相对、词性相反、结构相同、字数相等、修辞手法相同、逻辑关系相同等，是一种集语音、词汇、语法以至修辞、逻辑的综合性基础训练。可见属对是做诗、作文的基础。当训练到一定阶段以后，才传授一些简单通俗的知识书和工具书。这种从练习到知识再到训练的程序，更适合于低年级学生的年龄特征。

采用的训练书籍有《对类》、《诗月夜》、《词林典腋》、《声律启蒙》、《笠翁对韵》等。其中《声律启蒙》的影响最大，其作者车万育是康熙年间进士，所作的杂著诗文不少，但只有此书广为流传。此书以上下平声三十韵为目，每韵各有对文三则，每则各有对语十对，列出了各种对字范例以供学童揣摩和模仿。《笠翁对韵》的作者相传是清代李渔，其编写体例与前者大同小异。以上书籍训练的是一个字到几个字的属对。还有《时古对类》主要是练习多字对的，从一字直到十七字对。蒙童念熟了这些句子，初步熟悉了音韵格律，就领会了平仄对仗，这样学作对联和诗词就容易多了。

训练的方式主要有三：一曰训字，以《对类》为依据，取其要用之字，训明其义，即从属对的角度去识字。如"云对雨，雪对风，晚照对晴空，来鸿对去燕，宿鸟对鸣虫。"学童在念书的过程中，还能扩充识字量。二曰立程，多选古今名对如诗话者，细讲熟玩，即从属对的角度去阅读，自然就能学会属对。学生读古诗中对仗工稳者，增加学童的感性认识，在读书的过程中学习属对。三曰增字，从一字对练至多字对。蒙童开始练习属对时，训练简单的一字对、两字对，如"天对日，雨对风。九夏对三冬，祥云对瑞雪"等。以后慢慢增加，一直练到十七字对。如十四言对："蔺相如，司马相如，名相如，实不相如；魏无忌，长孙无忌，彼无忌，此亦无忌。"十七言对如："二老海滨居，一在北，一在东，不期同归西伯；八元应运出，或为兄，或为弟，何意均成帝师。"

蒙童习得多字对，便开始进行做诗、作文的训练，其中特别强调做诗的训练。古人认为，属对到作文的转换太难，故他们把做诗看成二者的过渡阶段。做诗从遣词造句而言近似属对，就立意畅通而言近似作文，故当时的蒙学把学诗作为写作训练的一个重要内容。学童初学做诗时，鼓励他们大胆尝试，不用条条框框限制他们的思路，培养其做诗的爱好。

（二）写作教学方法

1. 注重基本功训练

明清时期特别重视基本功训练，强调遣词造句、布局谋篇的训练，提高学生行文的水平。通过加强生活、语言和文章结构模式的积累，提升学生的文化素养。

2. 立意

作文要"有动于中",立意在先,然后寻求恰当的形式去表现。文章要有思想内容,言之有物。即"文章合为时而著,歌诗合为事而作"①。

3. 先放后收

所谓"放",即鼓励学生放胆去想、去写,不要有过多的程式框框,鼓励学生写作"放胆文"。所谓"收",是要求写出的文章构思严谨,思想纯正,用词恰当。先放后收的作文训练步骤,符合学生的年龄特征和心理特点,有助于培养他们的写作兴趣。

4. 多作多改

"学文之法无他,多读多作。以待其一日之成就,非可以人力速之也。"②"盖常做则机关熟,题虽甚难,为之则易;不常做则理路生,题虽甚易,为之则难。"多改,主要提倡学生自己对所写文章的内容和形式的修改。"文章草创已定,便从头至尾,一一检点。"如此多方面仔细推敲,自然疵病稀少。还要进行多次修改。"文章初脱稿时,弊端多不自觉,过数月后,始能改窜。"③

第四节　语文学习

由于学校成了科举应试的预备场,学校教育围绕着科举考试进行,导致教学内容越来越空疏、教学方法愈来愈程式化。这种"假、大、空"的文风对明清的教育和学风产生了很坏的影响。到了清初,统治者已意识到这一点,开始对科考内容和方式予以改良,并崇尚实学。这一时期不管在语文学习思想上,还是在语文学习方法的探索方面都取得了长足的进步。

---

① (唐) 白居易:《与元九书》。
② (清) 姚鼐:《与陈硕士书》。
③ (清) 唐彪:《读书作文谱》。

一、语文学习思想

（一）学贵自得的思想

王阳明主张教学要生动活泼，要有开导性，能启发学生的心扉，做到使学生能自得，自己深刻理会。要达到这样高的学习境界，王阳明认为务必要做到：一是为学要注意融会贯通。他说："凡饮食，只是要养我身，食了要消化。若徒蓄积在肚里，便成了痞了，如何长得肌肤？后世学者，博闻多识，留滞胸中，皆伤食之病也。"[①] 好像饮食一样，食了要消化。二是学须有疑。有疑问学习才能深入增进。他说："学之不能以无疑，则有问，问即学也……又不能无疑，则有思，思即学也。"[②] 三是要勇于破除迷信，敢于独立思考，才能有所创见。冲破陈旧思想的束缚。他说："夫道，天下之功道也；学，天下之公学也；非朱子可得而私也，非孔子可得而私也，天下之公也，公言之而已矣。"[③] 他认为道理或学术不是孔子、朱子或任何人所能垄断的，而是为天下所公有的，天下人所公有的道理或学术应让天下人运用自己的头脑去独立判断，不要盲目迷信或崇拜权威。自求自得、独立思考、相信真理，不要迷信权威。

（二）自家解化思想

重视发挥学生学习的自主性和自觉性，提出了点化和自家解化的主张。王阳明说："学问也，要点化但不如自家解化者，自一了百当。不然，亦点化许多不得。"[④] 意即学生学习需要老师的指导，但更重要的是靠学生自己独立思考，解决问题。学生形成了发现问题、分析问题与解决问题的能力和习惯，就可以"一了百当"，无须事事都要教师"点化"，而实际上教师也不可能事事都点化学生。其实是儒家反复强调的启发诱导、举一反三、触类旁通的教学原则和方法的发展，但它进入了

---

① （明）王阳明：《王文成公全书》（卷三）。
② （明）王阳明：《王文成公全书》（卷二）。
③ （明）王阳明：《王文成公全书》（卷二）。
④ （明）王阳明：《王文成公全书》（卷三）。

一个更高的阶段。它对培养学生独立探索、研究发现问题的能力和创造性思维能力，无疑起着重大作用。

（三）学不躐等的思想

学习要由易到难循序渐进，不可躐等。王阳明说："为学须有本原，须从本原上用力，渐渐盈科而进。"[①] 他又以儿童的学习过程为例："学起立移步，便是学步趋庭处之始；学步趋庭处，便是学奔走往来于数千里之基；固非有二事，但其工夫之难易则相去悬绝矣……然而三者人品力量自有阶级，不可躐等而能也。"[②] 意思是说儿童学走路，第一步是"学起立移步"，然后学习在院子里自由行走，最后能往来奔走于数千里之遥，但前者是后者的基础。这三者的难易差别悬殊，必须按各人的不同力量而循序渐进，不按次序是不行的。

（四）亲历践行思想

王阳明和王筠皆要求学生通过亲身经历来达到学习的目的，实际上就是在实践中学习。王阳明说："夫学问思辨行，皆所以为学，未有学而不行者也……尽天下之学，无有不行而可以言学者。"[③] 这是他所主张的"知行合一"学说在教学中的体现。

二、语文学习方法

明清教育家认为，正确的学习方法，会使学习达到事半功倍的效果，甚至受益终身。因此，讲究学习方法非常重要。

（一）循序渐进，专心致志

所谓循序渐进，就是学习要根据自己的实际量力而行，从易到难，从小者、近者到大者、远者，从已知到未知，由浅入深。专心致志就是要求童蒙学习时要集中注意力，不能"身在心驰"。清代陆陇其认为："先将一节书，反复细看，看得十分明白毫无疑了，方及次节。如此循

① （明）王阳明：《王文成公全书》（卷一）。
② （明）王阳明：《王文成公全书》（卷二）。
③ （明）王阳明：《王义成公全书》（卷二）。

序渐进，积久自然触处贯通。"① 唐彪说道："童蒙初入学，先令读《孝经》、《小学》，继读《四书》本经。"② 清代《重订训学良规》中的规定更加明确："切不可欲速贪多，憨使力有余于书，无使书有余于力……如觉吃力，憨可少息不许啾啾唧唧，身在心驰。"③ 也就是要求童蒙学习要循序渐进，一步一个脚印，不能贪多求速；如果觉得吃力，宁可休息一下少学习一点，让精力保持充沛，而不要学得太多太累，身在而心不在。

同时，蒙养教育家强调在学习过程中，要专心致志，让学习更有效率。《弟子规》中写道："方读此，勿慕彼，此未终，彼勿起。"读书学习要专一，不能这本书才开始读没多久，又想看其他的书，这样永远也定不下心。清代石成金说：读书最忌讳说闲话，管闲事，盖闲话闲事俱令人心散神飞，无益而有损也。读这一篇，就要把精神注意在这一篇上，全力以赴读熟并理解它，切不可读着这篇，又想着那篇，譬如一锅水，煮许多时，自然滚熟，倘水尚未熟，又换水另煮，虽煮了许多水，到底不能滚熟。④ 王筠教育蒙童："识字时专心致志于识字，不要打算读经；读经时专心致志于读经，不要打算作文……如其牵肠挂肚，瞻前顾后，欲其双美，反致两伤矣。"⑤ 王筠在《教童子法》中要求童蒙学会用笔在书上做不同的标记，如圈抹法、眉批法，以更好地集中注意力，专心读书："篇篇皆使学子圈之抹之，乃是切实功夫。"读书学习时，准备好笔墨，对要点"圈之抹之"，"一有所见，即写之书眉，以便他日涂改。若所读书，都是干干净净，绝无一字，可知是不用心也。"每当童蒙有了新的认识，便会圈其所抹，抹其所圈。通过圈抹，不断地自我否定，从而把所读的文章，理解透彻，举一反三，不仅加深了知识

① （清）陈宏谋：《养正遗规·陆清献公示子弟帖》，续修四库全书编纂委员会：《续修四库全书》（第951册），上海古籍出版社2002年版。
② 赵伯英、万恒德选注，唐彪著：《家塾教学法·父师善诱法》，华东师范大学出版社1992年版。
③ （清）陈彝重订，李新庵著：《重订训学良规》，光绪十八年。
④ 汪茂和、翟大闽校注，石成金注：《传家宝全集·读书心法》，北京师范大学出版社1992年版，第527页。
⑤ （清）王筠：《教童子法》。

的理解和掌握，学到了知识，同时也养成了专心学习的好习惯，可谓一举两得。

（二）及时巩固，熟读多练

孔子云："温故而知新。"明清时期蒙养教育家认为及时巩固、熟读多练是一种正确而又适合童蒙的学习方法："生书须读得烂熟，熟书须熟而不浮。最忌者，粗听似熟，细按则有书无句，有句无字，终则能背，而不识字。一犯此弊，虽欲重教，加倍吃力。"①唐彪对此有详尽的论述：至于温法，则三日一判，十日一表，循环温习，未有不记者。凡事刻期求熟则难，纡缓渐习则易。且幼时记性优，能永记，乘时早读，至为良法。今日教，或今晚背，或次早背。不知学生尽力一时强记，苟且塞责。及过数日，茫然不知，读有何益。古人读书，必细记遍数，虽已成诵，必须满遍数方已。故朱子云："读一百遍时，自然胜五十遍时；读五十遍时，自然胜三十遍时也。"书中有难读之句，摘出多读数十遍，则通体易熟。亦是一法。②明清蒙养教育家认为，读书学习应该合理分配时间及时复习，而且要求童蒙在背习的过程中必须理解书本的内容，更多地把背诵当成巩固学习内容的教学方法，养成良好的学习习惯。只有如此，才能让所记住的东西精熟不忘，在逐渐巩固中对已学知识产生新体会、新发现，从而真正理解其意义。现代心理学家艾宾浩斯的研究告诉我们，遗忘规律是先快后慢，我们学习之后一定要趁热打铁，及时复习才能把短时记忆变成长时记忆。"刻期求熟""一时强记"不仅达不到应有的效果，而且容易加重大脑的负担，有损身心健康发展。从这方面看，古人"及时巩固，熟读多练"的学习行为习惯有其科学基础，"循环温习"、"纡缓渐习"跟当今提倡的分散学习方法也是相一致的。

（三）学思并重，勤于问难

明清蒙养教育家深知"学而不思则罔，思而不学则殆"的道理，非常重视培养童蒙学思结合的学习习惯，要求学生勤于思考、勤于提问。

---

① （清）陈彪重订，李新庵著：《重订训学良规》，光绪十八年。
② 赵伯英、万恒德选注：《家塾教学法·父师善诱法》，华东师范大学出版社1992年版。

方孝孺在《幼仪杂箴》中要求童蒙"诵其言，思其义；存诸心，见乎事"①。《弟子规》中也有"读书法，有三到，心眼口，信皆要；心有疑，随札记，就人问，求确义"的规定。唐彪在《父师善诱法》中曰："古人学问并称，明均重也。不能问者，学必不进。为父师者，当置册子与子弟。令之日记所疑，以便请问。每日有二端注册子者，始称完课。多者，设赏例以旌其勤。一日之间，或全无问，与少一者，即为缺功。积数日抽书询问学生，如果皆知而不问，是诚聪颖。倘不知而又不问，则幼者夏楚儆之，长者设罚例以惩之。庶几留心体认，勤于问难，而学有进益也。"② 明清教育家主张教师要善于提出问题，让学生思考后再讲，调动学生的主动性。"为弟子讲授，必时时诘问之，令其善疑，诱以审问。"③当代教育研究表明，在学习中勤于思考，可以把感性认识上升到理性认识，把分散的知识点连结成有机的整体，从总体上把握知识体系，有利于提高学习效率。因此，鼓励孩子敢于问难，培养他们不懂就问的好习惯，不仅可以防止"死读书""读死书"，而且有利于提高儿童的学习兴趣，培养他们发现问题、解决问题的能力。

（四）日积月累，持之以恒

明清蒙养教育家在日积月累、持之以恒方面论述颇多，清代陆陇其在《示子弟帖》中说："工夫只在绵密不间断，不在速也。能不间断，则一日所读虽不多，日积月累，自然充足。若刻刻欲速，则刻刻做潦草工夫，此终身不能成功之道也。"④ 清初张履祥认为："日积月累久自有益。毋急躁，毋间断。急躁间断，病实相因。尤忌等待。眼前一刻，百年中一刻。日月如流，志业不立，率坐等待之故。"⑤ 清代石成金说："读书切不可间断，假如勤劝一月，已凑上乘矣，只肖间断十日五日，

---

① （清）陈宏谋：《养正遗规·方正学幼仪杂箴》，续修四库全书编纂委员会：《续修四库全书》（第951册），上海古籍出版社2002年版。

② 赵伯英、万恒德选注：《家塾教学法·父师善诱法》，华东师范大学出版社1992年版。

③ （清）王筠：《教童子法》。

④ （清）陈宏谋：《养正遗规·陆清献公示子弟帖》，续修四库全书编纂委员会：《续修四库全书》（第951册），上海古籍出版社2002年版。

⑤ 同上。

彼上乘者不知何在，更不得援前月之勤以自恃。"① "读书不怕少，不怕缓，只怕一曝十寒。"譬如赶路的人，虽然紧走了些路，却歇息了多时，反不如徐行缓步者，转先到地头了。谚云："不怕慢，只怕站。"俗话说，不积跬步无以致千里，不汇小流无以成江海。任何事物的发展变化都有一个从量变到质变的过程，没有量的积累就没有质的飞跃，读书学习尤其如此。只有日积月累，通过量变，才有可能实现质的飞跃。明清教育家的主张与此相吻合，学习不能急躁，"刻刻欲速，则刻刻做潦草工夫，此终身不能成功之道也。"

第五节　语文考试

明清统治者除了在思想上钳制士人外，还用科举来诱导知识分子使其就范，学校教育的直接目的就是为了科举考试。统治者通过科举网络人才以供其驱使，知识分子也期望得到统治者的选拔和任用，因而科举成了社会政治生活中的一件大事。这时期对前代科考制度又有所增损，形成了一整套极为完备的制度，对当时的政治、经济、学风和教育制度等产生了极大影响。久而久之，学校成了科举应试的预备场，其教学目标和内容都与科举产生了直接联系。学校教育围绕着科举考试进行，导致教学内容越来越空疏、教学方法愈来愈程式化。同时科举制度也越来越僵化，走向了形式化的泥淖，对人才的培养产生了不良的影响。

一、语文考试机构

明清统治者详定规制，通过立法对科举加以监控。但法制的推行，需要有组织措施予以保证，否则将会成为一纸空文。明清对科举取士的组织控制主要是通过健全考试机构和严选考官这两条途径来实现的。

明清在继承前代科举考试程式的基础上，形成了一个从院试、乡试、会试到殿试的四级考试程式，并相应建立了一套以主持考试事务的

---

① （清）石成金：《传家宝全集》。

行政机构为核心的组织体制。

　　明清科举考试的行政组织机构是较为健全的。各级考试机构的人员构成及其各职事人员的职责权限均有严格的规定。特别是乡会试，人员配置甚为齐备。除正副主考、同考、监临外，"弥封、誊录、对读、受卷及巡绰监门、搜检怀挟，俱有定员，各执其事"[①]。

　　院试是由"学院"主持考选生员的考试，并不给予功名出身，故从严格意义上讲，不能算作正式的科举考试。但参加院试是生员获得参加科举考试资格的前提，故院试便成为科举考试事程的起点，是科举考试的预备考试。这是明朝才开始有的。明初选取生员的考试权掌握在地方（府、州）行政长官手里，由府州行政长官主持组织考试机构来负责这一工作。为了加强对选取生员考试的管理和控制，正统元年（1436年），专门设置了"提调学校官"，负责一省的教育和考选工作。"提调学校官"（清代称提督学院）也称"学院"。由他主持的考试称为"院试"。从此，选取生员的考试权便为学院所把持，形成了以学院为中心的生员机构。而学院又是由中央直接任命的，任期三年。这样地方行政长官仅有的一点考选权也被中央剥夺了。

　　乡试是正式科举考试的最低一级考试。从乡试开始的各级考试，中试者皆可获得功名出身。明清的乡试是由中央政府直接管理的，并以皇帝名义钦派臣僚担任主考，组成以主考官为核心，各该省布（布政使）、按（按察使）或是巡抚直接参与的临时机构来主持。明清的乡试与唐宋元时期的乡试是有区别的，尽管形势上两者都在各直省举行，并以一省为范围来进行考选，但唐宋的形式是由地方主持考选的，其考试权归地方，是名副其实的"乡"试，是地方考选人才进贡给朝廷使用。明清则不同，它是由中央以皇帝名义委派的主考官组成的临时考试机构主持的"国家"考试，是国家正式科举考试的最低一级考试，是国家直接从地方选拔人才。

　　明清会试由中央礼部主持，这是继承了唐宋科举传统的。会试举于

---

①《选举志二》,《明史》（卷七十），中华书局 1974 年版，第 1694 页。

京师，侍郎官奉皇帝之命主持考试，组织会试考试机构负责试事，加之皇帝仅在咫尺，当然更易控制。

殿试由皇帝主持，在殿廷举行。"殿试不过名次升降，无有黜落。"① 因此，殿试对会试中试举人来说，并不是生死攸关之事。但对皇帝来说，却至关重要。

明清科举各级考试均有相应机构负责。机构的组成亦有定制，但这些机构均非常设，而是临时组建的。主事人除主考外，还有同考临（知贡举）等，亦均为临时选派。从理论上说，任何官员都可能充任，且年年更换，使其互相监督，互相节制。

二、语文考试内容

明清科举考试的内容总体上是儒家经典、程朱理学及当朝律令。明代专取四子书及《周易》、《尚书》、《诗经》、《春秋》、《礼记》五经命题，但因考试级、场的不同，内容安排也略有差异。

明清乡、会试内容定制大致相同。第一场试以"四书"意义三道，经义四道（清为五经义各四道，考生各选一经）；第二场试以论一道，判五道，诏诰表内科一道；第三场试以经史时务策五道。

殿试考一日一场，一般只考策问，分量一至四道不等。至于童生试，因入学试、岁时和科试等功用不同，侧重点及分量差异较大，然也不超出圣贤学说范畴。

三、语文考试方式

（一）考场规则

考场规则颇为严格。考生报名须填写家状，包括本人姓名、年龄、籍贯、三代、户主、举数场地等，还包括父母年龄，现任或曾任官职。严禁冒籍。凡籍贯假冒，姓系伪谬者，一经查出，即行斥革，如若中试则革去功名，发回原籍当差。考生入闱，所携考具衣物等均有定制，如

---

① 《明会要·选举三》。

清代规定考生须穿拆缝衣服，单层鞋袜闭关镂空，砚台不许过厚等。一旦发现有怀挟片纸只字者，先与贡院前枷示一月，问罪发落。入闱之后，对号入座。墨笔答卷，卷首写上姓名、籍贯、年龄、出身、三代及所习本经。答卷中不许自序门第。如果试卷题字错落、真草不全、污染太深等，皆以违试论处。考试过程中，严禁抛离座案，过越廊分。每场考试时间为一天，至晚仍未能交出试卷，可适当延长时间，以三支蜡烛为限，烛尽务必交卷。

（二）考试的方式

明清考试的方式不及唐代那么多，主要有经书义和策论两种。

1. 经书义

它是以经书中文句为题，应试者作文阐明其中义理的一种考试方式。从形式上看，经书义和策论没有什么区别，都是作文，但从内容看，其要求基础和范围有所不同。经书义的题目出自经书，其答卷有着严格的程式要求。明清两朝要求使用八股文体。

2. 策论

策论是指提出有关经义或政事等问题，令应试者对答的一种考试方式。出题范围较宽，不只是经义，而且还包括了历史、实施、政治等问题，其答卷的程式要求较低，格式较灵活，考生阐发己见的自由度比较大。

此外，还有"试帖诗"这一方式，应试考生必须做五言八韵诗（即五言律诗十六句）一首。题诗范围较广，且必有出处，或出自前人诗句，或出自经史子集。考生必须按题作诗，严守句数、韵脚及格式，诗内不得重复用字，力求庄重典雅，如不明诗题出处，或误解题意，作诗离题，或不守句数、韵脚、格式要求，重复用字等皆属违制，必遭黜落。

（三）录取标准

明清科举考试的录取标准大致上包括四个方面：一是审题准确，不得误解离题；二是内容纯正，不得有违圣贤意蕴；三是格式正确，要求书写合度，卷面清洁，称谓得当，篇幅适度；四是风格淳雅，要求对仗工整，用典自然，行文从容，语气庄重。

（四）录取名额

明清科举考试的录取名额并无定数，往往根据考生人数、政治需要和皇帝爱好等临时钦定，且各个时期的录取额多寡不均，差异较大，但从总体来看，其录取额是很少的，录取比例不高，而且随着考试级别的提高，其录取总额愈低。

明清时期是中国封建社会和中国传统教育发展的最后阶段，也是中国传统蒙学教育集大成的时期。形成了一套较为完备的教育过程：开头是启蒙阶段，以识字教育为中心；其次是进行读写的基础训练；第三是进一步的阅读训练和作文训练。"[①] 同时，还积累了一系列优秀的教学原则和方法，但它也存在一些不足，比如，脱离语言和应用实际；教法单一，不注重学生的主体地位；学校教育逐渐成为科举考选制度的附庸（预备场所），等等。这些都制约了我国传统语文教育的健康发展。

思考与练习

1. 明清时期有哪些阅读教学方法？
2. 明清时期的写作教学有哪些形式？
3. 简述明清时期的语文学习思想。
4. 明清时期语文考试述评。

---

① 张志公著：《传统语文教育教材论》，上海教育出版社 1992 年版，第 12 页。

第七章　近现代语文教育

中国传统语文教育是汇经、史、哲于一身的"大语文教育"，经过数千年的实践和发展，取得了一定的成就，初步形成了包括教育目的、内容、原则方法等在内的一整套语文教育理论体系。尽管属于经验和直观型的，缺乏严密的科学论证，但由于比较符合汉语学习的特点和规律，所以在识字、写字、阅读、写作等教学内容方面都取得了一定的成绩，并自成体系；诵读、讲读、练习、复习、问答、检查等教学方法都有所运用；重视自学，强调自修的志趣，追求"自得"等等。这些都为现代语文教育的发展奠定了基础。然而，自鸦片战争和西学东渐以来，中国传统语文教育受到了西方科学观念和现代教育理念的挑战，从而产生了重大变革，1904 年"癸卯学制"的颁布，中国文字、中国文学科诞生，1912—1913 年"壬子—癸丑"废除了"读经讲经"科，把"中国文字"、"中国文学"两科统称为"国文"，1920 年"国语"科诞生，与"国文"名称并行到 1949 年新中国成立前夕。近现代时期（1840—1949），我国语文学科逐步诞生，在识字写字教学、阅读教学、写作教学、听说教学、语文学习、语文考试等领域向着具有现代学科意义的语文教育转变。

第一节　识字写字教学

随着近现代语文学科的独立与发展，我国识字写字教学基于对传统识字写字教学的突破，在教学目标、内容、方法等方面取得了很大成绩。

一、识字写字教学目标

近现代识字写字教学没有规定小学和中学阶段的识字量问题，但对识字的标准有明确规定，如，1904 年《奏定学堂章程》教育要旨指出："在使识日用常见之字……供谋生应世之要需。"① 可见认识日常普通文字已经是人们的共识。但从不同时期的课程标准之目标规定来看，似乎近现代对写字教学更为重视。比如，1912 年《小学校教则及课程表》和《中学校令施行规则》教育目标中对"书法""习字"练习的强调。1929 年《小学国语课程暂行标准》教育目标强调："5. 练习书写，以达于正确清楚匀称和速度的程度。"1936 年《小学国语修订课程标准》教育目标强调："2. 指导儿童由环境事物和当前的活动，认识基本文字，获得自动读书的基本能力，进而欣赏儿童文学，以开拓其阅读的能力和兴趣……5. 指导儿童习写范字和应用文字，养成其正确、敏捷的书写能力。"1948 年《小学国语第二次修订课程标准》教育目标强调："2. 指导儿童认识基本文字，欣赏儿童文学，培养他们阅读的态度、兴趣、习惯和理解迅速……4. 指导儿童习写文字，养成他们书写正确、迅速、整洁的习惯。"这一时期，识字促进阅读，写字规范习惯，提高文字运用能力已是人们普遍认识到的一个教育规律。

二、识字写字教学内容

（一）19 世纪后半期的集中识字教材

鸦片战争以来，中国的国门大开，西方的科学观念和现代教育理念深深影响着中国教育尤其是母语教育。19 世纪下半期，中国已经沦为半殖民地的封建国家，识字教学的内容依然是以学习日常习俗、天文、历史故事为主体，同时灌输着封建伦理道德思想。《三字经》、《百家

---

① 舒新城编：《中国近代教育史资料》（中册），人民教育出版社 1981 年版，第 415 页。

姓》、《千字文》、《千家诗》和《弟子规》等集中识字课本依然流行。同时，一些适合当下需要的识字课本也编排出来，比如太平天国时期新编《三字经》、《御字千子诏》；狄考文、林乐等人发起成立基督教学校教科书编纂委员会，先后编辑过《教会三字经》、《耶稣事略五字经》、《福音识字课本》、《旧约识字课本》等，供传教区私塾使用。[①]

（二）20 世纪初期分散识字教材

20 世纪初期，适合时代需要的以分散识字为主体的课本应运而生。如，1901 年上海澄衷学堂编的《字课图说》，全书共选 3 000 字，按语法分类排列，即分为名字、动字、静字、状字、虚字等类；每类之中，又把意义相关的字编在一起，如天文、地理、人事、物性等；每字先注音，次释义。释义又分为两种，略者为十岁以下儿童而设，详者则为十一岁以上儿童而设。1902 年，小学语文教科书《识字贯通法》，将字分为名字、活字、虚字三类，依次分课编排。每一课先列单字，次讲意义，最后拼句。如第一课，单字：天、地、子、西、工、夫、南、瓜、片、冬；大义：（略）；拼句：冬天，南瓜，工夫，片子，南瓜子，西瓜子，天地等。这样编排的书本还有《便蒙丛书》、《文话便读》等。

（三）国文国语教科书中的识字教学内容

传统的识字教材自《奏定学堂章程》提出废除后，到辛亥革命以后逐渐被国文教科书所代替。如，商务印书馆编辑的《共和国国文教科书》，第一册开头几课是："人、手、足、刀、尺"，"山、水、田"，"狗、牛、羊"。这样编排的特点是：（1）字由简到繁依次编排；（2）以语句的深浅为主编排，浅的在前，深的在后；（3）以儿童常见与不常见为主编排，常见在前，不常见在后，并且单字、短句、篇章依次排列。但是由于此阶段的言文不一致，一定程度上阻碍了学生识字的效果。

五四运动以后，中国教育进入一个新的发展阶段，出现了第二次兴学高潮，《国语教科书》的编排、发行和使用，使得小学识字教学言文取得一致。这一时期教科书的编排特点是，先学习生字，之后，边复习

---

① 陈学恂主编：《中国近代教育大事记》，上海教育出版社 1981 年版，第 38 页。

旧词边学习新词，利于巩固；内容口语化和生活化，用普通话和白话文教学，利于识记。如商务印书馆发行的新学制国语教科书，共八册，第一册的一些课文是：第一课，狗、大狗、小狗；第二课，大狗叫，小狗跳，大狗小狗叫一叫，跳一跳。

此外，20世纪20年代以后的写字教学一般没有专门的字书，多是随堂练字，或临摹书法字帖。

三、识字写字教学方法

（一）识字教学方法

近现代语文教育时期，传统集中识字方法逐步为分散随文识字方法所代替。最初的识字方法仍吸取传统集中识字教学的经验，从看图识字开始，课数多，课文短，识字数百，转入边识字边阅读。五四运动以来，尤其是1923年"壬戌"学制之后，我国对识字教学改革的力度加大，如教科书基本上按"以文带字"的原则编排。儿童所要识记的字分布在各篇课文中，边识字边阅读，识字、阅读并进，每课的识字量减少。随文识字教学法由文言文领域逐渐拓展到国语、白话文教学领域。现以沈百英在《小学读文教学的新贡献》一文中"教生字用什么方法"来说明分散识字法的运用情况。作者认为教学生认识生字不要按照生字出现的顺序来教，要通过读文全面了解学生对每个字的熟悉程度后，再确定所教授的重点生字。要重视学生对生字的理解，可以采用多种方法来训练：（一）教"坐、跑、笑"等字，可用表演的，就用表演法教；（二）教"黑白、快慢"等字，可用比较法教的，就用实物比较法教；（三）教"窗、椅、书"字可用实物指示的，就指给他们看；（四）教"什么、就"等字，可用证明法教的就用证明法教……（五）不得已而要用土白翻译时，就用排比法教，比如教"玩耍"两字，排示"游戏"、"白相"一起教；（六）有两字以上要连教的就连教，例如"睡觉、蝴蝶、为什么"等。① 同时，作者还注意到通过复习以巩固生字的方法，

---

① 沈百英：《小学读文教学的新贡献》，《教育杂志》第19卷，1922年第8期。

主要有字片闪烁练习法、字片游戏练习法、哑口表演练习法，抄写练习法、默写练习法、缀句练习法、集类练习法等。随文识字教学方法，所采用的教材与教学的语言一致，课文内容一般与生活联系较为紧密，内容也较为浅显，比较符合学生认字的心理规律，所以学生识字的积极性和主动性大大提高。

（二）写字教学方法

写字教学方法可以说与近现代识字教学法相伴而生，《钦定学堂章程》（未实行）和《奏定学堂章程》都作了具体规定，如《奏定学堂章程》"习字科"规定，初等小学堂五年习字"即授以所授之字告以写法"等等，生字的书写则与识字教学相结合，传统的识字教学开始了变化。在以后的语文课程标准中都有适合新形式需要的写字教学方法的规定。

此外，许多学者也提出了不少写字教学法，比较典型的有：江苏第一师范附属小学制订的《书法教授规程》，规定了十步写字教学过程："（1）准备用具。（2）批评预书。讲评上单元'预书'之字。（3）示范说明。（4）练习（模仿练习、理解练习）。（5）巡视订正（桌间订正、板上订正）。（6）练习。（7）誊清（去范书或法帖）。（8）应用练习（组合已习之字而应用之）。（9）预书（次单元）。（10）收集。"[①] 该写字教学法不仅让学生学习了教科书生字，而且复习巩固了熟字，当然也达到了练习书法和提高书写效率的目的，这种方法比较合理，一直使用了四十多年。

总之，近现代语文教育废除集中识字，实行分散识字教学改革最突出的成绩是：克服了言与文不一致的弊端；注意了字的音形义的统一，强调理解字词义；教材内容反映了浅显的科学知识；表达形式适合儿童心理，注意儿童的学习兴趣。这些改革体现了"五四"新文化运动的历史进步，意义是深远的。但是，在这一改革中，因受西方拼音文字的影响，忽视了我国汉字、汉文特点，以致产生了消灭汉字、实行拼音文字的说法和做法。20世纪三四十年代，"语文课程标准"在1923年的标

---

① 《书法教授规程》，《小学校》第10期，年月不详。

准上只作了局部的修改，对识字教学的规定也没有太大的改动。但是在语文教育界，对识字教学的改革探索一直没有停止，主要有：王文新的《小学分级字汇研究》（3 364 个字），解决识字量的问题；1931 年张耀翔进行了识字测验研究，解决识字质的问题；1945 年辛安亭对识字量进行了研究，于次年编写出《群众急需字分类表》（1 800 多常用字，供边区三年制小学需要）。这些改革都是属于如何使分散识字更加科学化的问题研究。

第二节　阅读教学

随着西方科学观念和教育理论的传播，以及人们对传统语文教育的审视与反思，语文教学的科学性、民主性和实用性大大增强。白话文产生并逐步取代文言文的主体地位，与生活结合紧密的语文教学内容（以教科书为代表）逐步产生，阅读目标明确、内容丰富、方法多样的局面初步形成。

一、阅读教学目标

1904 年《奏定学堂章程·学务纲要》中，率先规定了"中国文学"的教育目标："其中国文学一科，并宜随时试课论说文字，及教宜浅显书信、记事、文法以资官私实用。"[1] 可见，阅读教学受到同期实利主义教育的影响，注重教学内容的实用性。1912 年中华民国教育部在《小学校教则及课程表》中对高小语文教育目标做出规定："高等小学校，首宜依前项教授及普通文之读法、书法、作法，并使练习语言。读本文章，宜取平易切用可为模范者，其材料就修身、历史、地理、理科及其他生活必须事项择其富有趣味者用之。"[2] 就阅读教学目标而言，比 1904 年规定得更具体，对阅读方法、阅读材料及实用性等方面做出

---

① 舒新城编：《中国近代教育史资料》（上册），人民教育出版社 1981 年版，第 202 页。
② 课程教材研究所编：《20 世纪中国中小学课程标准·教学计划卷：课程（教学）计划卷》，人民教育出版社 2001 年版，第 63 页。

了规定。

"五四"时期，在科学和民主思潮的冲击下，在国语运动和白话文运动的推动下，国语教学日益受到国人的重视，并在 1923 年由全国教育联合会起草经北洋政府教育部批准的《中小学课程纲要》中，表明了白话文在语文教育中取得的合法地位，从语文学科阅读教学目标的规定中即可看出。如，《新学制课程标准小学国语课程纲要》规定的教育目标是："练习运用通常的语言文字，引起读书趣味，养成发表能力，并涵养性情，启发想象力及思想力。"①《新学制课程标准初级中学国语课程纲要》规定教育目标是："1. 使学生有自由发表思想的能力；2. 使学生能看平易的古书；3. 使学生能作文法通顺的文字；4. 引起研究中国文学的兴趣。"②《新学制课程标准高级中学公共必修国语课程纲要》规定国语教育的目标是："（一）培养欣赏文学名著的能力。（二）增加使用古书的能力。（三）继续发展语体文的技术。（四）继续练习用文言作文。"③ 从阅读教学目标角度看，比 1912 年有显著的进步。表现在白话文进入语文教学领域，尤其是小学规定的语言文字教学的内容都是白话文，白话文在初中和高中的读写训练中也有相当的地位，这为学生"自由发表思想"、"引起文学的兴趣"提供了保证。

1929—1949 年，南京国民政府先后公布了六个课程标准（1929、1932、1936、1940、1941④、1948）。这些课程标准都是以《新学制课程标准》为蓝本的。诚如叶圣陶所说："我国有课程标准，从民国十一年颁布《新学制课程标准》开始。以后历次修订，内容和间架都和第一次的相差不远，没有全新的改造。"⑤ 就阅读教学目标而言，无非是更加明确和细化而已。但有一点值得一提，那就是对阅读和写作规律的认

---

① 课程教材研究所编：《20 世纪中国中小学课程标准·教学大纲汇编：语文卷》，人民教育出版社 2001 年版，第 13 页。

② 顾黄初主编：《中国现代语文教育百年事典》，上海教育出版社 2001 年版，第 130 页。

③ 课程教材研究所编：《20 世纪中国中小学课程标准·教学大纲汇编：语文卷》，人民教育出版社 2001 年版，第 277 页。

④ 注：本课程标准是为"设六年制中学，不分初高中"的学校设计。

⑤《论中学国文课程的修订》，中央教育科学研究所编：《叶圣陶语文教育论集》，教育科学出版社 1980 年版，第 74 页。

识又前进了一步，阅读不只是为了写作，阅读和写作都有自己的方法，阅读也不只是为了写作，还有涵养审美情趣和丰富人生阅历的需要。

二、阅读教学内容

（一）课标中的阅读教学内容

传统的阅读文章都是文言文，随着"言文一致"、"国语运动"的推动，最终使小学国语全用白话文教学，初中和高中实现白话文和文言文混合教学。阅读内容分精读和略读两部分，这是对古代精读与博览相结合的读书方法的具体运用，按照循序渐进的原则对学习内容作了安排。同期，阅读类文章的文体编排规律性大大增强。1923 年初中国语纲要颁布后实行的教材，就精读而言，文白比例大致是第一学年四分之三，第二学年四分之二，第三学年四分之一。高中则重视学生阅读欣赏能力的培养，古今名家名作均是有进步意义的作品才可成为阅读的内容，且以最近文字为主，而古典散文和古典小说一律不采。现在看来这一规定颇有偏见，因为古典散文和小说也有精华之作。1929 年国民政府教育部颁布了《中小学暂行课程标准》以后，文体比例基本固定下来，在肯定初中、高中白话文和文言文兼教的情况下，初中阶段白话文的比例进一步加大。规定初中各学年白话文和文言文的比例第次为 7：3，6：4，5：5。初中还明确了五大文体的教学程序，即一年级偏重记叙文和抒情文，二年级偏重说明文和抒情文，三年级偏重议论文和应用文。1941年《六年制中学国文课程标准草案》中对精读选材的规定，即记叙文（包括描写文）第一至六学年的比例分别为：60％、60％、20％、20％、20％、20％；说明文第一至六学年的比例分别为：30％、30％、50％、10％、20％、20％；抒情文（包括韵文）第一至六学年的比例分别为：10％、10％、20％、20％、15％、15％；议论文第一、二学年不安排，第三至六学年的比例分别为：10％、50％、45％、45％。[①]

从阅读教学在语文教学内容中占的比重来看，依然是语文教学的重

---

① 课程教材研究所编：《20 世纪中国中小学课程标准·教学大纲·语文卷》，人民教育出版社 2001 年版，第 313 页。

心。比如，1923 年初中国语课程纲要规定的教学内容有：（1）读书（共20 学分），包括精读（14 学分）和略读（6 学分）；（2）作文（共 10 学分），包括作文与笔记（4 学分）、文法讨论（3 学分）、演说与辩论（3学分）；（3）写字（共 2 学分）。共 32 学分，其中阅读教学占 20 分，可见其重要性。

（二）语文教科书的内容编排

从语文阅读教学承载的主体语文教科书来看，传统的四书、五经、文选教材被彻底废弃，代之而来的是适合新学制需要的国文、国语教科书。新编国文、国语教科书，历经旧制文选改良期，旧制文选突破期、新制文选创编期、单元组合探索期等几个历史阶段，20 世纪 30 年代，集范文系统、语文知识系统、作业系统和助读系统于一体的单元组合型教科书初步成型。有两套教科书特点最鲜明，对后来的影响最大：

一是 1934 年开明书店出版的王伯祥编《开明国文读本》。以文选为主，有少量的知识点拨和习作指导，按文体分单元，有记叙、描写、解释、议论、应用等各种文体，轮番学习，循环往复，以读写能力螺旋上升为目的。这种教材的编写方式被称为"能力螺旋上升型"。

二是从 1935 年开始由开明书店出版的夏丏尊、叶圣陶合编《国文百八课》。以选文为主，有较为系统的语文知识和训练设计，全套书共六册，每册有 18 个单元，共 108 个单元。每个单元将语文知识、范文和练习结合起来学习，以学习范文为主，以提高读写能力为目的，知识服务于范文和练习，这种教材编排方式被称为"知识服务于能力型"。

三、阅读教学方法

在西方教育思潮的影响下，欧美教学方法如五段教授法、道尔顿制、分团教学法等自清末新政以来被陆续引进和介绍到中国来，为中国的教学改革提供了前所未有的参照模式，同时也驱动了中国教育界对传统教学方法的审视与反思。西方教学方法在中国教育领域实验和运用过程中所暴露的矛盾，使一些革新人士不能不考虑如何与教育实情相结合的问题。不同时期的人们在教法革新方面作出了积极的探索，并创造出一些具有本土特色的现代阅读教学方法。

（一）默读和朗读指导法

1．默读指导法：指导阅读应达到"了解"和"迅速"两种目标。

第一，了解。低年级儿童阅读能力弱，必须设法进行指导，其方法有：（1）儿童看完课文后由教师提出几个问题指名儿童回答，目的不在让儿童记忆内容，而是增进其理解力；（2）儿童读完某篇故事之后让其复述，以观察其了解程度；（3）教师在儿童阅读前，向其提出阅读后向全体报告大意的要求，以便儿童默读时格外留心；（4）读完某篇故事后，进行设计表演，以加深印象。

第二，速率。提高速率的方法很多，主要有：教师在黑板上写上几个问句，让儿童默读课文后限时让其答出；指定同一材料，让全体儿童默读，限定时间内读得多而准确率高的优胜；要求儿童在默读时不要指读，不要一字一句读，要养成整句读的习惯，方可提高效率。

2．朗读指导法：朗读适合于低年级儿童，有用声音、动作充分表达文字的意思的好处，同时教师也可观察其对课文的了解程度。具体方法：朗读要在默读之后进行；不要读出怪腔怪调；订正方法要有兴味；扩大视音距；教师要示范；要有适当的姿势；材料要多变换等。

（二）精读和略读指导法

1932年《初级中学国文课程标准》规定精读指导法有八条：（1）教员对于选文应抽绎其作法要项指示学生，使学生领悟文字的体式与其作法，并将其内容及作者生平概要叙述，使学生对于全篇有概括的认识。重在引起自学之动机，不必逐字逐句讲解。（2）令学生运用工具书籍，如字典、普通辞典、百科辞典、人名地名辞典等，并指导其使用方法。（3）教员于讲解前，应先让学生运用工具书籍，查考生字、难句及关于人地时种种疑问。（4）在选文中遇有初见或艰深的单字及术语应特别提出讲解。（5）教员在讲述后，应指导学生作分析综合、比较研究，务使透彻了解；或提出问题，让学生在课外自行研究。（6）指导学生在不妨碍他人工作的范围内，用国音讽诵，以养成欣赏文艺的兴趣。（7）应让学生把教员所指导的要点和自习研究的心得，记在笔记本上，以备查考。（8）随时考查成绩，主要采用复讲、问答、测验、默写或背诵、轮流报告及讨论、检阅笔记等方法。

《标准》规定略读指导法有六条：（1）设法引起学生读书的动机，并指示各种阅读方法。（2）就学生所读书籍中，提出问题，让其作系统的研究。（3）提出所读书籍的参考资料。（4）让学生在笔记本上记录教员所指导的阅读方法、问题解答和自习时所摘出的要点或问题进行讨论，以备查考。（5）注意学生的阅读速率与了解程度。（6）应定期或临时举行考查成绩，主要采用问答、测验、轮流报告或讨论、查阅笔记等方法。

此外，"全文法"阅读教学法、启发式教学法等阅读方法都有着旺盛的生命力。

总体来看，语文阅读教学在目标上更加细化，内容上更注重实用性和工具性，方法上更注意本土性和民族性，取得的成绩有目共睹，但是，由于处在学科发展的探索阶段，受到实利主义教育思潮、职业主义教育思潮、杜威儿童中心论、教育科学化思潮等现代教育思潮的影响，出现时而偏重实用、时而偏重儿童化、时而偏重科学等左右摇摆现象。比如，小学国语教科书太偏重"引起学生兴趣"，对儿童的"可能性"估计不足，而且课文内容也过于简单，诚如陶行知所批评的"甲家书馆的'大狗叫，小狗跳，叫一叫，跳两跳'等内容，让学生学习这些有音无义的文字有何意义？"[1] 此外，坊间教科书还存在着欧化和文言化的弊病，不适合做学生的写作范本；存在着文言文和白话文混合编排时搭配不得宜等问题；存在着某些课本编写像描写辞典，一些文章为充数而选，根本不顾学生的需要等不足。[2]

第三节　写作教学

传统写作教学是语文教学的重心，写文作文随着科举制度的推波助

---

[1] 陶行知：《教学做合一下之教科书》，《中华教育界》第 19 卷，1931 年第 4 期。
[2] 余冠英：《坊间中学国文教科书中白话文教材之批评》，《国文月刊》1944 年第 17 期。

澜，成了衡量和选拔人才的唯一标准，长期以来，也积累了一些经验，如注重多读书、多修改、多写作，模仿和基本功训练等，但这些活动多是"暗里摸索"，很少有"明里探讨"，因此，终究不会作文，搞不懂写作教学规律的多得很。鉴于传统写作教学的现状，借用叶圣陶的话说："暗中探索所费的功力比较多，如果改为'明中探讨'，就可以节省若干精力去做别的事情……"① 纵观近现代语文教育的发展历史，人们对写作教学的认识又有了深刻的认识，在教学目标、教学内容和教学方法等诸多方面取得了诸多成绩。

一、写作教学目标

传统的语文教学包括识字写字、阅读、写作等方面的训练，但由于没有独立设科，因此写作教学也没有明确的目标表述。1904 年"中国文字"、"中国文学"科的设立，开始有了写作教学的目标，写作不只是为了考试去写考试类文体，日常实用文体开始受到关注。"中国文字"科写作教学要求"当使之以俗语叙事，及日用简短书信，以开他日自己作文之先路，供谋生应世之要需"②。1912 年《小学校教则及课程表》规定："国文作法，宜就读本及他科目已授事项，或儿童日常见闻与处世所必须者，令记述之，其行文务求简易明了。"③ 1912 年国文科中学教学要旨指出，学生应"使作实用简易之文"。当然，写作还仅仅限于文言文。1920 年国语科设立，小学用白话作文，中学白话文和文言文兼作局面初步形成。1929 年《小学国语课程暂行标准》不仅列出了写作教学的目标："运用平易的口语和语体文，以传达思想，表现感情，而使别人了解。"还规定了写作教学目标应达到的最低标准④：初级结束：作文能作语体的书信和简单的记叙文，而文法没有重大的错误。或

---

① 叶绍钧著：《叶圣陶教育文集》，开明书店 1935 年版。
② 舒新城编：《中国近代教育史资料》（中册），人民教育出版社 1981 年版，第 415 页。
③ 课程与教材研究所编：《20 世纪中国中小学课程标准·教学大纲汇编：课程（教学）计划卷》，人民教育出版社 2001 年版，第 64 页。
④ 课程教材研究所编：《20 世纪中国中小学课程标准·教学大纲汇编：语文卷》，人民教育出版社 2001 年版，第 21 页。

作文标准测验分数在 4.5 以上。高级毕业：作文能作语体实用文普通文而文法没有错误，或作文标准测验分数在 6.5 以上。

为了便于操作，还有学者对 20 世纪 30 年代中学国文教学目标进行了细化，就写作教学目标而言，阮真认为[①]：

一、初中作文教学目的

1. 就学生的生活环境及经验所及者，能为简明而有层次的叙事文、说明文。

2. 能写述故事、新闻，饶有兴趣。

3. 能为生活、职业上必要的应用文，合乎格式而畅达情意。

4. 做简短的论说文，有明晰正确的思维。

5. 所作文字能思想清晰，文意切题，语法通顺，辞语得当，段落分明，标点清楚。

二、高中作文教学目的

1. 作描写记述的文字，能有情趣而曲尽其态。

2. 作论说文能有合乎逻辑的思考判断。

3. 为职业上社交上的应用文，能简明整洁，情文兼至。

4. 所作文言文字，能文法通顺，论理正确，见解切合，结构谨严，修辞雅洁。

5. 一部分学生能了解修词原则，应用于作文。

6. 一部分学生能略习各种文章作法，应用于作文。

7. 极少数的天才生能为几种文艺作品之模仿或创作。

就此作文教学目标的规定来看，是比较条理化的。写作体裁上，不仅有实用文，而且有叙述文、说明文、议论文，还有故事、新闻等；写作要求上，不仅要合乎语法、修辞和逻辑，而且要熟悉模范文作法和模仿规则等等。这些细化后的教学目标，比较符合学生的心理发展和认知规律，因而具有一定的科学性，如果用于指导教学实践，无疑有利于学生写作能力的提高。

---

① 阮真编著：《中学国文教学法》，正中书局 1936 年版，第 3～7 页。

1948 年第二次修订课程标准，关于初中和高中语文写作教学目标，更加注意文体的多样性和实用性。初中写作教学目标是："培养运用国语及语体文表达情意之能力，以切合生活上之应用。"高中写作教学目标是："熟练运用语体文及明易文言文表达情意能作切合生活上最需要应用最广之文字。"

二、写作教学内容

（一）课标中的写作教学内容

语文独立设科以来，写作教学一直是语文教学中的一项重要内容。《奏定中等学堂章程》"中国文学"科规定教学内容为：一曰文义；二曰文法；三曰作文；次讲中国古今文章流别、文风盛衰之要略，及文章于政事身世关系处。此外，还要作习字练习。其中，作文主要指日用实用之文。1912 年《中学校令实行规则》对国文教学的内容规定为："国文首宜授以近世文，渐及于近古文，并文字源流、文法要略，及文学史之大概，使作实用简易之文，兼课习字。"[①] 直到五四运动前夕，尽管写作的都是文言文，但注重撰写切近民生的实用文而非应试文，这已经是历史的进步。1920 年国语科设立后，小学写作切合生活实际的白话文，初中文言、白话兼作，高中继续做文言文的局面初步形成。1923 年国语课程纲要规定初级中学国语教学内容共 32 学分，其中作文（共 10 学分），包括作文与笔记（4 学分）、文法讨论（3 学分）、演说与辩论（3 学分）。由此可见，写作教学内容不仅指书面写作，而且也包括口头写作，人们对写作教学的认识进一步深入。之后，语文教学内容基本固定下来，主要包括听说、阅读、写作、习字以及语文基本知识的学习。

（二）语文教科书中的写作教学

我国近现代写作教学训练包括基本组词、组句、改错、订正、片段、整篇等多种形式。但是由于语文教材无外乎综合型（阅读、写作等）、分编型（白话、文言分开）两种类型，没有独立的写作教材，在

---

① 舒新城编：《中国近代教育史资料》（上册），人民教育出版社 1981 年版，第 522 页。

语文独立设科的近 30 年里，我国语文教材的编写多是传统文选型教材的改良与突破，单元组合型教材还没有形成，因此，学生写作时也更多是模仿书本中的名家名篇的写作思路与技巧，或者借助教师规定的写作题材来作文。20 世纪 30 年代中期，单元组合型语文教科书初步形成，写作教学在语文教材中开始有了比较重要的位置。比如，较早以"文章作法"进行读写单元组合的是 1932 年孙俍工编、神州国光出版社出版的初高中《国文》教科书，该课本第一册设计了八个单元，每个单元都有揭示训练中心的小标题：第一单元，白描风景的技能的授予；第二单元，描写天象季节的方法的授予；第三单元，授予人物的形态个性的描写法；第四单元，授予人物的内在生活的描写；第五单元，授予记载社会风俗的方法；第六单元，授予记叙文中怎样应用感情、怎样运用想象的方法；第七单元，授予记叙文中掺入议论的方法；第八单元，授予描写杂记日记的具体方法。该课本编排的特点是以"文章作法"为中心，让每个单元都围绕某一种写作方法来选择课文、布置作文题目，使之成为具有读写训练功能的复合式单元。比如，第一单元，白描风景的技能的授予。围绕这一中心，选出了冰心的《慰冰湖畔》、朱自清的《桨声灯影里的秦淮河》等 10 篇写景佳作，并布置有 8 个体现该训练目标的作文题目，如《出了三峡》、《波上的白鸥》、《松涛》等。

（三）写作教学内容研究

关于作文教学，学界很多有识之士都进行了积极的探索，取得了可喜的成绩。1923 年，夏丏尊进行了教学小品文的尝试。他认为学生作文能力的不发展，是只从国文去学国文的缘故。所以经常劝学生不要只将国文当国文学。"我所第一叫学生注意的，是自己的生活，叫他们用实生活来做作文的材料。""我想设法使学生对于实生活有玩味观察的能力，以补济这个病弊，于是叫学生作小品，叫他们以一二百字写生活的一断片；一面又编了一点小品文的讲义，教授讲解。"① 小品文对于作文练习的价值很多，比如，能多写、能养成观察力、能使文字简洁、能

---

① 夏丏尊：《教学小品文的一个尝试》，《学生杂志》第 10 卷，1923 年第 11 期。

养成作文的兴趣，还可以做长篇的预备。

20 世纪 40 年代，黎锦熙系统总结设计了作文教程："（一）小学：初小前二年以简单语言之记录发表为主，如校中物名地名之标签，易忘事件与教师命令之记录，简单便条、标志、通信、报告等设计是也。……至初小后二年作文，尤宜注重设计，使其可以应付环境，发生实效，如（1）实用文，（2）记叙文，（3）说明文诸体，均得藉此多方练习，并研究其作法。凡练习作文，以事理真切，下笔迅速，文法正确为三大要素。高小则可进而间作（4）抒情，（5）议论之文，但亦宜法重设计也。（二）中学以上：其应习之文体，大致亦不外此数种；至于诗词等纯文学作品，及古体的美文，可随个性，自由拟作，不加限制，亦非必修。其必修者，即从初小以迄高中，真切、迅速、正确之'语体文'技术，必按级各达到相应之水准。至于应用的'文言文'，初中固可视个性随意练习；高中以上不作则已，作则不宜更有文法上之错误。"[①] 由此可见，黎锦熙对作文教学的认识比较符合学科自身发展的特点和规律，大大推动了写作教学的程序化和科学化进程。

三、写作教学方法

（一）课标中的写作教学方法

传统的作文教学，教师一般不作具体指导，主要是让学生通过背诵名家名篇积累优美词句，体悟文章的结构和修辞，而后在写作实践中模仿和借鉴，所以古代的作文教学准确地说应该是作文训练。不过就作文训练的方法和步骤而言，的确也积累了一些可资借鉴的经验。比如："词"、"意"并重的原则，先"放"后"收"的训练步骤以及多作多改的训练方法等。兴于唐代的贴诗和应举诗，出现于宋代的程式化作文方式，形成于明代"八股文"的训练方法，尽管某种程度上便于学生掌握一些文体的篇章结构，但是严格的步骤极大地禁锢了学生的思维力和想象力，写作的内容多是代圣人立言，所写非所想所说的，远离了自己的

---

① 黎锦熙：《本国语文教学法提要》，《上海教育》第 3 卷，1947 年第 9 期。

生活经验和社会现实，因此，此方法严重地摧残了学生的写作兴趣。

1904 年语文独立设科，语文教学的目标、内容和方法等都有了重大革新，作为语文教学的一个重要组成部分——作文教学，也在不断地发生着变革。"五四"以前，作文教学受到实利主义教育思潮的影响，强调实用文、应用文以及日常见闻的记叙文写作，主要文体是文言文，有时也有个别白话文造句训练。20 世纪 20 年代以后，作文教学受到杜威的实用主义教育理论、儿童中心论以及教育科学化运动的深入开展等诸多因素的影响，写作教学指导的材料和学生写作的内容都明显加强了与现实生活的联系，学生写作的自主性和积极性大大增强。1932 年中小学国语和国文课程标准对作文教学方法的规定很详细。比如，小学国语的作文教学方法要点为：口述和笔述并重，低年级口述多于笔述，高年级反之；无论口述和笔述，都要注重内容的价值，而不仅仅着眼于方式；命题要有趣味，要多出题目以供选择，应常让儿童自己命题；低年级作文指导要多用"助作法"，中年级可多用"共作法"；为矫正巨大的错误起见，可将容易错误的文法句法，用听写法、仿写法等作充分练习；作文批改使用"订正符号"，指导学生写日记，等等。①

（二）写作教学方法研究

较早进行作文教学方法研究的是姚铭恩。他把作文教授的方法首先分为四纲：范作、共作、助作和自作，而后又从性质和用途上作了主副区分。主要方法有：（1）指导法：包括视写法、听写法、暗写法、联缀法、填充法和白话造句法。（2）补助法：包括模仿法、译文法和复文法。（3）自作法：包括叙述法和直观模写法。辅助的方法有两大种：（1）变化法：包括节约法、增加法和改易法。（2）推敲法：包括正误法、排列法、连接法和修饰法。②

1922 年，梁启超认为"作文教授法"与读文教授是相通的、相互关联的。每学期开始读文教授时要教以作文理法。"先教学生以整理思

---

① 课程与教材研究所编：《20 世纪中国中小学课程标准·教学大纲汇编：语文卷》，人民教育出版社 2001 年版，第 28～29 页。

② 姚铭恩：《小学作文教授法》，《教育杂志》第 7 卷，1915 年第 6 期。

想的主要条件，使他知道看文如何看，作文如何做，等讲到一类文章的时候，便特别详细说明这一类文章的理法。"① 在作文的次数上，梁启超反对多做的观点。他主张中学生"每学期作文次数至多两三次"，"多做学生便要生厌，或拿一个套子套来套去。我主张少做，是做一次必将一文做通，下次再做别一种文，如此便做一篇得一篇的好处"。② 如果感觉学期中间次数不足，不足以达到作文的效果，他还设计了补救的方法，如让学生在课外随意作笔记等。

　　1924 年，叶圣陶则从写诚实作文，少做命题作文，提高学生自主作文的能力方面谈了自己的看法。他认为学生作文和说话一样为的是发表自己的思想，一定要有所写，才动手去写。从反面说，若不是为着必要与喜欢，而勉强去写，这就是一种无聊又无益的事。即便是被迫的写也要"求诚"，即"从原料讲，要是真实的、深厚的，不说那些不可证验、浮游无著的话；从态度讲，要是诚恳的、严肃的，不取那些油滑、轻薄、十分卑鄙的样子"。要"心有所思，情有所感，而后有所撰作。惟学生作文，意在练习，不得已而采取命题作文之办法"。"作文命题及读物选择，须认定作之者读之者为学生，即以学生为本位也。教者有思想欲发挥，有情感欲抒写，未必即可命题，因学者未必有此思想有此情感也。教者心赏某文，玩索有素，未必即可选为教材，因学生读此文，其所摄受未必同于我也。必学生能作之文而后命题，必学生宜读之文而后选读，则得之矣！"③

　　到了 20 世纪三四十年代，还有不少作文教学研究成果不断出现。比较典型的是黎锦熙在《本国语文教学法提要》一文中提到的作文教学法，谈到对文法的运用方法及作文订正的方法，颇有新意。黎锦熙认为："文法应用：作文出题，宜多从设计中来，并与读书联络。批改则宜根据文法，程度渐高，则导以修辞。文法既为作文教学之根据，则课程中自当随宜列入……总之文法以应用于作文为主，故批改作文时，尤

① 梁启超著：《中学以上作文教学法》，中华书局 1925 年再版，第 44 页。
② 梁启超著：《中学以上作文教学法》，中华书局 1925 年再版，第 50~51 页。
③ 叶圣陶著：《作文论》，商务印书馆 1929 年版，第 7~19 页。

宜注意其实际的效用。""批改方法：宜用六种符号……用红笔标记于字旁，发还自改，改毕复缴，核正记分。并填记四种错误表，即：（一）字体错误表，（二）文法错误表（包括虚词、语句、段落，及标点符号诸错误），（三）事实错误表，（四）思想错误表，以便作个别及全班之指导，且备统计研究。"①

综上，近现代写作教学在发展过程中，在目标、内容、方法等方面取得了可喜的成绩，但由于受西方现代教育理论的影响，出现了形式主义的倾向。太玄指出："我国之作文教授法自来皆取形式主义。合于教师所指授之形式者，则称为佳构。不合者，即斥为漫无纪律。而于思想情感之能发表与否，则不问也。……近年虽废八股而作论文，其取形式主义如故也。学校内之作文，往往有一无思想，而唯是所谓起承转合提顿呼应之形式者，亦能得优等之分数。昔人讥某某著名之诗文家为优孟衣冠，至今日之作文，实达于优孟衣冠之极点，而要皆形式主义阶之厉耳。"② 这种形式主义表现在作文教学中严重影响着学生想象力和创造力的发挥。同期，由于教师的整体素质不高，存在作文指导不力的现象。叶圣陶指出：有些国文教师喜欢出一些远离学生思想和生活的时事、历史等类议论题目让学生作，而不注意学生有没有运思这个题目。有些国文教师看学生所写的文章，只觉得不通，勾掉愈多，愈觉得满意。有些国文教师批改学生所写的文章，不问哪个地方该用句号或该用读号，都打一个圈，表示眼光并没有在任何地方跳过。或者文后加上"清顺"、"畅达"、"意不完足"之类的词语作批语。③

第四节　听说教学

传统语文教育是文言文一统天下的片面的语文教育，很少或者根本

---

① 黎锦熙：《本国语文教学法提要》，《上海教育》第 3 卷，1947 年第 9 期。
② 太玄：《关于写生文之考察》，《教育杂志》第 13 卷，1921 年第 2 期。
③《中学国文教师》，中央教育科学研究所编：《叶圣陶语文教育论集》，教育科学出版社 1980 年版，第 91～95 页。

不重视口头语言的教学。这是由于"书面语言脱离口头语言而长期停滞、长期僵化"① 的结果。到了清朝末年，西方科学传入中国以后，社会和经济都有了大的发展，而语文教育仍然忽视口头语言教学，坚持文言文教学，甚至把教授和写作"八股文"作为"正宗之正宗"，这样语文教育就很难有新的突破、新的发展。因此，我国语文教育随着西学东渐及现代教育思潮的影响，发生重大变革已是历史的必然。中华民国成立后，听说教学逐步受到语文学界的重视，在教学目标、教学内容、教学方法等方面都取得了前所未有的成就。

一、听说教学目标

官话运动、言文一致运动，对 20 世纪早期语文学科的发展有着重大影响，重要表现之一，就是把"使儿童学习普通语言文字，养成发表思想之能力"的听说教学目标写进了 1912 年《小学校教则及课程表》国文要旨里，并把"正其发音"列为教学目标，说明认识到借鉴外国语言的口语教法来改善汉语语音的重要性，为以后听说教学的开展奠定了基础。

"五四"时期，在科学和民主思潮的冲击下，在国语运动和白话文运动的推动下，国语教学日益受到国人的重视，并在 1923 年由全国教育联合会起草经教育部批准的《中小学课程纲要》中，表明了白话文在语文教育中取得的合法地位，听说教学有了更可靠的保障，在《新学制课程标准小学国语课程纲要》教育目标中有明确的体现，即"练习运用通常的语言文字，引起读书趣味，养成发表能力，并涵养性情，启发想象力及思想力"②。

在 1929 年修订课程标准中，听说教学的地位又得到了加强。如《小学国语暂行标准》规定听说教学的目标是："习练运用本国的标准语，以为表情达意的工具，以期全国语言相通。"同时，还规定了教学目标应达到的最低标准，初级结束，说话"能听国语的通俗演讲，能用

---

① 张隆华主编：《中国语文教育史纲》，湖南师范大学出版社 1991 年版，序。

② 课程教材研究所编：《20 世纪中国中小学课程标准·教学大纲汇编·语文卷》，人民教育出版社 2001 年版，第 13 页。

国语谈话"。高级毕业，说话"能用国语演说"。从以上几个课标规定来看，听说教学，其实更多强调的是对学生普通语言（国语）的运用和说话能力的培养，而对学生的听力方面有所忽视。

到了 1936 年修订课程标准颁布后，才把听力提高到和说话能力一样的高度。如指导儿童练习国语，熟谙国语的语气语调和拟势作用，养成其正确的听力和发表力；《小学国语修订课程标准》规定听说教学目标是："指导儿童练习国语，熟谙国语的语气语调和拟势作用，养成其正确的听力和发表力。"针对课程标准，当时有学者提出了比较条目化的、易于操作的听说教学目标[①]：

（1）指导儿童练习语言，养成正确听力和发表力；

（2）增长儿童讨论研究的兴趣；

（3）助长组织、观察、设计的能力；

（4）养成儿童随时随地有运用语言的习惯；

（5）使儿童记忆各种新知识，可以增加学习效率；

（6）辅助儿童文字发表能力的发展。

1948 年第二次修订课程标准，听力的重要性又有所忽视，《小学国语二次修订课程标准》指出听力教学目标是："指导儿童熟练标准语，使他们发音正确，语调和谐而且流利。"《初中国文二次修订课程标准》指出听力教学目标是："训练听讲及阅读语体文与明易文言文之能力。"可见，小学没有提到听力教学，初中虽然提到了，但是作为阅读教学的一个目标合并提出的。由于听说教学目标不全面或者反复，甚至不明确，以至于使人们在进行听说教学中无所适从，这也是在教学实践中听说教学不受重视的一个主要原因。

二、听说教学内容

（一）课标中的听说教学内容

清末民初以来，尽管在"课程纲要"里没有把语言教学从读文和缀法教学中独立出来，但是对语言的重要性有所强调。听说教学的内容主

---

① 王国元编著：《小学说话教学法》，正中书局 1936 年版，第 6~8 页。

要限于文言、白话互译等材料。1923 年《新学制小学国语课程标准纲要》的颁布，把国语一科分为语言、读文、文字、作文四目，从此以语言训练为主体的听说教学在国文中有了法定的地位。之后，课程标准几经讨论和修改，国民政府教育部在 1932 年正式颁布了《中小学课程标准纲要》，其中国语、国文科都强调了听说教学的重要性。《小学课程标准国语》规定了听说教学的材料①：教师应预编案例，作为语言材料。语料分如下三种：

（甲）有组织的演进语料，每套要有一个题目；每句要单说动作的一步，但不可太烦琐；要从一个主位说起，并且要容易看容易做；每套的句子不可太多。

（乙）会话的语料，要集中在一件有趣味的事情上，而且有一个有趣味的题目。

（丙）故事的语料，要含有儿童文学趣味，而不违反党义。

20 世纪三四十年代的其他语文课程标准在听说教学方面只是作了一点修改和变动，由此可见 1932 年纲要的法定性和稳定性。初中和高中国文课程标准对听说教学的规定较为简单，主要是小学听说教学的延续，训练方式以演讲和辩论等为主。

（二）语文教科书中的听说教学

在近现代语文教科书中，国统区编写的语文教材，不论分编型的还是合编型的，大都没有听说教学的位置。20 世纪 40 年代由胡乔木主持、陕甘宁边区教育厅编写的《中等国文》则编写进了听说教学内容。根据"对于说和写的要求，应适合学生的实际需要和读写水平，对各类作品仍给于应有的注意，使各册中文学与非文学的成分保持适当的比率"等原则，该教科书在第一册中编写听和说的基本常识，便于学生学习和掌握。

三、听说教学方法

（一）课标中的听说教学方法

20 世纪一二十年代，课程标准还没有听说教学一席之地。1923 年

① 王国元编著：《小学说话教学法》，正中书局 1936 年版，第 27～28 页。

《新学制小学国语课程标准纲要》规定了语言教学的方法是："初年多用演进法，以后多用会话，讲演，表演。"① 随着国语运动的胜利，白话文进入语文教学，听说教学才开始写入课程标准中，如 1932 年《小学课程标准国语》提到具体的听说教学方法。即：说话要自然（不可拘泥于文字的斟酌而受文字的束缚），而且要注意儿童语和成人语的不同。说话要生动而有情景；教学和动作，要结合表现；已经讲过的故事，最好要使儿童表演。凡容易错误的音或话，要格外说清楚，听得多，练习得多，并根据发音部位指导矫正；意义不明显的话，要用实物、图型、动作、说明、翻译等表示意义。② 之后的课标都有比较明确具体的听说教学方法的规定。

听说教学在国家课程标准中取得了法定的地位，并作为语文教学的一个要素加以强调，也是语文教育界学者和教师不断地进行理论研究和教学实践的结果，没有此力量，恐怕课程标准的制订也成了"无源之水，无本之木"了。

（二）听说教学方法研究

早在 1912 年，就有学者认识到说话和听话训练在培养学生语文能力方面的重要性。庚冰在《言文教授论》一文中把教授语言又分为自语、听语和会话三种，以明爽、顺序、聪敏、别择、问答、判断等六法。该六法也为文字教授法所共通。他还从语言教授的特点出发，列出了语言教授的具体而有别于文字教授的方法。他把语言教授分为甲、乙两类，甲类又分为习问—杂答、提问—选答、正问—正答、反问—正答、复问—简答等五种方法；乙类又分成称谓语、单独语、连续语、自动语和被动语五种教授方法。③

一些学者在实验西方教学方法进行语言教学时，就根据课堂教学需要适时进行。如 1919 年秋，南京高师附小在俞子夷主持下，全面研究

---

① 课程与教材研究所编：《20 世纪中国中小学课程标准·教学大纲汇编：语文卷》，人民教育出版社 2001 年版，第 14 页。

② 课程与教材研究所编：《20 世纪中国中小学课程标准·教学大纲汇编：语文卷》，人民教育出版社 2001 年版，第 27～28 页。

③ 庚冰：《言文教授论》，《教育杂志》第 4 卷，1912 年第 3 期。

和试行设计教学法。课堂上的语言训练，由教员精心设计，以游戏的方式进行，诸如化装表演等，让学生在学习语言的同时欣赏文学和艺术，锻炼其活动能力。

20 世纪 20 年代，随着白话文进入教材，说话教学逐步成了语文教学的一项主要内容，说话教学法的研究和运用也逐步流行起来。1922 年，张士一在《小学"国语话"教学法》一书中，较早地论述了"国语话"教学法，他首先指出文法翻译法、自然法和演进法都是旧式语言教学中常用的方法，也是国外语言教学中常用的方法，用来教授国语话是不科学的方法，他认为直接法是"科学的语言教学法"，其教学方法和要点是：（一）引起动机。（二）拿口语来做主体，先听后说。（三）注意说话的情景。（四）应用语音学去教发音。应用的方法并不是死教理论和符号，要指点学生去听清楚应该分清的音，去发应该发得正确的音，去矫正发错的音。（五）教成句成段的话。（六）从已经学过的材料里头去指点语法。（七）不但要求正确，并且要求流利。（八）用各种方法示意，如实物、图形、说明、翻译等酌情应用。①

20 世纪 30 年代以后，听说教学法又得到进一步发展，在出版的一些国语、国文教学法著作中，多有说话教学方面的内容。比如，吴研因、吴增芥在《小学教材及教学法》一书中，阐明了初步说话教学的实施方法为：（一）要用实物指示。教学说话，可利用实物，以引起其兴趣。譬如用"洋娃娃"做说话的资料，可以教儿童说"这是一个洋娃娃"、"这是用橡皮做的"等。（二）要用动作表示。可以用动作表示的语句，一定要用动作，以帮助儿童学习。（三）利用报告练习。儿童向别人报告的机会很多，如报告星期日在家里的工作，家里有什么人，家里怎样过年以及自己的见闻等。（四）利用表演练习。一般低年级学生喜欢表演，这是练习说话的好机会。（五）利用游戏练习。在游戏中练习说话。如"传话游戏"，教师把儿童分为两排，先对每排第一个人轻声说一句话，第一个人听了，就在第二个人耳边低声说，第二个人再传

---

① 张士一著：《小学"国语话"教学法》，中华书局 1933 年第 6 版，第 53～54 页。

给第三个人，这样依次传话，到了末一人，就去说给教师听。这样，儿童在浓厚的兴趣中练习了说话。（六）要鼓励儿童说话。对于初入学不爱说话的儿童，宜用实物、图画以及谈话等方式来诱发他们说话，提高表达的愿望。①

对于听说教学和说话训练的研究和实施的效果并不怎么理想，有学者从不同角度发表了看法。赵廷为说："关于说话教学的科学研究，在现在异常地缺乏。一般小学教师所采用的说话教学方法，有的可说是完全错误；有的是很怀疑的。没有意思可发表的儿童，为什么一定要强迫其发表？为什么不利用自然的说话的动境，而采用过多的形式的练习？为什么应用较广的日常会话、简短报告、打电话和故事讲述等的练习，倒没有像演说辩论等练习那样的充分？关于各项说话作业的如何分配，说话题材的如何选择，说话和其他各科的如何联络，说话教学手续应该如何等问题，实有加以群密研究的必要。"② 叶苍岑指出师生在说话中存在着不少问题，如说话中的"油腔滑调应竭力避免"，"常见学生开会，主席致辞，俨如是师长训话，实在是不得体的"。③ 并谈了口语练习上应该注意的要点：（一）切实。把自己的所见、所闻、所思、所感，照原样表达出来，叫做切实。（二）得体。措辞、语气、态度、繁简等，都能按照对方的身份及关系，说得恰如其分，叫做得体。的确，近现代听说教学法存在着理论研究深度不够，且教学实践中走形式化教学的现象，致使听说教学到新中国成立前夕也没有取得实质性进展。

第五节　语文学习

近现代语文教育是我国语文教育思想异常活跃的时期，涌现出了一大批语文教育研究的先驱。他们之中有蜚声海内外的著名学者，有教育界的一代宗师，有驰名文坛的文学家，有学识渊博的语言学家，更有辛

---

① 吴研因、吴增芥编：《小学教材及教学法》，中华书局1935年版，第170～171页。
② 王国元编著：《小学说话教学法》，正中书局1936年版，序。
③ 叶苍岑：《对中学新生谈国文学习》，《国文杂志》第1卷，1942年第2期。

勤执教于第一线的优秀教师。他们在教育理论建设、语文教材编写、教学方法研究、教育教学实验、语文学习创新等方面做出了卓越贡献。这里重点介绍他们在语文学习方面的建树。

一、语文学习思想

（一）重学法指导

在学生学习写作方面，梁启超认为出个题目让学生凭空瞎想，是大忌。作文教学一要"求真"，二要"求达"。瞎想的结果必然是胡编乱造，胡编乱造成了习惯，就毫无文德可言。巧妇难为无米之炊，写文章要在存"米"、找"米"上下功夫，才是正道。教师要重视取材方法的指导和直接提供材料。提供的方法，一是供给，即直接印发资料；二是口授，即口述材料；三是指定文件，即指定阅读材料。学生在提笔作文之前，不在"苦思冥想"上花时间，而在"搜集材料"上下功夫。

（二）"平均发展"

蔡元培强调"军国主义、实利主义、德育主义、世界观、美育主义"皆"今日教育之不可偏废者"，应贯彻到各科的学习中去，以促进学生德育、智育、美育、体育"平均发展"，"养成健全人格"。在贯彻过程中，应依据各科的不同性质，各有侧重，不可强求一律。国文国语科的学习，就形式的研究而言，要注意语法文法的学习，这属于智育，是实利主义的内容；而关于修辞技巧的分析领受，对于文章意蕴的体悟，则又属于美育，关涉到美育主义。就内容而言，要让各项教育方针在全部课文中按一定比例体现出来。他的设想是：军国主义的内容占10％，实利主义的内容占40％，德育的内容占20％，美育的内容占25％，世界观方面的内容占5％。[①] 学生通过对以上五个方面的学习，能更好地发展自身的语文能力。

（三）教学做合一

这是陶行知提出的一种基于学习的教育思想。所谓教学做合一就

---

① 蔡元培：《对于新教育之意见》，《教育杂志》第3卷第11号，1912年2月10日。

是："教的法子根据学的法子，学的法子根据做的法子。事怎样做，就怎样学；怎样学，就怎样教。"① 阐明了教学法的基本原理——学是教的依据，教是学的示范。"在做上教的是先生，在做上学的是学生。从先生对学生的关系说，做便是教；从学生对先生的关系说，做便是学。先生拿做来教，乃是真教；学生拿做来学，乃是实学。不在做上用工夫，教不成教，学也不成学。""文明是人类用头脑和双手造成的。只会劳心而不会劳力和只会劳力而不会劳心的人，都是没有希望的。何况爱用空嘴说白话的人，那是不可救药了。"②

（四）创造性学习

关于创造性学习，陶行知提出：有五个字可以帮助我们学问易于进步。哪五个字呢？第一个是"一"字。一是"专一"的一。荀子说：好一则博。这句话是很有精义的。因为有了一个专一的问题做中心，从事研究，便可旁搜广引，自然而然地广博起来了。第二个是"集"字。集是"搜集"的集。……我们研究学问有了中心题目，便要多多搜集材料，我们便像"集"篆写一样，用许多钩钩到处去钩，上下古今、左右中外的钩，前前后后、四面八方的钩，钩集在一起来，好细细研究。……我们有了丰富的材料，便可以源源本本、彻头彻尾地来研究它一个明明白白，才能够收得"集水到渠成"的效力。第三个是"钻"字。钻是钻进去的钻，就是深入的意思。钻是费很大的力量，才能够钻得进去，深入到里面去，看得清清楚楚，取得最宝贵的宝贝。做学问虽不能像钻东西那么钻，但是能够用最好的方法，也可以很快钻进去。第四个是"剖"字。剖是"解剖"的剖，就是分析的意思。有些材料钻进去还不够，必须解剖出来看它的真伪，是有用的还是有毒素的？以便取舍，清化运用。第五个是"韧"字。韧是坚韧，即是鲁迅先生所主张的"韧性战斗"的韧。做学问是一种长期的战斗工作，所以必须有韧性战斗的精神，才能够在长期的战斗中，战胜许许多多困难，化除种种障碍，开

---

① 陶行知：《教学做合一》，方明著：《陶行知教育名篇》，教育科学出版社 2005 年版，第 155 页。

② 陶行知：《陶行知教育箴言》，哈尔滨出版社 2011 年版，第 5 页。

辟出一条新的道路，走入新的境界。①

（五）培养综合能力

在语文学习中，夏丏尊特别重视对学生学习能力的培养。他在《受教育与受教材》一文中指出，"所谓教育，就是能力给予的设计"，"专门以下的学校所传授的，不是可以直接应世的知识技术，其任务宁偏重于身心诸能力的养成"。要求学生"破除徒以读书为荣的'士'的封建观念，养成实力"，包括健康力、想象力、判断力、记忆力、思考力、忍耐力、鉴赏力、读书力、发表力、社交力等等，并重点发展学生的语感能力等。

二、语文学习方法

传统语文教学方法主要是讲解、记忆和诵读，既不注重教法，更不注重学法。在科学主义的影响下，特别是西方现代教育理论方法的引进和传播，促进了中国传统语文教学方法的变革，既注重教师的教又注重学生的学的新式方法逐步在语文课堂上盛行起来。在此，重点谈一些学习的方法。

（一）自学辅导法

自学辅导法，也称"自学辅导主义"，以杜威的"儿童中心论"为理论基础，是西方国家中小学教学方法之一。其基本操作程序是布置学习任务—学习自学—教师辅导—检查—总结。其具体办法是通过教师的辅导，并提供学习计划，启发学生自修有关内容，遇到困难地方，再由教师加以辅导，从而完成学习任务。

自学辅导法，早在1913年刚引进时就在语文教学中开始运用。后来该法又被早期语文教学改革者姚铭恩所吸收，他结合"道而弗牵，强而弗抑，开而弗达。道而弗牵则和，强而弗抑则抑，开而弗达则思。和易以思，可谓善喻矣"②的教学思想，把自学辅导法演化成"导儿学步"法或称导学教学法。20世纪40年代解放区还大力倡导自学辅导

---

① 陶行知：《陶行知文集》，江苏教育出版社2008年版，第720页。

② 《学记》，孟宪承编：《中国古代教育文选》，人民教育出版社1985年版，第98～99页。

法，晁哲夫曾概括出一套自学教学辅导程序：① 教员研究材料、确定学习提纲；② 启发学生狠抓材料和提纲进行学习；③ 小组讨论、发现问题、集体研究；④ 总结、归纳、指出收获与不足。这种方法，通过充分发扬集体团结协作的精神，集思广益，既关注到学生的学习主动性和个体差异性，也培养了学生的自学能力。

（二）举例法

"举例子"的学习思想古来有之，其实就是模仿的思想。所谓的"熟读唐诗三百首，不会作诗也会吟"就是主张一种模仿的方法。

叶圣陶的思想之一就是"例子说"。他指出："语文课本只是些例子，从青年现在或将来需要读的同类的书中举出来的例子；其意是说你如果能够了解语文教本里的这些篇章，也就是大概能阅读同类的书，不至于摸不着头脑。所以语文教本不是个终点，从语文教本入手，目的却在阅读种种的书。"[1] 他在 1932 年说："要养成阅读能力，非课外多看书籍不可。课本只是举出些例子，以便指示、说明而已。这里重要在方法；本月比上月更善阅读，今年比去年更能了解，就是进步。"[2]

（三）练习法

传统的语文教学训练方法主要是多读、多写，清末新政时期，由于受传统方法的影响，也大都采用多读和多写的方式。到民国初年，从1912 年《小学校教则及课程表》对国文科的规定来看，其训练范围已经从阅读、写作扩展到语言和文字的运用方面，但仅仅提到语言文字的练习，如何练习，范围如何都没有体现。1923 年《新学制小学国语课程标准》颁布以后，语文训练的范围逐步扩大到说话、注音符号、语法、修辞、精读、略读、文字等语文知识和语文能力方面。

比如，沈仲九在《初中国文教科书问题》中说法则对于学好国文是很重要的，"已经知道那一种法则了，如果不把它应用，还是没有用，所以必须练习。练习的问题，最好就以本课所提出的法则为主"[3]。法

① 叶圣陶：《叶圣陶语文教育论集》，教育科学出版社 1980 年版，第 182～183 页。
② 叶圣陶：《国文科之目的》，张定远主编：《重读叶圣陶·走进新课标》，湖北教育出版社 2004 年版，第 16 页。
③ 沈仲九：《初中国文教科书问题》，《教育杂志》第 17 卷，1925 年第 10 期。

则很多，他认为主要有文法上的练习、作文法上的练习、修辞法上的练习、改错、作文等，在教学中通过具体的练习来提高学生的国文程度。

我国语文教学训练发展到 20 世纪 30 年代以后，在练习设计的多样化和灵活性方面向前迈进了一大步，教师可以通过让学生做大量的与课文相关的不同类型的练习，来扩充他们的语文知识，提高他们的阅读理解和写作能力。但由于教师素质、学生接受能力等方面的问题，听说练习没有得到足够的重视。因此，从实际情况来看，以练习为主的训练方式在语文教学中并没有得到很好的运用。

（四）看书法

在古文的教法上，胡适提倡用"看书"学习法来代替"讲读"的教学法。他废除传统的逐字逐句的"串讲法"，要求在教学中多让学生自己预习，自己翻查工具书，自己加句读，自己试行分析章节。这样在上课时只需做三件事："（1）学生质问疑难，请教员帮助解释，教员可先问本班学生有能解释的没有，如没有人能解释，教员方可替他们解释。（2）大家讨论所读书的内容，教员提出论点，引起大家讨论；教员不当把一点钟的时间自己占去，教员的职务在于指点出讨论的错误或不相干的讨论。（3）教员可随时加入一些参考资料。"①

第六节　语文考试

考试是教育评价的主要方法，教育评价的效果往往也是通过考试尤其是各级选拔性考试来衡量的。近现代语文考试从传统考试中孕育而出，并受着现代教育理念的影响，有着自身的特点，是较为科学的方法，对衡定语文教学成绩和学生的学业水平有着积极的作用。

一、现代语文考试的形成

现代语文考试是在 1904 年语文独立设科尤其是 1905 年科举考试废除后逐步发展而确立的。究其原因，它是多种因素共同作用的结果。

---

① 胡适：《中学国文的教授》，《新青年》1920 年 9 月。

（一）传统语文考试自身矛盾运动的结果

传统语文考试在考查范围、内容、方法等方面适应当时时代发展需要，发挥着应有的作用。鸦片战争以后，随着科举制度废除，新学校的建立，使得传统语文考试不能满足近现代教育的发展需要，逐步废止。但传统论文式的考试方式却被沿用下来，直到民国末年还有一定的市场，在个别高校入学招生考试时还存在语文试题中仅考一篇作文的现象，但此时作文评分标准已经吸收了一些科学的因素，如有的采取百分制，有的还按逻辑、结构、文法、修辞等进行分项打分等。不可否认，传统的论文式语文考试方法在衡量学生的作文水平，即遣词造句、谋篇布局、修辞、逻辑等方面具有很大的优越性，然而，在19世纪末期以来的科学主义思潮和现代教育思潮中，其局限性暴露无遗：一是考查范围过窄，内容太少，考题一般不超过十个，题目的覆盖面也很小，以此方式取样，不能够检测出学生的真实语文能力。二是没有一致的、客观的评分标准，试卷仅凭评分者的主观判断，受人为因素的影响很大，常常使人觉得评定结果不甚公平。三是无法将检查结果视为语文能力的绝对衡量，考试的用处极其有限。该考试带有比较浓厚的经验性和主观性色彩，结果必然是笼统而模糊的。传统的语文考试方式越来越不适应时代发展的需要，受到了极大的挑战，急需一种科学的评价标准介入语文考试领域，以增加考试分数的客观性和准确性。

（二）教育测量运动的直接影响和推动的结果

"五四"前后，随着科学主义思潮的不断高涨，西方的教育测量理论传入中国，在20世纪二三十年代形成了以学务调查、教育统计、教育测验为主要内容的教育测量运动，并得到迅速发展，其中教育测验的发展较为成熟，成为推动考试评价的重要力量。当时，语文教学方面的测验主要有：俞子夷编造的小学书法（楷书、行书）测验、量表以及小学缀法量表，陈鹤琴编造的初小、高小和中学默读系列测验以及小学默字和文法测验，华超编造的新学制国语教科书阅读测验，张耀翔编造的识字测验，艾伟编造的识字测验和默读能力测验，廖世承编造的中学文学常识和文法测验等等。此外，还有字汇词汇、成语典故、默写背诵、解释辞句、读文提要、古文今译等有关语文知识和能力的测验，如国文常识和文法测验。

廖世承曾专为东南大学附中初一至高三年级学生设计了文学常识测验。本测验共有一百个问题，每题有四个答案，答案中只有一个是对的，其余三个均是错的，测验时让学生把正确答案前面的数目字写在答题纸的相应括号内。考查的范围涉及作家、字、诗词、新文学及应用文等材料。例如①：

（1）作家，作汉书的是 1/杨雄 2/班固 /3/刘向 4/司马迁

（2）字，李斯造 1/大篆 2/小篆 3/隶书 4/楷书

（3）诗词，沁园春是 1/古戏名 2/古书名 3/词曲名 4/小说名

（4）新文学，海上夫人是 1/古典主义的作品 2/写实主义的作品 3/象征主义的作品 4/享乐主义的作品

（5）应用文，平行公文当用 1/呈 2/令 3/咨 4/详

文法测验一般都采用改正错误、辨别正误、填充空白、加添标点等方式，最早者为斯塔琪 1915 年为中学和大学所编的那一种，内容分为文法运用和文法知识两部分。我国编造的文法测验主要有两种：一为陈鹤琴所编，适合于小学五六年级，其方式主要为改错；另一个为廖世承所编，适合于两级中学，其方式均为填充式。现以廖世承所编的文法测验为例说明。该测验要求学生在每个句子的虚线上填入相当的字。从填字的句子方面可以看出被测验者的造句能力及文法的通顺与否。本测验共分两类，每类有 30 个句子，各个句子都按照由易到难排列。例如②：

（1）_____上海到南京有_____远？

（2）窗帘后_____，_____地透进清光来。

（3）你_____晓得他是无心之失，_____还是这样责备他。

（4）他穿了一件外衣，_____拿了一把伞。

以上几乎所有的语文测验都被不同程度地运用到语文教学平时考查、期末考试以及选拔性考试中，从而革新了传统语文考试的面貌，为

---

① 廖世承、陈鹤琴编：《测验概要》，商务印书馆 1925 年版，第 135 页。

② 廖世承、陈鹤琴编：《测验概要》，商务印书馆 1925 年版，第 136～137 页。

现代语文考试的最终形成奠定了基础。

（三）现代考试制度形成和发展的必然结果

现代语文考试的形成受着现代考试制度的制约，现代考试制度影响着现代语文考试发展的趋向。现代考试制度是随着现代教育的产生而发展起来的。它初步形成于"癸卯学制"的颁行，1905年随着科举制度的废除又得到进一步变通和调适。1904年1月《奏定各学堂考试章程》和《奏定各学堂奖励章程》详细规定各学堂考试的类型、组织管理、评价方法与标准、考试的功能与地位、毕业奖励出身办法。语文作为各门功课的一个科目，其考试也必然受清末学校考试制度的影响，在学校考试制度的规范和指导下，考查其学习的主要内容。比如，有些学校的国文试题，尽量注意联系时政情况，注意发挥学生独立思考的能力，如上海龙门师范学校附属小学，1906年底国文毕业考试题目是：问吾国学生现在宜居何等宗旨，将来当建何等事业？这样的作文考试题，既有利于学生进行独立思考，又可以增强学生的爱国建国思想。①

中华民国不同时期的政府都很重视现代考试改革。北洋政府成立后，进行标准化考试改革，这一举措影响了语文考试的导向和语文试题的编制。1927年南京国民政府，积极实行毕业会考制度。会考制度有着积极的作用，"有利于国家宏观控制中等学校的教育质量；强化了学校的管理；加强了教师管理；加强了学生管理，调动了学生学习的积极性"。当然，其弊端和消极作用也是显而易见的，主要是"增加了学生的负担，损害了学生的身心健康；忽视教学方法，搞注入式以求速效；忽视了不会考的科目；会考中的舞弊行为，亦时有发生"②。会考制度的毕业规定及相关要求在语文毕业会考试题中得到了充分的体现，比如，1935年北京、广东、河南、上海、浙江等十四个省市的高中会考试题，内容有作文、国文常识测验、文白翻译、文法四项。有的地区只一两项。作文一共二十四个题，文言题十七个，白话题七个，江苏的会考题"救国必先读书"，北京市的是"试述我之治学方法"。

---

① 谢青等主编：《中国考试制度史》，黄山书社1995年版，第480页。
② 谢青等主编：《中国考试制度史》，黄山书社1995年版，第613～618页。

二、现代语文考试的特点

（一）注重对学生语文教学内容全面考察

在考试内容上，传统语文考试侧重考查学生对儒家经典的记忆和掌握，以及引经据典阐述封建伦理道德的写作能力，而现代语文考试突出考查学生对语法知识、修辞知识、字词知识、文学常识、文化知识等现代语文知识的掌握情况，学生的听、说、读、写等基本能力的发展情况，以及现实生活中的语言文字的理解和运用情况（包括口头发表和写作能力的考查）。此外，还要检查学生对历代名家名篇的理解、记忆和古代浅易的文言知识的掌握情况。这是现代教学内容与现实联系日益紧密，文言文分量逐步减少，白话文不断增加，以及现代语法学、修辞学等发展的结果。

（二）灵活采用多种考试方法

在考试方法上，传统的语文考试方法主要是帖经、口试、墨义、策问和诗赋等，经过继承和改造，创造出许多与现代考试内容相适应的新考法。口试主要为口语和答辩，辨别正误、填空等主要考查对知识的掌握，简答、论述、作文主要考查对知识的理解和运用，阅读分析等题型则是主要考查学生的推理和判断能力，文白互译等则可以考查学生对语言文字的运用能力等。这与教育测量运动对语文考试的影响直接相关。

（三）用科学方法编排试题和测试学生的成绩

在试题编排上，坚持抽样、分析、比较、统计等科学性原则来编排语文试题，使试题更有客观性和普适性，能在一省、数省乃至全国使用。比如，陈鹤琴在编造小学默字测验就是采用抽样、统计等科学方法。"按照爱里斯之法则，将儿童用书、新闻杂志、小学生课外著作、古今小说、杂类等六种语体文中共查过字数五五四四九八，得单字四二六一个，并将每一个单字被用之次数一一记下，复于发现次数最多之常用字二千个中，用随机选择之方法，隔四十字取两字，共得一百字，最后将一百字随机分作两类，每类五十字。"[①] 测验所用字数就是通过这

[①] 民国教育部编：《第一次中国教育年鉴》（第 1 册），台北：崇青图书公司 1991 年影印版，第 196 页。

种方法得来的，由于测验所用单字是根据字汇的次数又用随机抽样方法选出，足以代表常用字数，所以能比较准确地测出学生的默写、识字、解字和用字能力。此外，设计的问题明确，不易产生模棱两可的答案，采用"T"分数记分法，记分方法精确、标准，不论谁测评，都相对公平。考查结束后还可以把成绩记录下来加以比较，得出客观的评分标准，为教育评定和辅助教学提供一定的参考。

（四）充分发挥语文考试在现代社会中的作用

在考试应用上，由于新法语文考试比传统的语文考试编排得更为科学，评分标准也更为客观，因此其应用面更加广泛。传统语文考试的目的主要是为统治阶级培养和选拔人才，应用范围比较狭窄。现代语文考试不仅为社会培养实用型建设人才发挥主要作用，而且在鉴定学生的课业成绩、确定升学标准、激发学生学习动机、反馈教师教学信息、改进教学方法、测定教学效率以及提供升学参考和就业指导等方面越来越显示出考试的重要性。

三、现代语文考试的方式

现代语文考试与传统语文考试最大的不同是，多种形式的测验和考试方法都得以推广和运用，不仅用于考查学生平时对语文基础知识的掌握程度，而且也用来衡量学生的听话、说话、阅读及写作等语文能力的提高程度，更主要的是运用于期中、期末和一些大型的选拔性考试中，成了鉴定学生语文程度或升学标准的重要依据。现代语文考试方式有数十种，主要有①：

1. 审别法

相近的字义、字形、字音，很容易相混，稍微不注意，就要写成别字。用审别法，可以养成辨别的能力，掌握正确的知识。又关于文章方面，用审别法，可以知道学生对于一篇文章的大意或警句的所在以及其中文气或声调的变化，是否明了。

---

① 中华书局编：《国文测验举例》，中华书局1922年版，第2～14页。

例如：审别括弧里音同意不同的字，将适当的留下，其余不适当的，用笔画一横线在字的下面。

（资）（姿）势端正。

2. 填字法

成语的填字，可以测验学生读书时记忆力的强弱；虚字的填字，可以养成学生应用的能力。

例如：几个单字中，填入虚字，造成有意义或连贯的句子。所填入的字可分为"介词"、"联词"和"助词"三类。

（1）我_____他。（2）功败垂成，岂非天_____。

3. 默填法

默填法有三个功用：一、促进语音统一；二、考察学生对于已经获得的知识，是否明白；三、用在入学试验及分组时，可以得着正确的成绩。填入的字，大多是平时常用而最容易错误的这一项。

例如：句子中间，声音容易错误的字，空去不写，令学生依照教师读音填入。

今日我大_____不到那边去了。

4. 整理法

整理法可以说是一种智力测验，用以测验学生的智力，敏捷或迟钝。所引用的句子，不宜过长，过长反而不便了。

例如：将通顺的成语，颠倒错乱的写着，令学生整理清楚，另行写出。

足履削适。

5. 删正法

删正法的功用，同整理法差不多；不过整理法所引用的句子，以短为便，删正法所引用的句子，不妨长些。

例如：将一句通顺的句子，颠倒错乱的写着，中间故意夹杂无用的虚字，令学生把无用的虚字删去（加一横线在下面），就可以知道他是否懂得这句句子的意思。所删的虚字，可分为"介词"、"联词"和"助词"三类。

这早你何必来样得呀罢。

6. 证误法

此种方法，可以测验学生的认识能力是否正确，功用大致与审别法相似，不过手续上略有不同。

例如：将一句中意思用错的字，改正后写在后面括弧内，再加一横线在错字的下面。

民不潦生。

7. 缀句法

缀句法亦可以说是一种智力测验，可以测验学生国文程度的优劣。

例如：引用成语，另外缀一句通顺的句子。

＿＿＿＿＿＿＿以羊易牛。

8. 摹仿法

读书作文，要在平时能够吸收和变化；能够吸收变化，应用能力自会养成。摹仿法可以说是帮助吸收和变化的一种工具。

例如：照着一句成语，另外仿造一个句子。

富贵如浮云。

9. 翻译法

由文言译为白话，或由白话译为文言，可以使人知道文言和白话在文法构造上，有相同或相异的地方。并且一方面可以测验学生的思想是否敏捷。

例如：将成语翻译为白话。

不入虎穴，焉得虎子？

10. 订正法

订正法是测验学生有无当具的国文尝试，以证明他程度的优劣。

例如：考察一句句子所叙述的事实，是否正确，不错的在后面括弧内加一个"＋"记号，错误的加一个"－"记号。

(1) 诸葛亮是三国时人。（　　）(2) 李斯作大篆。（　　）

11. 标点符号法

举一段文字，令学生加以标点符号，可以知道他的读书能力如何。

例如：小学教员诸位朋友这国音留声机器可向中华书局订购片子每副四十元机器每架二十八元共计价洋六十八元假定集合三四十个人拼买不是每人只派到两元左右么

12. 分段法

此法可以测验学生对于一篇文字的理解力如何。

例如：山不在高有仙则名水不在深有龙则灵斯是陋室惟吾德馨苔痕上阶绿草色入帘青谈笑有鸿儒往来无白丁可以调素琴阅金经无丝竹之乱耳无案牍之劳形南阳诸葛庐西蜀子云亭孔子云何陋之有（唐刘禹锡《陋室铭》）

此外，在标准化考试中，广泛使用选择法，此法可判断学生的识记和阅读理解能力。如①：

隰斯弥见田成子。田成子与登台四望，三面皆畅。南望，隰子家蔽之。田成子亦不言。隰子归，使人伐之。斧离数创，隰子止之。其相室曰："何变之数也?"隰子曰，"古者有谚曰：'知渊中之鱼者不详。'夫田子将有事，事大而我示之知数，我必危矣。不伐树，未有罪也；知人之所不言，其罪大矣。"乃不伐也。

1. 蔽田成子者为：

（1）东向

（2）南向

（3）西向

（4）北向 …………………………………………………… （　　）

2. 隰子使人伐树，因：

（1）受田子之命

（2）欲取悦田子

（3）欲开辟田地

（4）听相室之言 ………………………………………… （　　）

3. 隰子忽又不肯伐树，因：

---

① 谢青等主编：《中国考试制度史》，黄山书社 1995 年版，第 545～553 页。

（1）立志不坚

（2）不忍见树木被创

（3）思及渊中之鱼

（4）虑田成子之忌 ……………………………………………… （　　）

这类文言文题目，首先要求考生要认真读懂题意，理解题意才可答题。由于干扰项具有一定的难度和迷惑性，可以考查学生的分析和判断能力。

综上所述，在科学主义思潮尤其是教育测量运动的直接影响和推动下，在现代教育、现代考试制度的规范和指导下，在继承、发展和革新传统语文考试的基础上，现代语文考试制度在 20 世纪上半期已初步形成。然而，科举遗风和复古思想还不断出现在标准化和非标准化语文测验和考试中。所有这些因素都阻碍了新法语文考试的顺利实施，考试的成绩很难客观地反映出学生的真实语文水平，尤其是白话文的听、说、读、写的实际程度，因此，语文考试的导向、督促、诊断和选拔等功能便得不到正常发挥。

思考与练习

1. 比较传统集中识字与近现代随文识字的优劣。

2. 简述近现代默读和朗读教学指导的方法。

3. 近现代听说教学述评。

4. 简述近现代语文学习思想。

5. 现代语文考试形成的动因分析。

第八章　当代语文教育

　　当代语文教育（新中国成立至 20 世纪末）是我国社会主义教育的一个组成部分，它如同整个教育事业的曲折发展变化一样，走过了一条起伏不平的道路。建国初期，当代语文教育以老解放区教育经验为基础，吸收国民政府时期的国文教学经验，借助前苏联教育的相关经验，进行初步改革。1955 年，实行汉语、文学分科教学。1958—1978 年是语文教育的一个曲折发展阶段。1958 年受大跃进的左倾思潮影响，语文教学改革进度、教材质量和教学质量都有所下降。经过 1961 年和 1962 年的的调整才逐步走上正轨。"文革"期间，我国的语文教学也逐渐走上被"革命"的道路。粉碎"四人帮"后，尤其是十一届三中全会以后，我国教育事业步入了一条健康发展的轨道。这一时期语文教育也进入了不断研究、革新、试验的新阶段。语文教育在这半个世纪里经历了起落沉浮，在识字写字教学、阅读教学、写作教学、听说教学、语文学习、语文考试等方面勾勒出曲折前行的发展轨迹。

第一节　识字写字教学

　　识字与写字教学是语文教育的基础。自 1904 年语文单独设科以来，汉字的认读和书写一直备受重视。1958 年汉语拼音方案的公布，为识字教学提供了科学的工具。1958 年到"文革"前，广大教师、教育科研人员对识字教学展开了讨论和实验，出现了生动活泼的局面。十年动乱期间，识字教学质量每况愈下。1978 年 2 月教育部颁布的 "新大纲"，总结了建国以来语文教学正反两方面的经验，是我国新时期进行语文教学改革的纲领性文件。在宽松的教育教学环境中，小学语文教学改革日益高涨，识字教学方法的改革试验取得了可喜的成绩，识字教学研究也非常活跃。

一、识字教学目标

20 世纪 50 年代初期，人们就发现小学语文教学中识字教学与阅读教学的矛盾，识字早晚与多少是制约阅读教学效率的关键因素。1956 年制定的《小学语文教学大纲》（草案）明确提出了识字是阅读的基础，汉字不是拼音文字，识字教学还不能在短时间内完成。关于识字教学的目标，在 "草案" 中明确规定小学第一、二学年的阅读教学以识字为重点，在这两年里比较集中地教会儿童认识必要数量（不超过 1 500 个）的常用汉字。有了这个基础，小学语文阅读教学才有可能提高质量和效率。

在总结历史经验的基础上，进一步重视汉字、汉语的特点。1963 年制定的《小学语文教学大纲》重申了小学语文教学的目标，即低年级以识字教学为重点，总识字量定位 3 500 个左右的常用字，一、二年级要教学生半数左右。识字任务集中在低年级，三年级以后识字量逐渐减少，重点放在读写方面。到 "十年动乱" 时期，识字教学改革遭到破坏，识字教学目标也落空了。

1978 年开始，我国教育再次步入正常的发展轨道。1978 年 2 月颁布的《全日制十年制学校小学语文教学大纲》规定："识字是阅读和写作的基础。在小学阶段要使学生学会常用字 3 000 个左右。前三年学会 2 500 个左右，为四、五年级较快地提高读写能力打下基础。"识字教学要改进方法，提高质量。要根据学生认识事物的规律、学习语文的规律和汉字本身的规律，教给学生识字方法，培养识字能力。

1986 年颁布的《全日制小学语文教学大纲》规定认识常用汉字 3 000个左右，要求掌握 2 500 个左右。养成良好的写字习惯。1992 年颁布的《九年义务教育全日制小学语文教学大纲》关于识字写字的目标规定学会汉语拼音，学会常用汉字 3 500 个左右。

经过多年的改革实验，人们对识字教学的目标定位更加明确，即小学阶段认识 3 000 字，中学阶段学会常用汉字 3 500 个。这一定位遵循了中小学生识字的规律，有利于他们识字能力的提高，同时也为阅读教学和写作教学的顺利开展打下了坚实的基础。

二、识字教学内容

建国初到 20 世纪末识字教材采用各种形式，旨在教给学生识字方法，培养识字能力。以识字教学内容为主要载体的识字教材为识字教学提供环境，把汉字的音、形、义结合起来，把识字与句子、阅读结合起来，激发学生的兴趣，达到识字的目的。

（一）语文教科书中的分散识字教材

1956 年，人民教育出版社根据《小学语文教学大纲（修订草案）》要求编订出版了一套教材。在这套教材中，识字教学部分采用大量集中安排，依据语言环境中教学的方法编辑识字教材。1978 年 2 月—1981 年 2 月，人民教育出版社根据 1978 年《全日制学校小学语文教学大纲（试行草案）》出版了全国五年制小学通用的小学《语文》课本。其识字教学的特点是：1. 一、二年级以识字教学为重点；2. 根据大纲规定，教材中的生字分为两部分，一部分要求把握，另一部分只需要了解意思就可以了；3. 汉语拼音用于教学后，编入拼音识字教材；4. 集中识字与分散识字交替进行，兼容并蓄。

1981 年，五年制小学语文课本根据《全日制五年制小学教学计划（修订草案）》进行改编。识字教材也做了调整，主要表现在：1. 识字方式要符合儿童的认识发展过程；2. 加强识字与识词的结合，在识词中识字；3. 加强识字与写字的联系。1984 年对五年制教材做了一些改进，出版了六年制小学语文通用教材。

1990 年 10 月，人民教育出版社出版了义务教育五年制小学教科书（实验本）《语文》，这套课本把识字量从 3 000 字左右降到 2 500 字左右，并且在低年级强调注音识字，注音学课文。该实验本教材 1990 年秋开始在全国试教。1992 年 4 月经全国教材审查委员会审查通过，列为义务教育教材之一。定稿本放缓了识字速度。

（二）实验教科书中的集中识字教材

集中识字教材有 20 世纪 50 年代末和 60 年代黑山北关集中识字教材，"文革"后，集中识字教材几经变化。在全国比较通用的是《小学语文新实验课本》，它以《小学语文实验课本——语文》为基础，以"集中识字·大量阅读·分部习作"实验教学大纲为依据，吸取了安子介先生对常用字的研究成果。以集中识字为基础，结合三十多年的教改实践取得的经验，逐册出版，不断修改、完善，不断提高完成的。在集中识字的道路上，这套教材有其独自的特点，其影响也是深远的。

（三）注音识字、提前读写的教材

1982 年，"注音识字，提前读写"开始实验，自编教材也随之开始使用。一年级、二年级用的是注音课本，三年级以后，教材由注音文章逐渐过渡到难字注音。1991 年 5—10 月，语文教育出版社出版了王均主编的"注音识字，提前读写"实验本《语文》（修订本）10 册。这套课本是根据九年义务制小学语文教学大纲编写的。修订本第 1～4 册，全部课文和课后练习都有注音，第 5～6 册，注音课文与非注音课文交替出现，第 7 册，只作难字注音。

三、识字教学方法

中国古代识字写字教学一般采用集中识字法和音韵化识字的方法。20 世纪初语文独立设科特别是"五四"以后多采用分散识字法，也叫做随文识字。建国后，在教学改革的新形势下，一些单位和个人着手进行识字教学改革实验，极大地推动了识字教学的发展。例如，生活教育科学分类识字法（黄剑杰，1952，安徽）、快速循环识字法（刘振平，1953，黑龙江）、分散识字法（斯霞，1958，江苏）、集中识字法（贾桂枝、李铎，1958，辽宁）、字族文识字法（鄢文俊，1960，四川）、部件识字法（白海滨，1960，河北）。改革开放以来，在宽松的教育教学环境下，语文教学改革日益高涨，识字教学方法的改革也取得了喜人的成绩。2000 年教育部召开的"小学语文识字教学交流研讨会"，系统收集了改革开放以来的 40 多种识字教学法。

（一）集中识字法

集中识字是我国传统的识字方法。1958 年，辽宁省黑山县北关实验学校教师贾桂枝、李铎共同进行集中识字法实验。具体方法有看图识字、以歌带字、以四声带字、形声字归类、用基本字带字等。其优点是：1. 便于突出识字的重点和难点，即字形；2. 便于体现汉字构字规律，便于学生去独立分析认识更多的新汉字；3. 便于培养学生的观察、分析、综合、比较等能力；4. 促进了大量的阅读、提早写作。[①] 从此，"基本字带字"就成了集中识字的最主要方式。

北京景山学校于 1960 年成立后就立即采用了"黑山经验"。1980年 4 月，中央教育科学研究所在辽宁锦州市和黑山县召开了全国集中识字经验交流会。此次会议后，集中识字实验在全国更大规模地开展起来。

（二）分散识字法

分散识字法又称随文识字法，它是伴随着新式学校的兴起而产生的。边识字边读书，寓识字于阅读教学之中，成为近代小学识字教学的主要方法。

1958 年南京师范学院（今南京师范大学）附属小学斯霞老师，对这种方法进行了新的试验和创造。斯霞是当代分散识字教学流派的代表人物。随文识字法最大特点是"字不离词，词不离句，句不离文"[②]。其优点是：1. 符合儿童的认知规律和汉字规律；2. 注重引导学生掌握识字方法，提高识字教学的效率；3. 强调语言环境，有助于儿童语言和智力的发展。其不足是：1. 对汉字规律重视不够。教师对汉字理据缺乏应有的认识，不能引导学生建立音形义的必然联系，致使学生陷于机械记忆。2. 未能获得最佳的识记效果。这种教学法主要以字义作为

---

① 宋增林：《识字教学的历史回顾与粗浅分析》，《甘肃教育》2005 年第 4 期。

② 斯霞：《对随课文分散识字的看法》，《课程·教材·教法》2001 年第 2 期。

识记的线索，未能突出汉字的理据，加上汉字具有多义性，在具体的语言环境中的字义往往不是本义而是引申义，故难于建立音形义的内在联系。3. 识字进程缓慢，低年级识字量不多，对阅读能力的尽早培养和提高形成一种制约。[①]

（三）注音识字法

也称作"注音识字，提前读写"，是指利用标音符号帮助识记汉字，解放前在小学已经盛行，那时标音用的是"注音符号"。1958 年《汉语拼音方案》公布后，改用汉语拼音字母给汉字注音。自此，注音识字法得到普遍推行。1982 年，黑龙江省在佳木斯第三小学、讷河县实验小学等学校开展"注音识字，提前读写"实验。注音识字法是该项实验的一个组成部分。该实验的基本特点是：1. 从发展语言的基本任务出发，强调思维训练，提高语言能力，一改过去"重文轻语"的缺陷；2. 充分发挥汉语拼音多种功能，提前进行读写训练；3. 教学中设立了单独的写字课，在写字课中融入汉字知识，注重识字与写字的有机结合。这种教学法绕开汉字识记，直奔学习书面语言，在前期确实效果显著，但汉字最终是要识记的，字形认知始终处于模糊状态，这对阅读向纵深拓展必然是一个"瓶颈"。[②]

（四）部件识字法

部件识字法古代已有，当代人在运用的过程中又进行了创新。1980 年沧州地区教研室和沧州地区部件识字教研组成立部件识字教研组，并展开实验。用部件识字法教学，首要的工作是对汉字进行分解；其次是在分解的基础上对汉字的部件进行定量、定名、定位、定序；再次，在分析的基础上对汉字进行综合。部件识字法是一种析形识字法。它突出识字规律和分析方法，学生掌握后能举一反三，自行识字，独立地分析字形，从而提高了自学汉字的能力。[③]

[①] 宋增林：《识字教学的历史回顾与粗浅分析》，《甘肃教育》2005 年第 4 期。
[②] 宋增林：《识字教学的历史回顾与粗浅分析》，《甘肃教育》2005 年第 4 期。
[③] 苏静白：《部件识字和语言训练的系列化》，《河北教育》1986 年第 11 期。

四、写字教学

写字在古代称之为"书"。许慎在《说文·序》中给"书"下的定义："箸于竹帛谓之书，书者如也。"写字是随着文字产生而产生的。建国后，我国的写字教学延续了近代写字教学的做法。小学、初中和中等专业学校都设有写字课，但课程的名称不统一，课时也不一样。一般写字练习的时间比较多，大部分学校天天都要求学生练习写字，学校很重视写字教育。

1962 年，教育部明文规定，写字教学的任务是指导学生正确书写汉字，所以叫"写字课"，不叫"书法课"。对写字课的性质做了界定。1962 年 8 月，郭沫若在为培养中小学生写好字的题词中写道："培养中小学生写好字，不一定要人人都成为书法家，总要把字写得合乎规格，比较端正、干净、容易认。"这段题词对我们认识写字教学的目的和任务很有帮助。

1963 年 7 月，教育部《关于实行全日制中小学教学计划（草案）的通知》中指出："语文课包括讲读、作文、习字……低年级习字可以和讲读结合安排。"① 同年，教育部还专门发出《加强中小学生写字教学的通知》，肯定了当时写字教学成绩，同时指出存在的问题。在加强写字教学方面，通知提出了六条意见：一、设写字练习课，明确写字教学具体要求；二、以国务院公布推行的标准使用简化汉字；三、指导学生练习写字，主要用铅笔、钢笔写小字；四、各科教师都要对学生写字提出严格要求；五、各级教师要重视写字教学；六、要求有关部门生产、供应必要的字帖、纸张、文具等。"文革"期间，写字教学被削弱，甚至写字课业被取消。学生写字处于自流状态，字写得很差。

1980 年，《文汇报》刊登《从高考试卷看提高中小学质量》一文，提出："在各科试卷中，文不成文、段不成段、字不成字和错字连篇的现象比较突出。"产生错别字的具体原因就是没有受过正规的写字训练。

① 顾黄初主编：《中国现代语文教育百年事典》，上海教育出版社 2001 年版，第 425 页。

1984年，陈云同志提出："在今后很长的时间里，汉字仍会是我们的书写文字，因此，让孩子们从小把字写好很重要。"①

学校重视并改进写字教学，经验越来越丰富。这些都集中反映在教育部颁布的几次小学语文教学大纲里。概括如下：

1. 写字教学同识字、阅读、作文教学是相辅相成的，明确写字教学的主要任务是培养儿童写字的技巧，要求写得正确、端正，有一定的速度；

2. 重视写字教学进行的顺序，结合识字教学做写字练习，结合阅读教学、作文教学做部分生字的练习，用习字帖进行写字练习；

3. 写字教学中教给儿童写字的基本知识，使儿童掌握汉字的结构、书写的笔画、书写的方法，培养儿童的写字能力；

4. 重视写字教材的编选，把儿童认识的字，依据字形加以选择，并按照便于比较异同以及逐渐由易而难的原则加以安排。

《九年义务教育全日制小学语文教学大纲（试用）》指出："写字是一项重要的语文基本功，是巩固识字的手段……必须从小打好写字的基础。""小学写字教学的目的：使学生会写铅笔字和钢笔字，学习写毛笔字，培养学生正确书写汉字的能力；巩固识字教学成果……养成认真细心的学习态度和良好的意志品质。"②

总之，建国后写字教学取得了一些有益的经验，但由于对过去和现在写字教学经验总结得不够，以及特殊时期的不良影响，写字教材未能配套等原因，致使写字水平的提高较为迟缓。

第二节　阅读教学

阅读教学及其研究工作在这半个世纪得到了前所未有的发展。首先，阅读教学及语文科的性质、目的逐步明确；其次，编制了全国统一

---

① 教育部：《关于加强中小学生写字训练的通知》，(84)教初字014号，1984年11月19日。
② 课程教材研究所主编：《20世纪中小学课程标准·教学大纲汇编》，人民教育出版社2001年版，第232页。

使用的语文教学大纲和教材，并在实践中不断修改完善；再次，继承和吸收了国内外科学的教育理论，同时，积极开展各种实验，探索阅读教学的客观规律，逐步建立了具有中国特色的阅读教学科学理论。

当代阅读教学作为当代语文教育的一个重要组成部分，其发展过程与整个语文教育的发展过程基本同步。本节我们将从定名革新阶段（1949—1953）、分科教学阶段（1953—1958）、调整与停滞阶段（1958—1978）、改革发展阶段（1978—20世纪末）四个阶段来阐述当代阅读教学的目标、内容及方法。

一、阅读教学目标

新中国成立以来的几部教学大纲，在阅读教学方面的教学要求是逐步明确、逐步提高的。义务教育语文教学大纲对阅读教学的理解程度、阅读方式、阅读能力、阅读习惯、阅读速度、智力开发等目标都作了明确规定。在中小学阅读教学目标的制定上也更加衔接。

（一）定名革新阶段的阅读教学目标

建国初期，国家没有以文件形式对阅读教学目标作出明确的规定。1948年8月，叶圣陶起草了《中学语文科课程标准草案》。这一草案没有成为正式文件，但凝聚了叶圣陶几十年的语文教育思想，代表了建国前后一段时间内国家对语文教育目标的各项规定和要求。

"草案"在阅读方面提出了具体要求："初中能够自由阅读各种书籍、报纸、杂志、文件，遇到有疑难，凭自己的翻检和参考大部分能够解决。""高中的阅读包括文艺欣赏……为接受以前的文化，为参考需用的书籍，高中学生有通解文言的必要。"这个"目标"充分体现了社会主义国家阅读教育的要求和特色，奠定了建国后制定课程标准的基础。

（二）分科教学阶段的阅读教学目标

1956年6月，教育部颁布《初级中学文学教学大纲（草案）》和《高级中学文学教学大纲（草案）》。阅读教学的目标集中体现在这两个大纲中。

《初级中学文学教学大纲（草案）》对初中文学教学提出了教养和教育两方面的任务。初中文学的教养任务，是在小学语文教学的基础上，

（1）指导学生学习更多的文学作品，领会这些作品的思想内容和艺术形式；（2）结合文学作品的教学……帮助学生更好地领会文学作品；（3）指导学生在学习文学作品的过程中……学习用口头语言和书面语言明确地表达思想感情。通过这样的教学，就可以提高学生阅读、理解和欣赏文学作品的能力和运用语言的能力，就能养成他们阅读文学作品的兴趣和习惯，就能扩大他们对生活的认识。[①] 高中的教养任务、教育任务和初中相同，在初中的基础上继续提高。

汉语、文学教学大纲颁布后，阅读教学的目标开始明确，结束了无纲可循的状态，促进了阅读教学的发展。

（三）调整与停滞阶段的阅读教学目标

1959 年 6 月到 1961 年底，上海《文汇报》开辟专栏，发起并组织了"关于语文教学目的任务"和"怎样教好语文课"的讨论。经过这次讨论，人们对语文教学目的任务的认识逐渐明确。

1963 年 5 月颁布的《全日制中学语文教学大纲（草案）》，对初中阅读教学提出了"进一步提高阅读能力"、"基本上掌握现代语文"、"为获得初步阅读文言文的能力打下必要的基础"等要求；对高中阅读教学则提出了"继续提高阅读能力"、"正确理解现代语文"、"具有初步阅读文言文的能力"等要求。这些规定，对中学阅读教学目标的确定起到了重要作用。

"文革"期间，阅读教学目标名存实亡。

（四）改革发展阶段的阅读教学目标

1978 年制定、1980 年修订的《全日制十年制学校中学语文教学大纲（试行草案）》对初中和高中的阅读教学提出了具体的要求："初中阶段，学生能够阅读通俗的政治、科技读物和文艺读物……理解文章的内容……学会使用一般的字典和词典。"[②] "高中阶段，学生能够比较熟练地阅读一般的政治、科技读物和文艺读物，能够阅读浅易文言文。"[③]

---

① 课程教材研究所主编：《20 世纪中小学课程标准·教学大纲汇编》，人民教育出版社 2001 年版，第 333 页。

② 同上，第 458 页。

③ 同上，第 459 页。

1986 年 12 月，在 1980 年大纲的基础上，国家教委制定和颁布了《全日制中学语文教学大纲》。相对于 1980 年的大纲，这个大纲对阅读教学的要求更加全面，表述更加具体。1990 年，国家教委对 1986 年大纲作了修订，颁布了《全日制中学语文教学大纲（修订本）》，对阅读教学提出的要求是："初中阶段……阅读一般政治、科技读物和文艺读物，能理解思想内容，分清层次，领会词句的含义，具有一定的语言感受能力……熟读、背诵基本课文的一些篇或段……会使用常用的字典和词典。"① "高中阶段，在初中的基础上，进一步提高现代语文的阅读能力……能比较熟练地阅读一般政治科技读物和文艺读物……能借助工具书阅读浅易文言文。"② 1992 年，《九年义务教育全日制初级中学语文教学大纲（试用）》对初中学生的阅读能力提出了切实的要求："读现代文，能理解思想内容……具有一定的语言感受能力……初步掌握基础的阅读方法。能背诵基本篇目中的一些精彩片段。读文言文，能顺畅地朗读，能背诵一些基本课文……"③

在以上各大纲对阅读教学目标的规定中，我们可以看到，阅读教学的目标伴随着整个语文教育的目标不断发展。

二、阅读教学内容

建国后，阅读教学面临的重要任务就是改革旧的教学内容，编写新的阅读课本。我国语文教材一直实行编审一体的政策，全国各地大都采用统编教材，这种做法曾起过积极的作用。但随着时代的发展，特别是在改革开放的新形势下，为了适应需要，国家教委于 1988 年提出教材要实行"编审分开"、"一纲多本"的政策。这不仅有利于促进教材的发展，同时也使教材建设出现百花争艳的新局面。教材是教学内容的主要呈现形式，在此以教材为重点讲述阅读教学内容的发展。

---

① 课程教材研究所主编：《20 世纪中小学课程标准·教学大纲汇编》，人民教育出版社 2001 年版，第 503 页。

② 同上，第 524 页。

③ 同上，第 492 页。

（一）定名革新阶段的阅读教学内容

"语文"科定名后，1951 年，宋云彬、朱文叔、蒋仲仁等编写了《初级中学语文课本》（共六册）和周祖谟、游国恩等编写了《高级中学语文课本》（共六册）。1953 年，这两套课本修订改编后作为全国通用教材重新出版，以后逐年有所修改，一直沿用到 1956 年。这两套教材全国首次通用，具有思想性强、选文种类多等特点。但内容比较单薄，系统性不强。

（二）分科教学阶段的阅读教学内容

汉语、文学分科后，阅读教学主要通过文学课进行，在汉语课中进行阅读基本知识的教学。初中文学课本共六册，包括民间口头文学、古典文学、现代文学和以苏联文学为主的外国文学作品。高中文学课本共六册，包括中国文学作品和结合作品讲授的系统的中国文学史基本知识；外国文学作品；文学理论的基本知识。这套课本的使用前后不到三年。由于未进行完实验，无法进行全面、系统的评价。作为建国后语文教学的一次重大改革，其成果和教学为以后的改革试验提供了有益的借鉴。

（三）调整与停滞阶段的阅读教学内容

1958 年秋，人民教育出版社在没有教学大纲的情况下，编辑出版了一套《语文》课本。这套课本对阅读基础知识的教学和阅读基本能力的培训提出了不切实际的高要求。1961 年，《十年制学校中学语文课本》（试用本）出版，全套十册。课文分讲读、阅读两种。编者认为"多读多练是提高阅读写作的主要方法"。这套课本的选文、编排和加强读写训练等方面都体现了加强语文教育的指导思想，一定程度上纠正了"大跃进"时期语文课本的偏向和缺点。

1963 年，根据新颁布大纲的精神，编写了一套中学《语文》课本。这套课本"以培养学生阅读能力和写作能力的顺序为主要线索，组织由浅入深、循序渐进的体系"，各年级都有不同的教学重点。课文数量有所增加，选材更为广泛。这套教材是在"语文教学目的任务"大讨论后编成的，并以新的教学大纲为依据，因此在体系、编排、选文的质量上都有较大的改进。

"文革"期间没有统一的阅读教材，各地自编教材，情况极为混乱。直到 1977 年 9 月开始，重新编写了十年制学校的中学语文课本。

（四）改革发展阶段的阅读教学内容

1980 年、1983 年做了调整，增编了高中五六册，成为全国通用教材。这套教材在精选文章、编组单元的同时，把注释、练习和语文知识短文作为课本的重要组成部分。修订后的课本，每册选文 30 篇，分讲读和略读两类。

1986 年 12 月，根据《中学语文教学大纲》的精神，人民教育出版社对 1983 年语文课本做了修订，并与 1988 年秋和 1989 年春起供全国使用。这套教材增加了课文数量，更新了课文内容，编排也更合理。在阅读训练方面注意到课内的专门训练，同时也注意到课外阅读的引导。以选文讲读为主线，阅读的训练线索更清楚，也更容易把握。1988 年，国家教委主持编订了《九年义务教育全日制初级中学语文教学大纲（初审稿）》，为编写义务教育初中语文教材和实施教育提供了依据。1990 年，在《全日制中学语文教学大纲（修订本）》的基础上，初高中语文教材也做了相应的调整。

与此同时，全国各地纷纷开展改革实验，编写实验教材。一是分编单册，比如，1980 年，辽宁欧阳黛娜主编的初中三年级《阅读》和《写作》；1981 年开始实验的由中央教育科学研究所编的初中实验课本《语文》与《作文》；1982 年，"六年制重点中学"使用的初中《阅读》、《写作》分编本，其中《阅读》课本每册 40 课，比当时通用教材多 10 课，阅读量大，知识面宽，选文短小精美，适合青少年心理，能引起浓厚兴趣；1983 年，"三年制初级中学"使用的《阅读》、《作文·汉语》分编本等。二是分编合册，在一册书中分别编有《阅读》和《表达》两个部分，例如，上海九年义务教育课本《语文》。1993 年秋季开始，全国各地不同版本、不同体系的教材很多。

三、阅读教学方法

当代阅读教学方法的改革是语文教育改革中最有成就的方面之一，

是语文教学方法改革的重要组成部分。不同历史时期阅读教学，对应不同的教学目标及教学内容，会产生不同的教学方法。

（一）定名革新阶段的阅读教学方法

建国初期，阅读教学主要采用"课堂民主讨论法"，改变了"教师讲，学生听"的传统教授法。一方面与当时师生水平相适应，有利于启发学生积极思考，联系生活实际，引起学生的兴趣，培养学生的口头表达能力；另一方面与当时强调思想政治教育的要求相适应。但过于重视思想内容，忽视语文知识方面的学习，教师的作用不能很好地发挥。所以"等到提出加强课堂教学，加强教师的主导作用以后，'课堂的民主讨论'之风逐渐息止了，然而学生在课堂上的必要活动也同时息止了"①。

（二）分科教学阶段的阅读教学方法

建国初到 50 年代中期，我国十分注重学习苏联的教育理论和方法。"红领巾"教学法是一个典型的例子。1953 年 5 月，北京师范大学教育系学生在实习期间举行了一次中学语文观摩课，教的课文是《红领巾》。普希金教授肯定了这堂课的优点以后，也集中批评了当时流行的教学方法，同时还提供了积极的建设性的具体做法。普希金教授提出："把课文割裂成一片一片地去教，不能让学生获得完整的印象……把课文逐字逐句嚼得像粥一样烂，然后喂到学生嘴里；教师过高的积极性使学生的思维处于睡眠状态中。"② 课后，中文系的学生依据普希金的意见对《红领巾》重新进行教学设计，于 1953 年 5 月 27 日在北师大女附中再次试教，得到了各方高度评价，并迅速在全国掀起了学习热潮，被称为"红领巾"教学法。

这次教学方法的改革存在着明显的弊端：一是各地盲目照搬《红领巾》一课的教学方式，使之流于形式；二是片面强调谈话法的重要性，不顾语文教学的特点和内容，强调文学因素多于语言因素。针对这一倾向，1954 年 1—3 月，《人民教育》发表了有关语文教学改革讨论，通

---

① 《稳步地改进我们的语文教学》：《人民教育》1953 年 7 月。

② 叶苍岑主编：《中学语文教学通论》，北京教育出版社 1984 年版，第 79 页。

过讨论，语文教改得以正常发展。

（三）调整与停滞阶段的阅读教学方法

1958 年，语文教育受"左"的思潮影响，语文课成了直接为政治服务的手段。阅读教学陷入简单化、形式化的倾向。60 年代初，阅读教学中提出了加强基础知识学习和基本技能训练的要求。语文教材中文言文的比重有所增加，学生阅读有一定困难，于是逐字逐句地串讲，并在讲解的基础上加以分析，这种"串讲法"得到了广泛的运用。"串讲法"在一定程度上有利于学生的阅读能力特别是文言文阅读能力的提高。但一味地串讲，尤其是教现代白话文也一味地咬文嚼字，不利于调动学生的思维，也不利于学生养成边读书边思考的习惯。基于此，北师大女附中提倡实行"少而精"、"启发式"的教学法，很快在全国推广，"精讲多练"的方法也普遍实行。阅读教学方法的改革又前进了一步。

"文革"期间，阅读教学乃至整个语文教学的成果都遭到了摧残，青少年阅读能力的发展也受到了严重的影响。1976 年粉碎"四人帮"以后，阅读教学才逐步走上正轨。

（四）改革发展阶段的阅读教学方法

党的十一届三中全会以后，阅读教学方法的改革实践成果很显著。其共同之处在于重视学生的主体地位，重视学法的指导。进入 80 年代以来，随着"学生是学习的主体，教师是教学的主导"这一教学思想的深入，一方面阅读教学方法的改革实验尤为活跃，比如上海市语文特级教师钱梦龙的"三主四式"语文导读法，浙江语文特级教师蔡澄清的"点拨教学法"，河南师范大学文学院曾祥芹教授提出的"新概念阅读教学"散发训练体系，北京市特级教师顾德希承担的"高中语文阅读教学研究"，北京市特级教师程汉杰主持的"快速阅读实验"等；[①] 另一方面，阅读教学中既重视语言教学，又重视智力发展，许多教师在传授语言知识、培养阅读能力的过程中，注重发展学生的观察力、记忆力、思考力、想象力和联想力，尤其是将语言训练和思维训练相结合。此外，

---

① 耿红卫著：《语文教育新论》，长江出版社 2007 年版，第 4～5 页。

随着"第二课堂"的开辟，阅读教学不再局限于课堂教学，这对提高学生的阅读能力是十分重要的。

第三节　写作教学

建国初期，并没有对写作教学提出明确的教学要求。汉语、文学分科教学时期，写作教学主要通过文学教学来体现。"大跃进"时期受"左"的思想的影响，写作教学被忽视了。1960 年，进入国民经济调整时期，新的大纲对写作教学提出了比较具体的要求。粉碎"四人帮"以后，特别是十一届三中全会以来，语文教学有了明确的指导思想，对写作教学的要求也逐渐明确，有了新的发展，20 世纪末达到空前的繁荣。

一、写作教学目标

建国以来颁布的几部教学大纲，对写作教学目标的规定越来越清晰，越来越有利于写作教学的发展。在不同的历史时期，写作教学的目标体现出不同的特点。

（一）定名革新阶段的写作教学目标

建国初期，小学国语科、中学国文科改为语文科，目的就是为了把"语"和"文"结合起来，更好地培养和提高学生的听、说、读、写的能力。1954 年，在改进小学语文教学的初步意见中指出："叙述和作文教学的目的在培养儿童能够在说话、写作上正确地自由地表达自己的思想感情。……写作教学应该在说话教学的基础上进行。"① 对培养儿童的口头表达能力起了重要作用，促进了作文教学质量的提高。

（二）分科教学阶段的写作教学目标

1956 年，《小学语文教学大纲（草案）》指出作文教学的任务是："提高儿童运用语言的能力，教会儿童用口头语言和书面语言通顺连贯

---

① 课程教材研究所主编：《20 世纪中小学课程标准·教学大纲汇编》，人民教育出版社 2001 年版，第 78 页。

地表达自己的思想。"① 大纲贯彻实施以后，作文教学质量有了显著的提高。1956 年颁布了《初级中学文学教学大纲（草案）》、《高级中学文学教学大纲（草案）》，两个大纲都是从文学的角度提出了写作教学的要求，重在学习文学语言和文学表现方法。1957 年，人民教育出版社草拟了《中学作文教学初步方案（草稿）》，虽没有公开发表，但也促进了作文教学的发展。

（三）调整与停滞阶段的写作教学目标

1958 年，受极"左"思潮的影响，中小学的作文教学片面强调政治性、思想性，导致中小学作文教学质量严重下降。1963 年，《全日制中学语文教学大纲（草案）》对初高中写作教学分别提出了比较具体的要求：初中阶段要求"作文能够段落分明，语句清晰，用词适当，正确地使用标点符号，字写得端正，不写错别字"②，高中阶段要求"作文能够思路畅达，文理通顺，用词确切"③。较之之前的《大纲》对写作教学的要求更加具体。

（四）改革发展阶段的写作教学目标

1978 年制定、1980 年修订的《全日制中学语文教学大纲（草案）》对作文教学提出了明确的要求，初中阶段"能写一般的记叙、说明、议论文章，做到观点正确，内容具体，条理清楚，语句通顺，会使用标点符号，字写得正确整齐"④，高中阶段"能写比较复杂的记叙、说明、议论的文章，做到观点鲜明，内容充实，结构完整，中心明确，语句流畅"⑤。这个大纲在作文教学方面的要求是对 1963 年大纲的继承与发展。

1988 年、1992 年《九年义务教育全日制小学语文教学大纲》的"初审稿"和"试用本"先后问世。作文教学的具体要求调整为"有中

---

① 课程教材研究所主编：《20 世纪中小学课程标准·教学大纲汇编》，人民教育出版社 2001 年版，第 132 页。

② 同上，第 416 页。

③ 同上，第 417 页。

④ 同上，第 459 页。

⑤ 同上，第 459 页。

心，有条理，内容具体，语句通顺，感情真实，思想健康"。较之之前的教学大纲要求更明确，更有利于作文教学开展。

二、写作教学内容

写作教材是写作教学内容的主要体现形式。建国后，写作教材的编写发展是缓慢的。从最初语文教材中没有系统的写作教学内容，到在语文教材中注意到写作教学内容的编排，再到编订专门的写作教材，写作教学内容在这个过程中也逐渐明确、具体。

（一）定名革新阶段的写作教学内容

"语文"科定名后，当时的小学教材选文时，把读得上口、听得入耳的文章作为入选的条件。这也推动了作文教学的发展，提高了作文教学的质量。1951 年出版的初中、高中两套教材对写作教学部分未编入系统的内容，只在后面的练习中安排有一些做法练习，比较零散。

（二）分科教学阶段的写作教学内容

汉语、文学分科后，作为语文教学的一项重要内容的写作教学就被提了出来。分科教学后，写作教学是不能削弱的，需要加强落实写作教学的具体措施。1956 年三四月间，中央语文教学问题委员会负责人胡乔木约见了中学语文编辑室负责人张毕来和吴伯箫二人，提出了要解决分科后的作文教学问题，主张编独立的作文教学方案和教材。① 1957 年，人民教育出版社中学语文编辑室草拟了《中学作文教学初步方案（草稿）》，但由于种种原因，这个方案当时没有公开发表。②

"方案"对初中和高中各年级作文教学的具体内容也做了明确说明。"方案"还指出，中学作文教学，必须要有固定的教学时间，有与文学课和汉语课相适应的教学内容，与学生的实际生活相结合，符合学生年龄特征的作文教材。还提出了作文教材编排的原则。只是由于种种原因，当时没能及时编出作文教材，分科教学实验就停止了。

---

① 张毕来著：《语文分科教学回忆》，人民教育出版社 1984 年版，第 32 页。
② 《附录》，张定远编：《作文教学论集》，新蕾出版社 1982 年版，第 445 页。

（三）调整与停滞阶段的写作教学内容

"大跃进"时期的语文课本，片面强调思想政治教育，忽视写作教学内容。1961年，新编的十年制学校中学语文课本（试用本）就比较注意写作教学，初中三个年级的课本主要按照记叙、说明、议论的顺序编排，并在练习里编入了有关写作方面的习题。高中课本的编排方式大体与初中相仿，着重培养议论能力。1963年，新编的课本对有关写作教学的内容，在1961年十年制中学语文课本（试用本）的基础上，作了修改和补充。例如，每册都组成有关的重点单元，编入有关的读写知识短文和练习。1963年，《新编十二年制中学语文课本》突出各年级读写训练重点。

"文革"时期的作文教学被纳入了所谓"革命大批判"的轨道。当时的语文教材对于作文教学的内容是有所显示的。1972年以前，主要批判"十七年黑线统治"；1973年以后，主要是"评法批儒"。当时的作文教学也被政治化了，作文教学内容也是围绕阶段斗争来选材。

（四）改革发展阶段的写作教学内容

1977年开始编写、1978年作为试用本发行的《中学语文课本》，1982年修订出版为正式本，后几经修改成为全国通用本。这套课本加强了课本的练习里有关写作训练的习题，还在每册课本的重点单元后边编入单元练习，作为写作训练的重点。与此同时，全国各地纷纷拟定教材改革方案，编写实验教材。

1988年，国家教委提出"编审分开"、"一纲多本"的政策，语文教材建设出现了百花争艳的局面。1992年全国义务教育初中语文通用教材有九套。1993年秋季开始，全国各地不同版本、不同体系的教材很多，也有一些专门的写作教材。例如，"人教分编本"《作文·汉语》，"辽宁本"《写作》，"三级训练本"初中"作文三级训练"等。作文内容的编排体系多种多样，小学作文教材编写，有的从练习写一句话、一段话到一篇文章，有的从自命题到命题作文。中学作文教材有交叉训练体系、表达能力训练体系、知识—能力训练体系等。

三、写作训练体系

叶圣陶说:"世界如果有所谓作文方法,也不过顺着说话想心思的自然规律加以说明而已。"① 所谓写作教学方法,也就是怎样指导学生"顺着说话想心思的自然规律加以说明"。建国后到 20 世纪末,广大语文教育者对写作训练体系进行了深入的研究和探索,设计了多种写作训练体系。经过反复的实验,有的已经初见成效。主要有以下几种:

(一)文体训练体系

这是一种传统的训练方法,形成于 20 世纪 20 年代。这种体系是按照文章体裁为训练序列,先记叙文、再说明文、后议论文,应用文贯穿整个初中阶段;高中阶段反复、深化。建国后颁布的几个大纲都基本按照这种写作训练体系。

国内外出现的一些实验方案,多是随着有关学科的研究以及现代社会日益强调发挥书面语言的社会功能的趋势,对这一体系充实了新的内容,并派生出许多同中有异、各具特色的训练系统。

(二)"三级训练"体系

"三级训练"体系是北京市刘朏朏、高原夫妇合作创立的。所谓"三级训练"是指观察训练、分析训练、表达训练依次分为三个台阶进行训练。该体系把整个训练过程设计为三级六段四十四步,一步一步进行训练,同时相应地采用写观察日记、观察笔记、分析笔记、预感随笔和章法随笔的方式指导学生多角度地练笔,取消了一般命题作文的方式。这种体系从 1977 年开创以来因创意新颖而赢得了语文界的广泛关注。② 参加实验的有两千多个教学班,分布全国各地。这种训练体系在国内影响较大,颇有成效。

(三)"分格训练"体系

1980 年,牡丹江农垦师范学校中文科教师常青创立"写作基本训练分格教学法",也就是写作基本能力分格教学的训练体系。他把作文

---

① 叶圣陶著:《叶圣陶语文教育论集》(下册),教育科学出版社 1980 年版,第 453 页。
② 李杏保、顾黄初著:《中国现代语文教育史》,四川教育出版社 2000 年版,第 351 页。

训练的内容分为四大块，即观察能力训练、想象能力训练、语言运用能力训练和主要问题基本表达训练。从这四大块的训练内容又分解出 265 个 "格"。在训练教材中，把每个 "格" 的公示、定义、例文和作业编列出来进行 "分格训练"。他的目的是建立 "从观察、思考、语言、各类文体表达能力几个方面，建立起比较科学的、系统的基本功训练体系" 来。"分格教学法" 提出后，引起一部分教师的好奇，也引起了众多的议论。[①]

（四）"五步四法二课型" 快速作文训练体系

湖北省特级教师杨初春构建了 "五步四法二课型" 快速作文训练体系。所谓的 "五步" 是指，基础训练、思维训练、速度训练、技巧训练、综合训练；"四法" 是写作周期限时法、指导现实后虚法、评阅浏览自改法、训练分步强化法；两种课型：写作实践课和理论指导课。该训练体系对学生作文水平的提高起到了积极作用。

另外，还有欧阳黛娜的 "三阶段" 作文教学法、丁有宽的 "读写结合五步训练体系"、钱梦龙的 "读写结合" 写作训练体系、中央教科所的 "文体、过程双轨训练" 体系、扬州师范学院的 "三线并行" 写作训练体系等。

第四节　听说教学

语文听说教学是学生在教师指导下所进行的有目的、有计划的训练听说能力的课内外实践活动。它以训练学生听说能力为目的，是中小学语文教学的基本内容。听说教学被正式提上语文教育议事日程的时间不长，虽然广大有识之士对此作了许多有益的探索，但在实践积累上，毕竟远不能跟有了数千年历史的读写教学相比。因此，作为以指导听说教学实践为根本使命的目标体系，还处于新兴阶段，无论其科学性或艺术性都有待于进一步完善。

[①] 顾黄初主编：《中国现代语文教育百年事典》，上海教育出版社 2001 年版，第 525～526 页。

建国后，1950 年《初中语文》的《编辑大意》里确定了听话教学的地位。1980 年，鉴于当时中小学语文教学仍然不重视听话和说话教学，叶圣陶强调说："有人认为语文课就是教学生写文章，读也是为了写。在过去的社会里确实是这样，读书是为写文章做准备的，能写文章才可以参加科举考试。现在教学生可不是让他们去应对考试，咱们是要让他们掌握工作和生活必要的本领。所以听、说、读、写四样应该同时看重，都要让他们受到最好的训练。"① 所以，听说能力是学生必须具备的能力。

一、听说教学目标

听话教学的根本目标就是培养学生迅速接收口头语言的能力，以促使他们更积极、更主动、更广泛、更准确、更有效地获取知识，提高能力。说话教学的主要目的是培养学生根据不同场合、对象、心境和话题，在短暂的时间内，把思想意识转化为有声语言表达的能力，也就是说话能力。

（一）定名革新阶段的听说教学目标

建国初期，我国语文教育没有大的发展，依旧延续以前的语文教学方法，教学大纲也没有明确规定听说教学的目标。叶圣陶在 1950 年出版的《初中语文》的《编辑大意》里，才确定了听话教学的地位："说出来是语言，写出来是文章，文章依靠语言，'话'和'文'是分不开的。语文教学应该包括听话、说话、阅读、写作四项。因此，这套课本不再用'国文'或'国语'的旧名称，改称'国语课本'。"这说明，在中华人民共和国建国之初，就已确定了听话教学在语文教学中的地位了。1955 年的《小学语文教学大纲草案》（初稿）进一步巩固了听说教学的地位，要求在其准备课中从口头语言的听和说里初步建立句子、词和音节的观念，并发展儿童对于语音的听觉。②

---

① 徐龙年：《叶圣陶：语文学习要听、说、读、写四者并重》，《当代教育论坛》（教学版）2007 年第 4 期。

② 课程教材研究所主编：《20 世纪中小学课程标准·教学大纲汇编》，人民教育出版社 2001 年版，第 102 页。

　　初步确立听说教学的地位对语文教学有很大的积极影响，为以后全面发展学生的听说读写能力的教学主张奠定了基础。

　　（二）分科教学阶段的听说教学目标

　　1956—1958 年我国实行文学、汉语分科教学的策略，这其中有利有弊，但却促进了语文听说教学的发展。1956 年的《小学语文教学大纲》（草案）明确指出"小学语文科的目的在于提高儿童的语言能力，培养儿童正确地听、说、读、写的技巧"，并详细规定了听说教学的目标：（一）提高儿童听的能力。能够听懂普通话。听人说话，听人演讲、报告，都能够了解对方的意思，能够抓住要点，能够扼要转述。（二）提高儿童说的能力。能够说普通话。对个人或公众能够说出自己的意见，口齿清楚，意思明确，有条理，不啰唆，让人一听就懂。[①]

　　汉语教学中的正音教学、词汇教学都是听说教学的目标。

　　（三）调整与停滞阶段的听说教学目标

　　1959 年 6 月到 1961 年底，上海《文汇报》开辟专栏，发起并组织了"关于语文教学目的任务"和"怎样教好"语文课的讨论。经过这次讨论，人们对语文教学目的、任务的认识逐渐明确。1963 年 5 月教育部颁布了《全日制小学语文教学大纲》和《全日制中学语文教学大纲》，从大纲中可以清晰地看出，这一阶段中强调培养学生的阅读能力和写作能力，对听说教学并没有详细的要求。只是在小学不同年级的教学中简单规定了语言表达能力不同阶段的培养。这一时期，语文听说教学并没有很大的发展。

　　（四）改革发展阶段的听说教学目标

　　"文革"时期的语文教学几乎是停滞不前，改革开放后语文教育界才迎来了新的时期，语文听说教学的目标逐渐清晰。

　　1978 年制定的《全日制十年制学校小学语文教学大纲（试行草案）》在各年级的具体教学要求中，明确规定了学生学习普通话并通过听说教学运用汉语的能力。1986 年的《全日制小学语文教学大纲》在

　　[①] 课程教材研究所主编：《20 世纪中小学课程标准·教学大纲汇编》，人民教育出版社 2001 年版，第 117 页。

其教学目的和要求的第 5、6 项中对听说教学做了规定：能听懂普通话，听人说话时注意力集中，能理解内容，抓住要点，要有礼貌；能说普通话，要口齿清楚，声音适度，态度自然，能当众说出要说的意思，做到清楚明白，有中心，有条理，说话要有礼貌。1988 年实行九年义务教育，对听说教学的目标作为一项重要的教学内容列了出来，指出："听话、说话训练是语文教学的重要任务。培养学生的听说能力既是日常生活的需要，又能促进读写能力的提高和思维的发展。"

1990 年 6 月，国家教委颁布的《全日制中学语文教学大纲（修订本）》对中学各年级学生听说能力作了具体的规定，修订后的统编中学语文课本也编入了相当数量的听说训练内容。1992 年颁布的《语文教学大纲（试用本）》和 1996 年的《全日制普通高级中学语文教学大纲》都对听说教学的目标做了详尽的要求。2000 年颁布的《语文教学大纲（试用修订版）》把听说能力改为口语交际，并做出了详尽的目标要求，包括四个方面：1. 口语交际要讲究文明和修养，态度自然，尊重对方，注意对象和场合。2. 耐心专注地倾听，了解对方的意思，领会意图，抓住中心和要点。3. 讲普通话，做到语音清晰，语句连贯，条理清楚，能清楚表达自己的想法与心情，并努力使对方理解；4. 复述转述，力求完整准确；讨论发言，围绕话题，简洁明了；讲述见闻，内容具体，语言生动。[①]

这样，便从理论要求和实践训练上纠正了过去语文教学重视读写、轻视听说的偏向。听说读写齐头并进、相辅相成，既反映了时代对语文教学的新要求，也充分显示了语文学科工具性的特点。

二、听说教学内容

建国之初，语文听说教学地位刚刚确立，所以听说教学只是书面文件，具体的教学内容并不全面。随着语文教学的改革，尤其是改革开放之后，听说教学成为语文教学中的重要环节，其教学内容也有了详尽的

---

① 课程教材研究所主编：《20 世纪中小学课程标准·教学大纲汇编》，人民教育出版社 2001 年版，第 542 页。

要求。

（一）定名革新阶段的听说教学内容

建国初期，听说教学的地位不甚重要，所以其教学内容也是比较模糊的。主要是知识方面的教学，如辨音能力的训练、理解能力的训练、词汇训练、语句训练等，教学内容大多在阅读教学和识字教学中体现。

（二）分科教学阶段的听说教学内容

分科教学中文学、汉语分开教学。在汉语教学的课堂上听说教学依然强调对句子、词和语音的掌握。文学教学中则重点培养学生的理解能力和表达能力。

（三）调整与停滞阶段的听说教学内容

调整与停滞阶段听说教学没有很大的发展，所以其教学内容还是延续以前的模式，即知识方面的内容和正确、流利地表达能力的训练。

（四）改革发展阶段的听说教学内容

改革开放以后听说教学的内容逐渐丰富并走向科学化。除了以往的知识方面和表达能力方面的教学内容外，听说教学还逐渐增加了新的内容。包括：注意能力的训练、记忆能力的训练、听话礼仪训练（有礼貌，态度自然）、属于语境训练的内容（说话要看对象和场合，语音、语义、语气等因对象和场合不同都要有所变化）、属于表达方式训练的内容（是叙述还是说明，亦或是议论，应当有所选择）。

三、听说教学方法

不同阶段的听说教学的目标和内容不断变化，但听说教学的方法大致是一样的，只是在实施过程中不断地改进而已，听说教学大多结合阅读教学、作文教学和识字教学进行。具体如下：

（一）听话能力训练的方式

1. 以训练汉语语音听力为主。如听读训练、听写训练。

2. 以主要训练理解语义能力为主。如听记训练、听辨训练、听测训练。

3. 以主要训练评价话语能力为主。如听评训练、听后感训练。

4．结合阅读教学训练进行的。如：听读训练、听讲训练、听问训练、听记训练、听写训练等。

5．结合写作教学训练进行的。如：听写训练、听评训练、听改训练等。

6．结合说话教学训练进行的。如：听述训练、听议训练、听辨训练等。

7．专门进行听话训练的。如：听话顺序训练、听话组合训练等。

（二）说话能力训练的方法

1．独白式的说话训练

（1）朗读训练

（2）口头复述

（3）演讲训练

（4）口头作文

（5）读书报告会

2．对话式说话训练

（1）口头提问。口头提问虽然不以训练口语为唯一目的，但它是训练说话能力的基本方法。

（2）口头讨论。引导学生参加讨论，有利于发展思考力和提高口语能力。

（3）口头辩论。

3．模拟式说话训练

（1）角色扮演。把学生分成三五人一组共同练习。

（2）看图说话。随意选择几张人物图片或风景画，指导学生加以排列组合，设法编出贯穿成一体的故事或酝酿成短文，然后让学生在规定时间内指图讲述。

第五节　语文学习

建国初期百废待兴，新的制度在探索中曲折发展。每一次政治变动都会给语文教育带来新的冲击。当代语文教育可以说是我国语文学习思想异常活跃的时期，从名称的确立，到汉语、文学分科教学，继而是语文名称、性质的讨论，再到改革开放语文教育进入了新的历史时期。尽管语文教育艰难前进，广大语文教育学者依旧不断探索，在传统语文教育的基础上，大胆学习国外先进的教学方法，结合中国的教学经验，总结了很多科学有效的学习思想和方法，不断推进语文教育的发展。

一、语文学习思想

（一）定名革新阶段的语文学习思想

1. 语文学习与政治思想紧密结合

建国初期，政治思想变动很大，强调社会主义，反对资本主义的呼声特别强。所以，当时政府和一线教师认为思想政治教育是各科共同负担的任务，语文课则更为明显。由宋云彬、朱文叔、蒋仲仁等编辑，人民教育出版社于1951年7月出版的初级中学语文课本的《编辑大意》里说："无论哪一门功课，都有完成思想政治教育的任务。这个任务，在语文科更显得重要。"同时，强调指出："要通过语文课来完成思想政治教育的任务，不能单靠几篇说理的论文，凡小说、诗歌、历史故事乃至自然科学故事的教学，都应该注意进行思想政治教育。"例如，该书第一册就选有《毛主席和工人》、《见列宁去》、《新中国第一个女拖拉机手》等课文。课文基本上是以思想内容组织单元。这种把语文学习几乎看成思想教育的观念给语文教育带来了灾难性的后果。

2. 听、说、读、写并重

传统语文教育只重视读写，而往往忽视听说。中央人民政府出版总署编审局编辑的1950年语文课本的《编辑大意》中指出："语文教学应包括听、说、读、写四项，不可偏轻偏重。"也就是说，听说读写要全面训练。据考查，"无视口耳训练，这个传统有一千多年历史，到了白话文时代，仍旧不重视口语训练"①。四项全面训练，这是历史上语文

---

① 张志公：《语文教学需要大大提高效率》，《中国语文》1987年第1期。

教育经验教训的科学总结。

建国初期根据叶圣陶的建议，把"语文"作为中小学母语教学课程的名称，确定了语文的含义就是口头语言和书面语言的合称，从而把听说也纳入学习的范围中。

（二）分科教学阶段的语文学习思想

分科教学阶段强调语言学习和文学学习并重。

在 20 世纪 50 年代的语文大讨论中，叶圣陶始终坚持"工具说"，并进一步说明："我们说语言是一种工具，就个人来说，是想心思的工具，是表达思想的工具；就人与人之间说，是交际和交流思想的工具。"① 这种思想成为 1963 年语文教学大纲的基本指导思想。

当时对语文的认识主要有两种，一种认为语文是语言和文字，一种认为语文是语言和文学。吕叔湘认为语文应该是语言和文字，这里的"语言"是指口头语言，这里的"文字"是指书面语言。②

中小学的语文课，是一门工具性学科，学语文，就是为了用语文来说活、写文章。但说话、写文章，不通过语言文字的学习是不可能达到的。作为学校教育主要组成部分的语文教育，对培养说话、写文章的能力担负着重要任务。所以，当代语言、文学学习并重的思想在一定程度上促进了语言教学，当时的学生语言都掌握得非常扎实。

（三）调整与停滞阶段的语文学习思想

这一时期，因大跃进和文化大革命的影响，语文教育遭遇了严重的打击，同时也在反思中有了新的建设性理论。

20 世纪 50 年代末 60 年代初，针对语文教学质量严重下降的现实，1963 年 5 月颁布的《全日制中学语文教学大纲（草案）》明确指出："语文是学好各门知识和从事各种工作的基本工具。"③ 大纲还富有远见地提出了"文质兼美"的选材标准。语文学习思想也随之从学习"基础

---

① 叶圣陶：《叶圣陶集》第 13 卷，江苏教育出版社 1994 年版，第 105 页。
② 吕叔湘：《吕叔湘论语文教学》，山东教育出版社 1981 年版，第 46 页。
③ 课程教材研究所主编：《20 世纪中小学课程标准·教学大纲汇编》，人民教育出版社 2001 年版，第 153 页。

知识"为重点向"能力训练"的学习上转变。语文学习不仅仅是学习简单的基础知识，更重要的是在知识的基础上，努力练习，培养听、说、读、写的全面能力。不少语文教育专家强调要在知识教学的基础上加强基础训练，使知识转化为能力。

这对以后的语文教学有深远的影响。不足之处是受"阶级斗争为纲"、"反修防修"的影响也比较大。

（四）改革发展阶段的学习思想

改革开放以后，人们的思想得到了大解放，语文教育界也迎来了自己的春天。摆脱思想上的禁锢，很多语文教学研究者和一线教师都大胆地提出自己的教学思想，语文学习思想如百花齐放，给语文教学带来了新的气息。

1. 自奋其力

新时期的语文学习思想强调学生的自学能力。

叶圣陶在其文中提出"善教说"，力在培养学生的自学能力，达到"教是为了达到不用教"的语文思想。他认为教师应成为"善教者"，"故教师之为教，不在全盘授予，而在相机诱导，必令学生运其才智，勤其练习，领悟之源广开，纯熟之功弥深，乃为善教者也"①。

在教和学的关系上，吕叔湘认为，"要逐渐培养学生主动学习的能力，不要老等人家给，要学会自己去拿"，自己去应用。教师的根本职责在于启发和调动学生的主动性、积极性，培养主动进取的学习习惯和学习精神，提倡启发式教学，反对落后的灌输式教学。他积极提倡并大力宣传叶圣陶提出的"教是为了达到不需要教"的思想，并作了解释和发挥。"教学、教学，就是'教'学生'学'，主要不是把现成的知识教会学生，而是把学习方法教给学生，学生就可以受用一辈子。"② "教师培养学生，主要是教会他动脑筋，这是根本，这是教师给学生的最宝贵的礼物。"③

---

① 叶圣陶：《叶圣陶语文教育论集》，教育科学出版社 1980 年版，第 721 页。
② 吕叔湘：《吕叔湘论语文教学》，山东教育出版社 1981 年版，第 134 页。
③ 吕叔湘：《吕叔湘论语文教学》，山东教育出版社 1981 年版，第 88 页。

于漪认为，"教学过程就是教师精心地、有计划有目的地让学生生疑、质疑、解疑的过程"①，不但要让学生"思"，还要让学生"多思"、"深思"。教浅显的课文，她更加注意挑起矛盾，于无疑处生疑，引导学生思考，也强调学生自学。

改革开放后的一些学校也提出不同的改革主张，如，上海育才中学提出"读读、议议、练练、讲讲"的八字方针，北京师大实验中学则提倡学生"自学—共学—巩固—知识迁移"的学习思路，激发学生"跳起来摘果子"的积极性，注重学以致用。

2. 举一反三的学习思想

叶圣陶在他的著作中一再强调"举例子"的学习思想，意在告诉学生要学会举一反三。他认为语文教材不是学习的终点，它应当是学生学习的起点。他认为："精读文章，只能把它认作例子和出发点；既已熟悉了例子，站定了出发点，就得推广开来，阅读略读书籍，参读相关文章。"② 书是读不完的。"选定一些来读，无非是'举一隅'的性质，希望学生学得方法，养成习惯'以三隅反'，故数量虽少，亦不防事。"③他把这种关系生动地比喻为"语文教本好比一个钥匙，学生拿了它可以开发无限的库藏——种种的书"④。

3. 民主科学的学习思想

新时期广大语文学者和一线教师更加重视学生与教师之间的民主关系，不再是"满堂灌"，而是科学地引导学生自主学习。

钱梦龙提出"学生为主体"、"教师为主导"的学习思想。所谓"学生为主体"，就是确认学生在整个教学过程中"始终是认识的主体，发展的主体"，认识是学生的认识，发展是学生的发展，教师可以为学生的认识和发展提供种种有利条件，但不必越俎代庖。这种观点对学生的要求是：把求知的主动权交给自己，使学习过程成为一个在教师指导下

---

① 于漪：《语文教苑耕耘录》，福建教育出版社 1984 年版，第 76 页。
② 叶圣陶：《叶圣陶语文教育论集》，教育科学出版社 1980 年版，第 15 页。
③ 叶圣陶：《叶圣陶集》（第 14 卷），江苏教育出版社 1994 年版，第 192 页。
④ 叶圣陶：《叶圣陶集》（第 16 卷），江苏教育出版社 1994 年版，第 64 页。

由学生主动求知的过程。

这种民主科学的学习思想让学生和老师之间建立了一种和谐的关系，学生也有了一种把自己看做主体的心态，学习起来积极性大增。

4. 敢于创新的学习思想

叶圣陶首先提出"创造说"，他认为，现代人类社会的发展趋势，不仅是文化的总和增加，而且是文化的不断创新。他强调"语文教学尤其要注意创造"，要"日新又日新"。

一线教师也不止一人提出要敢于创新的学习思想。宁鸿彬主张培养学生创造性思维能力。主要有多向思维、定向思维、变向思维、新颖思维等，力在培养学生的创新能力。黎见明在他的"导读法"中强调指出："导读"要培养超常力。超常力是一种超越常态的思考力，有超常的思考，才有事物的创新；"导读"还要培养批判力。黎老师强调学生读书要有批判精神，对古代文化、西方文化要批判地对待；就是优秀作品，也要一分为二，也可开展评议。导读育人，对学生进行创造教育，要引导学生"求同"，也要引导学生"求异"。

未来人才基本素质的核心是创造能力，培养这种素质关键是培养创造性思维能力，所以敢于创新的学习思想得到广大学者和一线教师的认同。

5. 全面发展素质的学习思想

注重育人，强调素质，成了新时期语文教学的崭新观念，也是语文学习的主要思想。学习的最终目的在于提高人的素质，要在不断的学习中慢慢塑造健全的人格。革新期的语文学习需要从政治化的教育理念中脱胎换骨，首要任务是关注人的本质，体现人道精神，表现人情味，尊重学生，关心学生。钱梦龙的"以教师为主导，以学生为主体"的思想、魏书生的语文教学民主管理思想都体现了这样的主张。

80 年代初，上海语文教育界提出了"加强基础，培养能力，发展智力"的十二字要求，在全国产生了很大的影响。这个口号的实质是要求在语文教育中知识与能力并举、语言与思维结合、智力因素与非智力因素兼顾，体现了革新期全面发展个人素质的语文学习思想。

二、语文学习方法

新中国建立后，主要借鉴苏联的教学模式，在语文教育思想和语文教学方法上都有很大的改进。建国初期主要研究教学方法，对语文学习方法的研究很少。改革开放后，进入新时期，语文教育界对"学法"的研究越来越多，在提倡"教法"、"学法"统一的思想下，一些学者和教师提出很多值得借鉴的"学法"。

（一）自主学习

典型的自主学习的"学法"，有魏书生的"四通六步"读书法，跳读、速读、细读、精读这四遍，通通都强调学生自己读；定向、自学、讨论、答疑、自测、自结这六步，步步都有学生自己的活动，而且名称就已经指明了是"自学"、"自测"、"自结"等等，强调自主学习。钱梦龙的自读课、教读课、作业课、复读课这四种教学形式，都是把重点放在学生的自学上。无论自读也好、教读也好，都强调学生自己读书，不是老师代替他读书，或者强迫他读书。读书，贵在自觉，自觉才能自得。潘凤湘的"学读法"，也是引导学生自主学习。育才中学的"八字"方针——读读、议议、练练、讲讲，其中读、议、练都是引导学生自己读书、自己讨论、自己练习，发挥学生的主体作用。

这种自主学习的方法是一种科学的"学法"，它强调在各科学习中发挥主观能动性，只有这样才能在未来社会生活中吸收信息并有效处理信息。自学好，才能掌握最新的科学文化知识，才能成为有用的建设人才。所以今天的学生.怎样学习，比学习什么是更为重要、更为迫切的问题。

（二）多学多问，善读活书

毛泽东曾提出语文学习的一些重要方法，如多学多问、善读活书等。他倡导勤学广问、把书读活的学习方法。一线教师宁鸿彬在他的教学经验中提出学习一篇文章的五个步骤，即"熟读——质疑——解疑——总结——运用"的学习方法，从一定程度上也是多学多问、善读活书的学习方法。于漪在她的教学经验里指出，教师在教学的过程中，要适当地设疑问，以引起学生生疑，培养他们思考问题、提出问题、解决问题的能力，从而养成多学多问、善读活书的学习方法。

（三）训练法

训练法是叶圣陶很早就提倡的学习方法。他认为培养能力靠持久训练。语文既然是工具，那么它的目的就是培养实际的语文能力与良好习惯，训练就是不二法门。"大凡传授知识技巧，讲说一遍，指点一番，只是个开始，而不是终结，要待技能技巧在受教的人身上生根，习惯成自然，再也不会离谱走样，那才是终结。所以讲说和指点之后，接下去有一段必要的功夫，督促学的人多多练习。"[①] 这是因为所谓的习惯是在实践中养成的，只有把知识跟实践结合起来，不断地学习、不断地训练，才能养成良好的习惯，才能真正学到本领。陆继椿、宁鸿彬、刘朏朏等也强调用训练的方法加强记忆或提高语文知识的运用能力。

（四）兴趣法

于漪指出，在教学过程中要以各种方式引起学生的注意力，使他们想学、爱学。她常常运用直观演示、创设悬念、展现意境、激发感情等方法，或激疑，或激情，以导入新课。课堂的结尾，也往往巧作安排，或以读存趣，或以疑存趣，或以写存趣，或以画存趣，使学生感到课虽尽而意无穷。她的教学目的就是激发学生的学习兴趣，在兴趣的引导下，学习的效率会更高。

第六节　语文考试

1949 年建国以来，中国进入一个新纪元。1952 年高考制度建立，语文考试慢慢进入正轨，但是当代中国历史动荡不安，尤其是"文革"时期，高考制度曾一度被废止，语文考试也随之停止。十一届三中全会

---

① 转引自高恒利：《语言训练是语文教学之本　谈叶圣陶有关语言训练的思想》，ht-tp://www.pep.com.cn/xiaoyu/book/xy-dsyz/sw4/shuwu2/201008/t20100820-684389.htm.

以后，我国实行改革开放的政策，随着市场经济体制的逐步确立和"科教兴国"战略的实施，知识和拥有专门知识的人才的作用日益凸现出来。于是，各种考试如雨后春笋般兴旺发达起来，考试事业继科举之后，正进入空前繁荣昌盛的新时期。语文考试也随着高考制度的稳定而快速发展。

一、语文考试目标

新中国建立后，语文考试目标相对于近代语文考试而言，更加多元化，语文考试不仅仅是单纯的选拔人才的一种手段，更多地在于学生言语能力的考查，也是语文教学的一种很好的反馈。

建国初期语文考试的目标重在考查学生语文基础知识的掌握和培养学生的爱国主义情感以及对无产阶级的信赖与热爱；"文革"动乱时期，高考制度被废止，语文考试一度停止；1978年恢复高考，尤其是改革开放后，语文考试的目标更加多元化，不仅仅是语文知识的考查和爱国主义思想的考查，它更加注重对学生语言文字的运用能力以及古今中外文学的鉴赏能力的考查。

具体来说，语文考试首先具有测量的目标，主要包含了思想政治目标、知识目标、能力目标、美育目标等多方面。[①]

（一）思想政治目标

在当代语文教学中，其中一个很重要的教学目标就是培养学生的爱国主义情感和对无产阶级的热爱，引导学生认识中华文化的丰厚博大，吸收民族文化智慧，关心当代文化生活，尊重多样文化，吸取人类优秀文化的营养。语文考试的目标在一定程度上体现了语文教学的目标，所以在语文考试中，也要注意考查考生的爱国主义情感。例如，1954年的高考作文题目为《我的报考志愿是怎样决定的》，1961年的作文题目是《我学习了毛主席著作以后》、《一位革命前辈的事迹鼓舞了我》，这些主观试题在一定程度上都是要达到思想政治目标，培养学生的爱国主

---

① 倪文锦著：《语文考试论》，广西教育出版社1996年版，第21～25页。

义情操的。

（二）知识目标

当代语文教育界提出语文"工具说"的理论，所以，无论在语文教学中还是在语文考试中，语文常识作为一个目标都是学生学习的重点。在考试中对语文知识的掌握应该达到以下目标：要对语文知识能够回忆和识别，包括对语文知识结构和分类的回忆和识别，对语文知识术语概念的回忆和识别，对语文知识运用规则的回忆和识别，对需要背诵、熟记的语言材料（词语、段篇）的回忆和识别等。在语文分科教学的时期，语文知识目标不仅包括文学知识，还包括语言知识。这时期的考试题型有选词填空、解释词义、回答文学常识等，都是对基础知识的考查。

（三）能力目标

在当代语文教学中，越来越注意培养学生的能力，语文教学不仅仅是死记硬背，主要是教会学生自学的能力、对语文知识的运用能力。所以，在语文考试中，能力的考查这个目标显得尤其重要。能力目标指了解和掌握语文知识并运用这些知识解释语言的能力，包括对语文知识概念的了解，对语句表层意义的诠释，对语言深层含义的阐述或推断，文言文的翻译，对段落或句群要旨的概括，对篇章的中心、结构、技法的分析和综合等几个方面。要重点考查学生独立阅读的能力，学会运用多种阅读方法，使学生能初步理解、鉴赏文学作品，受到高尚情操与趣味的熏陶，发展个性，丰富自己的精神世界。还要考查学生的写作能力，使之能具体明确、文从字顺地表达自己的意思，能根据日常生活需要，运用常见的表达方式写作。本时期常见的考查方式是，给出文段总结中心大意或者段意。

（四）美育目标

美育目标是在新时期提出的素质教育背景下而设置的语文考试目标。它主要指评价、鉴赏的能力，能对不同层次的语言材料、不同形式的文学作品，从思想内容、表达形式、语言技能或风格等方面做出自己的评价或鉴赏。这个时期主要考查对文段写作方式的赏析或者对诗词的理解。

总之，当代语文考试考核的核心是表情、达意、载道的读写能力，它着眼于广泛的社会应用性，立足于全面的基础性。所以，通过语文考试，可以清晰有效地分析学生语文基础知识的掌握情况以及对语言文字的应用能力，从而做出适当的语文教学策略改革，进一步推动语文教学的发展。语文考试和语文教学形成了紧密联系的不可分割体。

二、语文考试特点

1952 年，中国开始实行高考制度，新制度的建立让语文考试特点发生了很大的变化。语文考试具有社会性、教育性、测量性和工具性。总体来讲，由于高考制度刚刚建立，当代语文考试无论从考试内容上、方法上还是考试题型上都存在很大的不稳定性，尤其是建国初期，每年的考试题型都不一样，考试内容的侧重点也不断变化，总之，语文考试是在探索中曲折前进。

（一）考试内容趋于全面化

1952 年高考制度的建立，语文考试内容发生了大的变化。高考制度建立初期，语文考试受当时政治变动的影响，考查的内容主要是增强学生的爱国意识以及对传统知识的掌握的情况。1978 年恢复高考后，语文考试的内容不仅仅局限于考查对经典文化的掌握，更多的是考查学生对语法知识、修辞知识、字词知识、文学常识、文化知识等现代语文知识的掌握情况，学生的听、说、读、写能力的发展情况以及对语言文字的运用能力。1952—2002 年之间的语文考试，有选恰当的词语填空（包括成语、词语搭配、虚词），有解释词义，还有标点符号填写、文学常识回答等题型，对现代汉语基础和古今文学常识的考查与以前的科举考试迥然不同。这说明当代语文考试已经开始将所考内容与现实紧密联系，考试内容也日趋全面化。

（二）考试方法趋于多元化、科学化

改革开放以后，我国学习引进了国外的考试理论与方法，当代语文考试也形成了一些新的方法。首先，在命题方式上有主观题和客观题之分。客观题从题型看又分选词填空题、改错题、解释词义题、加标点题、拼音组词题、是非判断题、多项选择题等，主要是考查学生对语文基础知识的掌握。主观题型可以分为简答题、概括中心思想题、古今汉语翻译题、作文题，这主要是考查学生对语言文字的运用能力以及正确表达自己思想的能力。当代语文考试的方法更加多元化、科学化。

（三）试题编排趋于客观化、合理化

相对于以前的科举考试，当代语文考试具有更好的客观性和普适性。在语文试题的命题上坚持以下原则：1. 知识性与能力性相结合的原则；2. 客观性与主观性相结合的原则；3. 实用性与文学性相结合的原则；4. 层次性与多样性相结合的原则。在语文试题的安排上，则坚持抽样、分析、比较、统计的科学原则，以提高语文试卷的信度、效度，从而去全面有效地考查学生的知识和能力。1978 年恢复高考后，语文考试在主客观试题的所占比率上更加科学化，并且文理分科考查，对文科的考查难度大于对理工科的考查，这样能够比较客观地考查被试者的能力。

三、语文考试内容

（一）语言文学基础知识

语文基础知识包括语音、文字、词汇、语法、修辞、标点符号、文言文基础知识、文学知识、读写知识、古文化常识等方面的内容。

1. 语音。主要考察对汉语拼音方案的掌握，主要是给汉字注上拼音，能根据拼音写出汉字。

2. 文字。主要考察对常用汉字的掌握，包括汉字的形、音、义的常识，汉字的结构规律，同音字、形似字、多音多义字的辨析和对错别字的辨认改正字。

3. 词汇。词义的基本知识的掌握，包括辨析同义词、反义词以及多义词和在具体的语言环境中领会词语的感情色彩和语体色彩，理解它们在表情达意中的作用，还有成语、熟语的一般特点。

4. 语法。主要考查对常用实词和虚词以及词的构成方式，一般句式的变换和分析语病，修改病句。

5. 修辞。对比喻、拟人、夸张、引用、排比、对比、设问、反问等常见的修辞方法的掌握。

6. 标点符号。主要考查对顿号、逗号、分号、冒号、句号、问号、叹号、引号、破折号、连接号、书名号、省略号、着重号、间隔号等常用标点符号的用法，考查方式多是给一段话标出标点符号。

7. 文言文知识。主要考查词的本义和引申义，常见的通假字，一些常用的典故，还有实词活用的知识，文言句式的主要特点，常见的文言虚词，浅易文言文断句和翻译。例如，1957—1965 年之间都有一道文白互译题。

8. 文学知识。主要考查对我国古代、现代、当代的主要文学体裁、著名文学流派、著名作家和著名作品等有关知识的掌握，还会考到课文中出现的外国著名作家和作品。

（二）阅读鉴赏

从 1952 年高考制度建制之初，语文考试就有语文阅读题，当代语文考试中，阅读能力的考查成为语文考试的重点。纵观当代的高考语文考卷，我们可以看出 1952—1956 年之间的语文阅读主要是现代文阅读，并且主要让考生总结出文段主旨，考查其对文段的理解能力。1978 年恢复高考以后，语文阅读不仅有现代文阅读，也有文言文阅读、诗词鉴赏。现代文阅读分为科技应用文阅读和叙述散文阅读两大类，主要考查学生分析理解文章的能力。

（三）写作

当代语文教育强调培养学生听、说、读、写的全面能力。所以从高考建制开始语文考试就离不开对写作能力的考查，主要是考查学生对语言文字的运用能力。

1. 驾驭语言能力。包括词汇、语句、文字标点、卷面等变量，用以考查考生语言的准确性、言语行为的流畅性以及表达基本功是否扎实等。

2. 确立中心能力。包括中心、材料、分析等变量，主要反映作文中心是否突出以及所选材料对表现中心的作用。

3. 布局谋篇能力。包括层次、过渡等变量，用以检测材料的构建是否恰当，叙事说理的条理是否清楚。

4. 叙述事实能力。包括详略、叙述等变量，考查能否根据需要区分材料的主次，能否把必须交代的事实作清楚的叙述。

5. 择用方法能力。包括议论、修辞等变量，考查论证是否合理，修辞是否妥当，用以反映表达方式的准确性。

四、语文考试方法

建国初期，我国学习苏联的考试模式；60 年代，苏联式考试因凯洛夫教育思想受到批判而废止，传统考试又重新发挥作用，"十年动乱"时期语文考试完全废止；70 年代后期，语文考试得以恢复，但考试方法依旧采用传统的论文型考试；80 年代中期，客观型试题才重新得到重视。[①]

建国初期主要是学习苏联的考试方法。考试题型有：现代文阅读（总结中心思想、段意以及分析表现手法）、词语释义、选择合适的词语填空、文学常识简答、作文，其中作文和阅读理解所占分最重。从而说明那时的语文考试开始打破传统的论文型的考试方法，在此基础上有所创新。

60 年代，苏联式考试因凯洛夫教育思想受到批判而废止，传统考试又重新发挥作用，考试题型只有作文和文白互译。"十年动乱"语文考试完全废止。70 年代后期虽然恢复了高考制度，但语文考试依旧走传统的老路子。

改革开放以来，语文考试的方法，既继承和发展了传统的考试方法，又创造了许多与现代技术相适应的新的考试方法。比如，80 年代，把西方的测试理论引入中国，1987 年率先在广东等省、市进行"标准

---

① 曾仲珊著：《中学语文教学法辅导》，高等教育出版社 1992 年版。

化考试试验"。之后全国推行，考试题型以客观和主观相结合，涉及填空、判断、选择、文后翻译、理解等多种考查方式。这种标准化考试方式，一定程度上考查了学生掌握知识的情况，却忽略了学生创造能力的培养。

思考与练习

1. 当代识字写字教学有哪些典型的方法？
2. 简述"红领巾教学法"的历史意义。
3. 简述建国初期到 20 世纪末写作教学发展概况。
4. 结合实际教学谈谈听说教学的方法有哪些。
5. 试论当代语文学习思想的演变历程。
6. 当代语文考试述评。

第九章　今代语文教育

　　今代语文教育（2000 年以来）的革新始于 20 世纪 90 年代教育界关于语文学科工具性和人文性的讨论，这次争鸣矫正了"文与道"、"语文与政治"、"语文与历史"的关系，并由此开始了由工具理性到价值理性的复归：遵循母语教学、语言本体的基本规律，注重儿童健全人格及主体性的培养，关注现实生活及社会文化的渗透。2000 年颁布的《九年义务教育全日制小学语文教学大纲（试用修订版）》、《九年义务教育全日制初级中学语文教学大纲（试用修订版）》和《全日制普通高级中学语文教学大纲（试用修订版）》以及 2002 年《全日制普通高级中学语文教学大纲》对于"全人"价值取向的凸显，无疑开启了 21 世纪语文教育改革最醒目、最绚丽的大门。2001 年《全日制义务教育语文课程标准（实验稿）》和 2003 年《普通高中语文课程标准（实验）》的相继颁布，使 21 世纪语文教育在对历史的总结、对现状的思辨和对国内外发展的探索中从教育理念、学科性质、教学目标到教学过程、教学方法、教材研究等方面进行了广泛、持续、深入的教育改革实验。它呈现出如下新特点：在教育理念与目标上，强调学生的全人发展、强调三维目标的动态融合；在教育内容上，强调五个领域的综合、强调课堂教学多种因素的整合、强调课堂与课外的结合；在教育形式上，强调教学手段、策略、方法、模式科学性与人文性的统一，强调自主性与开放性的互通；在教育过程中，强调过程人本性和发展性的回归，强调多元评价体系的并存。在此基础上，2011 年颁布的《义务教育语文课程标准》

对"语言文字"、"语文素养"、"学习指导"、传统文化和时代精神的强调，更加突出了素质教育的基本精神，指引着语文教育改革的走向。总之，今代语文教育与当代语文教育相比，处处彰显着平等性、创新性、变通性和发展性。

第一节　识字写字教学

经过多年的教育教学改革实践，我国构建了识字写字教学的基本理论体系，建立了科学合理的教学目标体系，形成了多种颇具特色的教学方法体系。21世纪的识字写字教学不仅是阅读和写作的基础，而且是培养学生语文素养的开端，它关系到学生思维的开发、审美的培养、人格的健全和终生的发展。

一、识字写字教学目标

（一）夯实基础，持续发展

小学低年级以识字写字为重点，这是语文课程发展过程中的一贯要求，但是不同时期的教学大纲或课程标准对其要求也不同。自2000年颁布的《九年义务教育全日制小学语文教学大纲（试用修订版）》开始，我国语文教育对识字写字教学做出的重大变革体现在"多认少写，识写分开"上，这对于学生情感、思维的发展，阅读能力的培养和正常发育，都有重要的意义。此后的语文课程标准也在尊重儿童身心发展规律的基础上更加序化高效。与2000年颁布的三个教学大纲不同的是：2001年颁布的语文课程标准更体现出学段之间的衔接性和发展性。2011年的课标在课程性质的表述上启用"语言文字"足以证明识字写字的基础性。2003年《普通高中语文课程标准（实验）》对识字写字提出了更高层次的要求，属于研究性的范围，如"观察语言文字应用中的新现象，思考语言文字发展中的新问题，努力在语言文字应用过程中有所创新"。

（二）注重识写基本功训练

建国以来，我国一直强调培养学生"独立识字"和"规范书写"这两方面的能力，延传至今"运用多种检字法，提高独立识字的能力"这点是没有变化的，只是具体的表述不同。但随着学生主体地位的确立，为促进其智力发展，减轻学习负担，大纲和课标对写字教学要求呈现下降趋势，如：2000 年小学语文教学大纲在低年级识字写字教学要求中提到"掌握汉字的基本笔画、笔顺规则、间架结构和常用的偏旁部首"，2001 年和 2011 年的语文课程标准则要求"掌握汉字的基本笔画和常用的偏旁部首"，意在强调写字过程中的指导，重在书写行为，而不是汉字知识，且在 2011 年课标附有"识字、写字教学基本字表"，建议先认先写，这和古人先教"上大人，孔乙己"，注重练习基本笔画、基本部件是一脉相承的，是更加尊重识字写字教学的特点和基本程序、注重识写质量的体现。

（三）激发兴趣与审美培养

与 2000 年小学语文教学大纲仅就写字的姿势和习惯有些许说明不同的是，新课程识字写字教学改革突出了情感、态度和价值观的导向作用，注重激发学生的识写兴趣和良好习惯的养成，把识字写字教学与中华文化和审美价值的熏陶结合了起来。2001 年和 2011 年课标中对"有主动识字的愿望"、"初步感受汉字形体美"、"良好的书写习惯"等内容的论述不再是局限在外部提供学习汉字的动力上，而是转向内在，并且突破了汉字工具性的单一取向，开始注重引导学生探索汉语言文字中所蕴涵的民族文化信息。可以说，这一价值本身对学生成长和适应社会是极为重要的。

二、识字写字教学内容

我国古代语文教育非常重视识字写字教学，把识字教学作为蒙学教育的开端，并在长期的教育教学实践中积累了丰富的经验，其核心是：既要依据汉语汉字的特点，又要符合儿童的认知发展规律。[①] 今代识字写字教学将民族性与时代性相结合，积极探索更加科学、全面、适于教

---

① 王文彦、蔡明主编：《语文课程与教学论》（第二版），高等教育出版社 2006 年版，第 164 页。

学的汉字体系，力求进一步提高识字写字教学的整体效应。

（一）拼音教学

从拼音上来看，新中国成立以来，由于各部大纲对拼音的要求偏高，导致拼音教学时间过长，再加上其内容枯燥，致使儿童对语文学习的兴趣丧失殆尽。2000 年以来的教学大纲和课程标准把汉语拼音的学习（小学一二年级）定位在拼读音节和书写音节上，只把拼音作为认识汉字和学说普通话的工具，立足于辅助运用，降低了汉语拼音学习的要求。此外，2001 年和 2011 年课标在教学建议部分都强调了"汉语拼音教学要尽可能有趣味性"，这样安排是符合低年级学生的身心发展特点的。现行教材中对于汉语拼音的编排方式不尽相同，但是都注重发挥拼音的助读功能，加强其与识字写字、阅读的整合，体现语文教学的梯度性，如苏教版在拼音方面，化难为易，寓学于乐，采用情境图、语境歌、表音表形图三效合一，拼音、识字双线并进的编排方式，"将最常用的 80 个汉字（大多是独体字），分五组分别安排在五个拼音单元中，每组 16 个字，4 字一顿，合辙押韵"①。

（二）识字教学

从识字上来看，体现出整体性与阶段性的有机统一，就数量来说，总目标维持在"认识 3 500 个左右常用汉字"，这是儿童发展的语言基础。不同年份的大纲、课标对每一学段识字数量的规定也不同，从2000 年到 2001 年再到 2011 年，在一二年级的规定有较大的变化，2000 年要求"认识常用汉字 1 800 个左右"，2001 年则为"认识常用汉字 1 600～1 800 个"，2011 年调整为"认识常用汉字 1 600 个左右"，减少低年级的识字量，而逐步在高年级增加，更加循序渐进，同时注重规定性与弹性的统一。就质量来说，除了让学生打下扎实的识字基础外，还关注情感态度和学习习惯的培养以及识字方法、渠道的掌握，如："对学习汉字有浓厚的兴趣，养成主动识字的习惯"，"使用字典、词典独立识字"，"会用多种检字方法"，"引导他们利用各种机会主动识字"，

① 王守恒著：《小学语文教学与研究》，人民教育出版社 2006 年版，第 70 页。

体现了与时俱进的课程意识。就教材来说，各实验教材都形成了各具特色的识字体系，有分散有集中，形式多样，注重有效整合，科学有序。以人教版小学教材为例，从一年级下册（上册为集中识字课，共 8 课）开始以专题组成单元，每单元包括导语、识字 1 课、课文 4～5 篇、语文园地 1 个，各部分相互联系，有机结合。识字课内容丰富、图文结合、编排科学，多以韵文方式呈现，生字通过课后的"我会认"和"我会写"做到"识写分开"。此外，在"语文园地"里也会设置相关栏目培养学生的识字写字能力。

（三）写字教学

从写字上来看，同识字一样既体现出连续性的特点，又注重对学生早期的发展和身心的呵护，具体表现为以下几点：首先，一到四年级的写字量逐渐减少且富于弹性，五到九年级写字量逐渐增加且富于硬性。其次，强调以练促写，2011 年课标在写作教学的具体建议中提出"要使学生把作文的书写当做练字的过程"，"第一、第二、第三学段，要在每天的语文课中安排 10 分钟，在教师指导下随堂练习，做到天天练"，增强练字意识，提高书写质量，对学生的全面发展有深远的意义。最后，不但要求着力培养学生良好的书写习惯，更注重提高学生的文化品位和审美情趣，2001 年语文课程标准规定第一学段"初步感受汉字的形体美"，第三学段"在书写中体会汉字的优美"，第四学段"体会书法的审美价值"，其中对书法的强调，可以有效地培养学生热爱祖国语言文字的情感，这在信息技术高速发展的今天是十分重要的。就教材来说，各实验教材都注重"识写分开"以及写字次序的安排，并辅之以丰富多彩的语文实践活动与生活勾连，由浅入深、由易到难，例如，北师大版在"语文天地"中设计了组词、仿句等书写练习和与主题相关的社会生活方面的内容，既注重基本功的训练，又促进学生听、说、读、写能力的整体发展，并安排描红，巩固生字。

此外，我国古代蒙学教材、古代经典选本、今代识字写字教材以及典型的少儿读物都是丰富学生知识经验、及时巩固学习成果、进行道德教育的有效途径。以《新三字经》为例，高占祥著，中国人民大学出版社 2008 年出版，全书分为朗读篇和注释篇，正文共 1 416 字，236 句，分为 13 段，用现代白话文的形式表述，语言通俗且生动、音韵和美、朗朗上口、易于诵记，融古通今，含人生哲理、寓社会经验、讲辩证关系、富时代气息，是文化启蒙、修身立志的新经典。

三、识字教学方法

2000 年教育部召开小学语文识字教学交流研讨会，会上所征集的识字教学方法的材料共有 40 多种，2006 年召开的第二届识字教育国际研讨会上所提及的识字教学方法也有 30 种。这些识字方法如字理识字、字族文识字、电脑双拼识字、奇特联想识字、潜能识字等，在识字教学改革上都具有重要的理论和实践意义。下面选取 21 世纪有代表性的几种加以评析。

（一）大成序法

其主持人为戴汝潜。大成序法以"大成理念、序化高效、尽早阅读、幼小衔接"为理念，注重儿童语言发展的需要，博采众长，细化有序，步步落实，力求高效、快速、省力地学习，并培育学生情感、智慧和能力。所谓"大成理念"就是集多种识字教育方法长处之大成，根据识字主客体的不同需要和特点，采用不同而适宜的方法。"序化高效"是指依据儿童的阶段语言需要和汉语汉字的规律，将方法和有关内容统一起来，使之科学有效。此外，大成序法还强调尽早阅读，搞好幼小衔接，开发智力，并建构了操作模式，因材施教，深入浅出。

（二）听读识字

其主持人为谷锦屏。所谓"听读识字"是指根据母语习得的规律，在儿童尚未识字时，通过听音进行整体输入，而后自发诵读，多次复现，进行识字的方法。其具体的做法是：反复听读认，集中归类识，周期循环练，观察写话用。听读识字本着汉语汉字同步学习的理念，按照从读全文、读句、识词、认字、书写、再全文的顺序，避免同时掌握读写两套符号和离开语言环境所带来的困难，把识字与阅读，识字与写话，识字与培养能力、发展智力结合起来，使之相辅相成，相得益彰。

（三）双脑识字

其主持人为李酉亭、周琼、韩如军。所谓双脑，是指电脑和人脑。双脑识字教学法是采用学电脑、学拼音、识汉字同步教学，视觉、触觉、听觉共同作用，开发人脑潜能的方法。以这种方法为基础编写的教材，让学生在学习汉语拼音的同时学会电脑输入法；在认读字、词、句的过程中，有效地进行识字训练和阅读教学的渗透，同时巩固汉语拼音；在进行文字输入的过程中，复习应认读的生字，达到大量识字、提前读写的目标。现代信息技术的介入，把学生的学习带入"人机互动"的阶段，能充分发挥学生的主动性，是积极探索信息技术与母语教学整合之道的范例。

在信息技术高速发展的今天，识字教学方法需要沟通识字教育与生理学、心理学、思维学、语言学、信息学的最新研究成果，运用哲学认识论、方法论等基础理论，融会现代社会和谐、协同的人文思想，形成科学思考、序化设计、持续发展的格局。任何一种识字教学方法既存在优势也有劣势，应该发挥各种方法的优势，针对不同年龄阶段学生的特点以及文字本身的特点，灵活采用多种方法。

第二节　阅读教学

21世纪初，我国语文阅读教学改革进入了改革发展的新阶段，它秉承传统文化精髓，立足于现当代阅读教学经验，力求吸收西方有益成果，引进相关学科理念，在尊重学生心理和生理特点基础上，达到对教学目标整体性、阶段性和渐进性，教学内容开放性、丰富性和信息化，教学方法多样性和高效性的科学把握。

一、阅读教学目标

（一）注重培养阅读能力

自20世纪五六十年代以来，注重解析文章的结构和整理零碎知识的方法使得阅读教学逐渐僵化。基于此，淡化了知识系统教学，重感悟、重阅读主体的能力发展，成为阅读教学的新理念。2000 年语文教学大纲中突出对课文内容的整体感知和综合把握，重视学生的语言积累和感受能力，标志着阅读教学的目标向着阅读能力的回归。2001 年《全日制义务教育语文课程标准（实验稿）》明确指出："阅读教学的重点是培养学生具有感受、理解、欣赏和评价的能力"，"逐步培养学生探究性阅读和创造性阅读的能力"①，体现出注重主体智能发展的目标。2003 年高中语文课程标准与初中一脉相承，并在阅读鉴赏能力方面有所拓展和延伸："学习鉴赏中外文学作品"、"品味语言，领悟作品的丰富内涵，体会其艺术表现力"、"通过阅读和鉴赏，深化热爱祖国语言文字的感情，体会中华文化的博大精深、源远流长"。选修课的五个对于阅读能力的要求，是必修课程阅读与鉴赏目标在学习实践中的运用与发展，目的是扩大系列专题知识，提高、巩固解读能力，如"诗歌与散文"系列"用历史眼光和现代观念审视古代诗歌的思想内容，并给予恰当的评价"。

（二）读思结合，平等对话

我国古代语文教育强调读和背，注重熟读精思。21 世纪的阅读教学既继承了中华民族诵读的优良传统，又落实了多种阅读方法的历练和阅读指导，将朗读、默读、精读三种阅读方法以及背诵一定数量的古文名篇贯穿于每个阶段，其中对略读、浏览的运用也有相关要求，这对于学生形成科学的思维习惯和能力是十分有益的。此外，2001 年课标中明确指出："提倡多角度的、有创意的阅读，利用阅读期待、阅读反思和批判等环节，拓展思维空间，提高阅读质量。"② 2003 年高中课标也有类似的表述："努力从不同的角度和层面进行阐发、评价和质疑。"因此，在教学实践中旨在发展学生的创新思维、提高学生独立阅读能力的多样化方法便应运而生，如创造性阅读、探究性阅读、个性化阅读、体验性阅读等。

---

① 教育部制定：《全日制义务教育语文课程标准（实验稿）》，北京师范大学出版社 2001 年版，第 17 页。

② 同上。

相对于 1956 年的"运用讲述、谈话"、1963 年的"要以讲读教学为中心"到 2000 年的"整体感知",可以看出大纲已经注重让学生直面文本,有所感悟。此后,我国逐渐形成了 21 世纪语文阅读教学的一大亮点,即打破传统的文本中心论,重视学生的独特感受;打破过去的教师权威观,实现阅读教学中的平等对话。2001 年《全日制义务教育语文课程标准(实验稿)》明确提出"阅读教学是学生、教师、文本之间对话的过程",标志着我国语文阅读教学从单向一维的灌输式向多维互动的合作探究式的转变。2011 年的课标将上述三者发展为"学生、教师、教科书编者、文本"四者,可见人们对于文本对话动态构成的认识更加深刻。

(三)自主体悟,提高素养

长期以来,我国的阅读教学从整体上看,存在着重认知理解、轻审美情感体验,重共性统一、轻个性差异的倾向。这种倾向所反映的是以学科知识为本位,而不是以人的发展为本位的课程观。[1] 因此,要求阅读主体情感的投入,以探究的意识面对、以批判的态度建构,是阅读教学课程改革的追求。

过去阅读的重头戏是"概括文章的中心思想",这在 21 世纪的阅读教学中未被强调,与之相对的提法是"体会思想感情"、"领悟表达方法"、"理解课文的内容和思路"、"体会语言表达效果"、"感受语言的优美"、"体会关键词句在表情达意方面的作用"、"体会感人情境和形象"等论述,重在自主感悟,鼓励自由表达,更科学合理。注重个性化阅读,是 21 世纪阅读教学的基本原则。2000 年小学语文大纲在应注意的问题中强调"鼓励学生发表独立见解",2001 年课标明确规定"阅读是学生个性化的行为,不应以教师的分析来代替学生阅读实践",2003 年高中课标也指出"注重个性化的阅读,充分调动自己的生活经验和知识积累"。它们对于学生独特个人价值的强调,符合以人为本的课程理念,是对过去一味追求标准答案的反拨。

---

① 刘诗伟主编:《语文新课程教学论》,南京大学出版社 2011 年版,第 51 页。

二、阅读教学内容

今代阅读教学关注意义的建构，培植学生的阅读品性，这对掌握阅读知识，学会阅读学习方法，形成语文阅读能力，发展以感受、体验、理解、欣赏、评价为核心的人文素养，开发创造潜能和激发创新精神，都有极为重要的作用。

（一）阅读知识

从阅读知识来看，强调知识的整合，注重知识的拐棍作用，从而削弱了知识教学的主体地位。首先，把标点符号的知识、文章的表达方式和结构顺序、文体知识等语文知识放在阅读语境当中，作为理解课文内容和思想感情的一种手段，着重引导学生将立足点放在对阅读本身的体认上，体现了知识和运用的有机结合，具体而微，容易理解。其次，对于语法、修辞知识，2001 年课标在教学建议中提到"在阅读教学中，为了帮助理解课文，可以引导学生随文学习必要的语法和修辞知识，但不必进行系统、集中的语法修辞知识教学"[1]，并在评价建议中强调"语法、修辞知识不作为考试内容"，其意图非常明确：语文知识只是培养语感、发展能力的辅助而不是目的，不能脱离语文运用的实际去进行系统的讲授和操练。高中阶段对"古代诗词格律基础知识"、"古代文化常识"、"鉴赏理论"、"文学史知识"、"背景知识"的论述也是旨在于排除阅读障碍，丰富学生的阅读体验。

（二）阅读能力

从阅读能力来看，其一，阅读理解的过程由浅入深，初中每一阶段阅读的难度是不同的，总体上是从感知、理解、分析（鉴赏）到评价，具体表现为由词句推知思想内容到由思想内容推敲词句的转变。高中阶段则着力提高学生的阅读能力和鉴赏水平，无论是对语言、形象、内涵的把握要求，还是对表现手法、艺术魅力的领悟的要求，最后的落脚点都在深化认识、发展个性、提高修养上。

---

[1] 教育部制定：《全日制义务教育语文课程标准（实验稿）》，北京师范大学出版社 2001 年版，第 17 页。

其二，文本的类型在不同的学段呈现不断扩展、深化的状态。在2000年大纲中只在初高中区分出"文学作品"、"古代诗词"和"浅易文言文"并作以要求，2002年高中大纲除上述三类之外又提及"实用类、文学类、理论类"等多种文本，但未作具体要求。2003年课标设计了五个系列的选修课程，其中与阅读相关的有：诗歌与散文、小说与戏剧、新闻与传记、文化论著研读，充分考虑了学生的需求和实际水平。2001年和2011年课标对每一学段的适宜文本都作了明确区分和具体要求，既包括表达方式不同的叙事性作品、科技作品、新闻和说明性文章、议论文、非连续性文本，又有体裁不同的文学作品：童话和寓言故事、儿歌、童谣、诗歌、散文、小说、戏剧，还有语体相异的白话文、文言文，① 增加了从静态的文本阅读扩展到动态的多媒体阅读，还要求学生自己搜集资料和信息，文本的类型具有明显的开放性和生成性。

其三，阅读资源从单一到丰富，主要从童话、寓言、文化经典著作、小说、诗歌散文、剧本、语言文学理论著作、当代文学作品、科普科幻作品以及其他各类读物来商议推荐，扩展了学生的阅读视野，同时使学生获得丰富的语言材料、生活经验和思维品质。伴随着阅读方法的多样化，尤其是略读与浏览方法的提出，大纲和课标规定的背诵篇目和课外阅读量也呈逐步增加趋势，并且都明确规定了五到六年级阅读速度每分钟不少于300字，七到九年级阅读速度每分钟不少于500字，高中大纲也规定了每分钟不少于600字的要求。这种变化着眼于提高阅读的效率，培养学生从读物中迅速获得有用信息的阅读技能。此外，从2000年开始比较关注学生通过多种媒介的阅读，如图书馆、阅览室、网络等，因此加强对阅读的指导也应摆在突出的位置，以便为学生以后的学习奠定基础。

（三）阅读创造

从阅读创造来看，21世纪以来阅读教学最重大的变革是：学生在

---

① 王晓辉、周娜等编著：《新课程：语文教育怎样改革》，四川大学出版社2003年版，第131页。

阅读中的主体地位不断得到强化和体现，具体体现在鼓励学生自主阅读、勇于探究、勇于创新上，如："鼓励学生发表独立见解"（2000年），"珍视学生的独特感受、体验和理解"（2001年），"注意作品内涵的多义性和模糊性，鼓励学生积极地、富有创意地建构文本意义"（2003年），注重学生对课文的阐发、评价和质疑，着重考查学生的想象能力、逻辑能力、思辨能力和批判能力。可以说，这是阅读教学对追求同一思想、统一答案、教师话语霸权的消解，充分彰显了阅读主体的阅读个性和创造。

（四）阅读素养

从阅读素养来看，更加注重情感体验以及审美情趣、阅读习惯和阅读兴趣的培养。很显然，阅读教学在内容上是更趋准确和丰富的，我国语文阅读教学由此从突出工具性或者政治性过渡到了人文性和工具性统一的教学。小学、初中阶段都注重"有感情地朗读课文"以及良好阅读习惯的养成，但2001年和2011年课标还渗透了阅读兴趣和审美体验的内容，如"感受阅读的乐趣"、"感受语言的优美"、"向往和追求美好的理想"等，这对于铸造学生健康饱满的人格，形成正确的价值观和积极的人生态度起到了重要作用。高中阶段要求的"丰富自己的情感世界"，旨在汲取思想、情感和艺术的营养，深化认识，提高学生的文学修养，比初中阶段多了一些理性的审视和气质的拔高。

（五）语文教材

"文质兼美"是我国建国后一贯坚持的教材选文标准，而今代尤其注重"教本"向"学本"转化，强调选文人文性、时代性和风格多样，同时注重对学习兴趣的激发和视野的开阔。就现行高中语文教材来说，总的趋势是记叙文所占的比重最大，接着依次是议论文、说明文。然而与以往不同的是新一轮课程改革以来的语文教材并没有遵循这三大文体的顺序选文，苏教版、鲁人版等打破时代、国别和文白的界限，依据专题需要探究各种学习资料并有机组合，人教版、语文版、粤教版等则是按照文学作品的四大样式组元选文。文学体裁按所占比例由大到小排序下来依次是散文、诗歌、小说、戏剧，从入选的篇目可以看出，各套教材的选文范围和题材广泛且不乏新意，都在力守经典并紧跟时代潮流。经典文本如人教版、苏教版《祝福》、苏教版《边城》、语文版《山地回忆》、粤教版《棋王》、人教版《十八岁出门远行》等，注重对学生道德情意的培养和文化的熏陶；时代新秀如人教版《飞向太空的航程》、粤教版《北大是我美丽羞涩的梦》和《立党为公、执政为民》、苏教版《辛德勒名单》等，它们与现代社会生活息息相关，与学生的经验和情感相通，体现了关注多元文化的特点。

　　阅读教学内容虽与语文教材的内容密切相关，但是教材的内容不等于教师的教学内容。阅读教学内容的呈现，从教的方面说，不仅包括对种种材料内容的沿用，也包括教师对教学内容的重构，这也是今代人们对课程本质观认识的更新，意味着课程内涵的动态性、人本化、民主化和个性化更加丰富。2011年《义务教育语文课程标准》在教学建议中提到："（教师）应认真钻研教材，正确理解、把握教材内容，创造性地使用教材；积极开发、合理利用课程资源……"① 具体的教学内容的生成，则要根据文本材料、课程目标、学生情况、个人特点依情况而定。

三、阅读教学模式

　　语文教育界将"接受美学"、"对话理论"、"多元解读"等接受美学、文艺理论引入语文教学中，和传统的阅读理论相结合，形成了今代阅读教学新理念。仅十几年间，阅读教学方法、模式的改革取得了颇为显著的成果。纵观这些方法、模式，其共通之处在于重视培养学生的主体性，强调师生之间真诚的交往互动，下面选取几种成熟的模式做一介绍。

　　（一）"非指示性"阅读教学模式

　　该模式是由浙江江山中学郑逸农和浙江龙赛中学崔国久两位老师创立的。"非指示性"是指在阅读教学过程中教师不指示学习目标，不指示标准答案，充分尊重学生的个体差异和原有的认知结构，让学生独立

---

① 教育部制定：《义务教育语文课程标准》，北京师范大学出版社2012年版，第19页。

尝试、探索并确定自己的学习主题，发挥他们的潜能和创造性，其典型的阅读教学流程是：激趣、初读、交流、再读、定向、研读、交流、美读、反省、拓展、总结，意在促进学生的学习由浅入深。[①] 它倡导"四自"，即用自己的心灵去领悟，用自己的语言去表达，用自己的观点去判断，用自己的思维去创新。这种模式的教学内容是在教学过程中生成的，内容的生成过程也就是目标的实现过程，是由"教师中心"转向"师生对话"的成功典范。

（二）"343"阅读教学模式

该体系是由深圳翠园中学的刘人云老师设计的。"343"模式代表"3"个目标（知识、能力、人文），"4"个要点（拎动点、制高点、增长点、延伸点），"3"种能力（语言、思维、迁移）。然而在这一基础平台上又能衍生出10种课式，如此宏大的设计和细化的探索的和谐统一正是它最大的特点。以《世间最美的坟墓》教学设计为例，"343"设计法体现在：以"最美"为拎动点，以"景—情—人"为纲，提供与课文有关的材料，抓住关键词语，着重培养语言思维能力和人文精神。[②] 这种设计以点触发，串出一条线，引开一个面，将语言学习和人文熏陶都落到了实处。

（三）"球形"阅读教学模式

该模式是由青岛市市北区教体局张伟老师创设的。所谓"球形"阅读教学，是研究教材、教学方法和学生各自特点及其相互关系的一种教学，是一种研究阅读教学内涵和外延的教学。[③] 这种模式把文章本身当做一个立体的"球"，"球"是围绕"球心"而存在的，"球心"是读者理解的凭借点，通过层层深入与文章的"中心"巧妙相合，文章的结构和思想都围绕这个"中心"而呈现出一个"球体"。其操作程序可以分为：确定"球心"、辐射全文、圆成"球体"、升华中心。该模式还特别

---

① 郑逸农著：《非指示性语文教育初探》，浙江教育出版社2006年版，第8页。
② 蔡伟著：《语文课程与教学研究》，浙江大学出版社2008年版，第196页。
③ 张伟著：《张伟小学语文"球形"阅读教学原理与应用》，山东教育出版社1997年版，第3页。

注重"球体"的"圆",为此还提出多退少补、变序更列以保持文章的整体性,提高阅读教学的效率。

第三节　写作教学

今代作文教学把学生作为写作的主体,它摒弃了作文教学的繁难和陈旧,一改作文教学的单一和封闭,提倡说真话、抒真情、酿真意,尊重个性,鼓励创新,对探索作文教学的规律、方法,提高学生的表达能力,发展学生的认知具有重要的作用。

一、写作教学目标

(一)语言思维,同步发展

20世纪90年代以前,语文界对"写作能力"的认识不够清晰,把写作能力仅仅看成是一种与文体知识有关的操纵文字符号的能力,因此在整个教学过程中,忽视了对学生综合能力的训练。这种综合能力包括观察能力、思考能力、联想能力、想象能力等多种认知发展能力和语言表达能力、审题能力、选择材料能力、组织行文能力、修改文章能力等结构文章能力。2000年以后的大纲和课标有意识地把上述能力的与写作知识、写作实践相结合分述在各个阶段,体现了淡化文体意识、注重实际操作能力,淡化理论讲解、注重丰富语言材料积累,淡化名词术语、注重引发创新思维的精神,充分肯定了写作之于个体自我表达需要和发展的价值。

(二)多写多练,合作交流

在以前的写作教学中对"过程与方法"的关注一直是空缺的,从1992年以来,它的比重越来越大,引起了足够的重视。21世纪的写作教学把注意力放在了写作实践上,主张多写多改,因而在不同的阶段提出了写作次数和字数的量化要求,这不仅提高了写作能力,而且培养了良好的写作习惯;同时大纲和课标中对"观察方法""搜集、积累、处理素材""谋篇布局""想象和联想""修改加工"等的论述暗含了写作方法的启示。因其与"知识与能力"较好地融合，不具有系统性和针对性，这就需要教师在教学过程中准确把握，并有效地对学生进行训练。此外，对学生在交流与合作中提高写作的水平也给予了强调，如"分享习作的快乐"、"互相评改作文"、"乐于相互展示和评价写作成果"等，有利于学生进行反思和修正，取长补短，形成多元的交互的思维网络，并培养了合作精神。

（三）激趣导引，书写真情

写作教学不仅是培养学生语言表达能力的重要途径，同时也是培养高尚情操的一种手段。我国以往的写作教学过分注重文体训练，严重影响了写作教学质量。从 90 年代起，写作教学在专家、学者、教师的反思中开始向关注兴趣和情感、关注个性和创新转轨，这直接反映在 2000 年大纲和 2001 年课标当中，如"调动学生观察思考和练笔的积极性"、"感情真实健康，力求有创意"、"让学生易于动笔，乐于表达，应引导学生关注现实，热爱生活，表达真情实感"等。此后的写作教学沿着这一路子，重在从学生的生活视野和感性经验中选材立意、触发真情实感，以突出写作的个性化和独特性。此外，从 2000 年往后的小学和初中大纲或课标都遵循由"写话"到"习作"再到"写作"的逻辑顺序，这与古人先"放胆文"后"小心文"的写作理念是相合的，这对于消解写作的紧张心理，鼓励学生敢于表达，具有现实意义。

二、写作教学内容

新中国成立以来，我国的作文教学一向重视实用，对自我表现、发展个性比较忽视，新一轮课程改革提出我国作文教学要注重发展个性，培养创新能力，与此同时，继承重视实用的传统，继续注重培养学生适应社会实际需要的写作能力。[①] 具体来说是：突破原有单一、封闭的写作教学模式，给学生以充分的写作自由，不对学生写作提出诸如题材、体裁、主题等方面的限制，尊重个性，鼓励创新，强调作文是个体生命

① 顾振彪：《关于新课标中作文教学目标的对话》，《语文建设》2002 年第 6 期。

发展的真实足迹。

（一）写作知识

从写作知识上看，过去历年大纲关于写作教学，提出了恰当选择表达方式、安排详略、条理清楚等技术性的教学内容，致使作文教学沦为烦琐的、机械的字词句篇章的知识灌输和训练。而今代语文教育有意淡化"文体性知识"和"操作性知识"，并成逐渐开放、丰富的态势。2000年以后，义务教育阶段只在小学五、六年级提到"能写简单的记实作文和想象作文"，到初中才根据文体进行分类，即记叙文、简单的说明文、简单的议论文和日常应用文，这些都是以写作实践为出发点的，而非传授写作知识。另外，在标点符号的使用方面，除了2001年和2011年课标将2000年小学中年级大纲中要求的"逗号、句号、问号、感叹号、冒号、引号"，分放在第一学段和第二学段当中外，三者在小学五、六年级和初中要求"正确（会）使用标点符号"，体现了学生思维逐渐成熟的过程。可见，21世纪在写作方面重视的是知识、技能向实践的转化，从而相应提高语言的规范和表达能力。

（二）写作能力

从写作能力上看，从人自身发展的角度提出了学生应具有的作文能力，并加强了不同阶段写作能力的衔接，体现出写作能力培养的立体式建构、螺旋式提高的特征。一是强调思维能力的培养，先一般后特殊，要求明确，重点突出，一至四年级以培养语言表达能力为主，五至九年级以培养逻辑思维能力为主，高中阶段则以发展创造性思维为主。二是重视学生修改作文的能力，如"学习修改习作中有明显错误的词句"、"修改自己的习作，并主动与他人交换修改"、"能与他人交流写作心得，互相评改作文，以分享感受，沟通见解"，重视学生的作文修改能力，促使其思维和能力在修改的过程中得到锻炼，是对传统作文教学的有益借鉴和贯彻。三是培养写作速度和数量的能力，课标或大纲的硬性要求可以较好地督促学生的写作训练，确保写作水平和质量的提高。如三至六年级要求"课内习作每学年16次左右"，2000年、2001年还要求"40分钟完成不少于400字的习作"，2011年则将其删改为"习作要有一定速度",更加注重呵护学生的自信心和积极性。此外,加强写作指导,通过各种方式的点拨,或搭桥铺路,或提供支点,能够帮助学生在实践中获得认识飞跃,并肯定了学生创作主体的价值,这点在 2011 年课标中有所反映,如"加强平时练笔指导",并且这将作为一种趋势不断得到强化。

（三）写作创造

从写作创造上看,近年来,根据作文教学的新理念,今代作文教学的基本特征是强调作文的自主式、创造性、生活化。过去的教学大纲虽然也"鼓励有创意地表达",但同时又对表达方式、详略安排等做了技术性的要求,因此,2000 年以来的大纲和课标在"强化个人自由表达"方面明确了导向,即尽可能减少对学生写作的束缚,还提倡学生自主拟题,少写命题作文。这些要求对作文教学走出单一的模式,突破思维模式的怪圈,重视学生的自我内化和建构,起着十分重要的作用。此外,信息技术也为写作教学提供便利,在网络环境下的作文,已成为新课改后的写作训练策略之一。"积极合理利用信息技术与网络的优势,丰富写作形式,激发写作兴趣,增加学生创造性表达、展示交流与互相评改的机会"[1],这为贴近学生的生活、拓宽自我写作的空间创造了有利条件。

（四）写作素养

从写作素养上看,由于受应试教育的影响,学生作文中不乏"代圣贤立言"的假话、空话、套话等问题,因此,从 2000 年开始作文教学就十分强调激发兴趣和情感体验。这在 2000 年大纲中只是初露端倪,它突出强调的是良好习惯的培养,但尚未形成既相互联系又各有侧重的体系,具有一定的机械性和盲目性。到 2001 年新课标的颁布,才真正体现了作文教学中的人文关怀:就写作动机来说,第一学段着重培养学生的写作兴趣,第二学段重视对学生写作自信心的培养,第三学段则突出写作的价值,第四学段强调学生独立的个性品质;就表现自我来说,

---

[1]　教育部制定:《义务教育语文课程标准》,北京师范大学出版社 2012 年版,第 24 页。

第一学段要求，如写出自己的认识和感想，第二学段强调表现自己觉得新奇有趣的内容，第三学段要求"有意识地丰富自己的见闻，珍视个人的独特感受"，第四学段强调发掘生活的多彩，突出自然、社会、人生三方面的体验。总体来讲，这些都是着重从学生的内在需求和已有的经验入手，求得写作的内外合一、言情文中。高中阶段提出了更高的要求，如"能考虑不同的目的要求，以负责的态度陈述自己的看法，表达真情实感，培育科学理性精神"，意在逐步提高学生适应未来社会生活和工作的能力。

（五）写作教材

就写作教材来看，我国现行语文实验教材虽然设有写作、口语交际、综合性学习的环节，但"范文"仍然占有很大的比重，其编排方式有两种：其一为综合式，即写作、口语交际、综合性学习与阅读并列，其二为分编式，即五大内容依据一定的体例有机结合，分开编排。人教版采用综合式，写作、口语交际、综合性学习在单元中与阅读并列，这种编排大都没有具体的写作指导；苏教版的写作安排在阅读之后，并且与综合性学习和口语交际隔开，有利于写作和口语交际自成体系，到九年级结合在一起，体现读写结合的传统教育理念，但各单元之间缺乏有机的联系；语文版各单元阅读之后，均有写作、口语交际、综合性学习的间隔安排，写作自成序列，集中单一，有较具体的指导，基本上能达成课标中的写作教学目标。无论是综合编排，还是分开编排，写作所占的比重是不够的，各教材当中也有明显回避"语文知识"的倾向，这是不利于学生写作能力的落实的。

三、写作教学方法

21世纪的中国一直在探索人本化的作文教学观，力图关注学生的生活体验和情感激发，关注学生的人格养成，以期能够突破传统的藩篱，帮助学生克服心理障碍，培养学生主动学习、自主写作的愿望和能力，提高其适应未来社会和生活的基本素质。下面选取有代表性的几种做一介绍。

（一）"言语交际表达训练"作文教学法

由于永正老师创立，言语交际表达训练寓说写训练于活动、交际之中，在交际中学习掌握一般的社会生活常用的表达本领，在训练目标上强调的是训练内容的实用性，在训练方法上强调的是交际性，是动态的，这是不同于传统作文教学的两个最显著的特点。此种方法力求抓住生活、学校、社会、家庭提供的言语交际机会，适时地加强学生的语言文字训练，如为生病住院的老师写慰问信、参观果园之后写报道等，它不是纯粹的应用文写作，还包括说明文、议论文、记叙文，是各种文体交叉、说与写交叉、课内与课外交叉、语文学科与其他学科交叉的立体组合。对小学生而言，将作文定位到最基本的表达训练是合适的，同时，此法有助于学生和教师双方明确表达的内容、对象和原因，它的精神实质在于瞄准现在，考虑未来，强调作文教学的社会效益。

（二）"DCC"作文和非构思作文教学法

这是四川师范大学马正平教授提出的，所谓"DCC"是指动力学、操作化和成功感，它在教学方法上坚持"以学生活动为主体，学生自学为基础，教师为导写教练，思维训练为主线"的原则，其基本模式为"一标四块十环"："一标"指兴趣性和成功感的激发与写作思维操作模型建构的统一；"四块十环"指课前自学（趣导、诱导与法导、例导、启导），演练学写（激导、范导、自写），改中学写（自改），课外活动（自发、自积）。它全力主张写作思维素质的训练和培养，写作心理素质的激发与培养，写作全过程的指导与训练，真正实现了素质教育在作文教学方法上的落实。

"非构思作文"是从 DCC 作文开始起步的，总体框架仍然以"动力学·操作化·成功感"作为基本动力学的教育理念。它的基本体例是：课堂训练（心灵共振：题目激趣激思；金色鼠标：作文知识点击；创新之路：思维建模与解模；独立实战：作文实践；与你同行：作文自改）和课后积淀（成功之光：作文广义发表；心灵充电：课后积累练笔；文苑甘露：艺文趣事；文苑新枝：优秀作文选粹）。它设计了"知—模—辨—作—改"的作文教学程序，进一步完善了我国作文教学操作模型，旨在达到"非构思"的自组织的写作境界。这种方法以兴趣为先导，以积累为基础，以思维为核心，以"非构思"为目标，让学生学会思维，学会语言，学会写作，把创新思维、创新作文的训练落到实处，是较为科学的写作教学体系。

（三）互动作文教学法

这是浙江师范大学蔡伟教授提出的，互动作文教学法又称"同写互评"教学法，是指把作文教学活动看成是教师与学生、学生与学生、师生与媒体之间直接交往和沟通的过程。这种方法既重视教，尤其是教后的示范；也重视学，尤其是学后的动手。其教学流程由五个课堂教学环节和一个善后环节组成，每一环节师生活动一一对应。五个教学环节为：（1）教师创设情景、学生感受情景；（2）师生互相命题；（3）教师下水作文、学生合作作文；（4）教师引发争论、学生小组辩论；（5）师生总结修改。一个善后环节为成果推广。互动作文教学法的最大特点是合作兼竞争，教师也从课堂的中心走向平等中的首席，这种互相交流、搜智集见、思维共振、资源共享的方法能够带来作文的丰富性和深刻性，从而让学生在互动中学会表达，学会倾听，学会尊重，学会交往。

第四节　口语交际教学

2000 年，我国中小学三个新的教学大纲，将原来小学大纲中的"听话、说话"，初中大纲中的"听话训练、说话训练"，高中大纲中的"说话能力"，统一改为"口语交际"，这不仅是提法的改变，而且标志着口语交际教学在价值取向上的重大转变，即注重听话和说话的互动性、情境性、综合性。口语交际是新课程的一个亮点，从某种程度上说，它更是实施素质教育的突破口。

一、口语交际教学目标

（一）紧扣交际价值

受传统观念影响，语文教学长期存在重"文"轻"语"、重"写"轻"说"的倾向，这种忽视口语交际能力培养的现象，严重阻碍了学生语文能力的全面提高。这一点在 2000 年包括以后的课程标准中得到了很大的改观，表现为口语交际凸显了听说活动的交际性，重在培养学生的倾听、应对、表达和交往的能力，并确立了口语交际的独立价值。2000 年《九年义务教育全日制初级中学语文教学大纲（试用修订版）》口语交际的教学内容和要求强调："16. 耐心专注倾听，了解对方的意思……17. 讲普通话，做到语音清晰，语句连贯，条理清楚，能准确表达自己的想法与心情，并努力使对方理解。"[①] 将"倾听"列于"表达"之前，足见对双向交流和交际礼仪的重视。2001 年《全日制义务教育语文课程标准（实验稿）》在总目标中强调："学会倾听、表达与交流，初步学会文明地进行人际沟通和社会交往，发展合作精神。"[②] 此后的课程标准延续了这一价值理念，表述略有不同，不再赘余。

（二）注重实践历练

与以往把听说教学进行知识点量化，在课程这个密闭空间进行训练不同，"口语交际"的定名从另一方面说强调的就是其实践功能。实践是学生获取知识、形成能力、丰富情感的重要保障。2000 年语文教学大纲从听、说两方面对口语交际实践方式进行阐述，2001 年语文课程标准在此基础上提出了"具有日常口语交际基本能力"的总目标，并在各学段中细化了总目标的要求，如"听人说话能把握主要内容，并能简要转述"、"能用普通话交谈"、"能较完整地讲述小故事，能简要讲述自己感兴趣的见闻"等，2011 年的课标仅在具体建议处增加"重视在语文课堂教学中培养口语交际的能力"，可见其对实践认识的深化和对传统经验的扬弃。

（三）凸显人文因素

今代口语交际的目标还体现出学生所应具备的积极态度、文明素养、语言修养、良好习惯和科学正确的价值观。2000 年小学语文教学大纲教学总要求强调"口语交际要讲究文明礼貌"，初中和高中也分别

---

① 课程教材研究所主编：《20 世纪中国中小学课程标准·教学大纲汇编（语文卷）》，人民教育出版社 2001 年版，第 542 页。

② 教育部制定：《全日制义务教育语文课程标准（实验稿）》，北京师范大学出版社 2001 年版，第 4 页。

提到了"讲究文明和修养，态度自然，尊重对方"，"养成说普通话的习惯"，到了 2001 年在秉承上述精神的前提下，更加突出了学生主体性的开发，如：第一学段"积极参加讨论，对感兴趣的话题发表自己的意见"，第三学段"乐于参与讨论，敢于发表自己的意见"，第四学段"能积极发表自己的看法，有中心、有条理、有根据"。2003 年高中课标则在表达与交流模块中汲取了以上二者之长，促进学生的个性健康发展。

二、口语交际教学内容

长期以来，口语课程的构建一般只注意到了听说知识或课堂情境的口语活动，具有简单化的倾向，表现为把口语素养转化为一系列知识条目，或是为了书面表达而活动，忽视了学习者的主动性和口语交际文化这两个重要维度，导致口语交际教学既显单薄、呆板，又缺乏提升学生交际素养的有效策略。而作为新课程改革五大领域之一的"口语交际"则强调培养学生的交际能力，强调调动学生的生活经验，这种思想旨在培养学生的实际操作能力和切实的情感体验，可以说是对以往片面追求知识体系化的反拨和超越。

（一）交际方式

从交际方式上看，2000 年及以后的大纲和课标涉及"听话"和"说话"两个方面，只是具体的表现形式不同，诸如说话方面有"复述大意"、"讲述故事"、"参加讨论"、"与人商讨"、"即席讲话"、"主题演讲"等，充分体现言语交际的合作性和礼貌性。

（二）交际能力

从交际能力上看，2000 年《九年义务教育全日制小学语文教学大纲（试用修订版）》在教学总要求中虽未提到"交际能力"，但其"听人说话能领会主要内容"、"能用普通话清楚明白地表达自己的意思"实则暗含"理解能力"和"表达能力"的诉求。2001 年《全日制义务教育语文课程标准（实验稿）》在教学建议中则明确指出"应培养学生倾听、表达和应对的能力"，并基于此对这些能力的培养设计了整体渐进的序列：倾听能力分学段按"努力了解讲话的主要内容"，"能把握主要内容"，"能抓住要点"，"理解对方的观点和意图"的递进顺序排列；表达能力按"复述大意"、"简要讲述见闻"，清楚明白、具体生动地表达，"表达要有条理"，讲话和演讲观点鲜明有说服力的递进顺序排列；应对能力按"积极参加讨论"，主动请教、与人商讨，"根据对象和场合做简单发言"，"根据需要调整表达方式和内容"的逻辑顺序排列。可以说口语交际教学的重点就是培养现代公民的必备能力——口语交际能力。2003年《普通高中语文课程标准（实验）》在课程目标中进一步强调："注意口语的特点，能根据不同的交际场合和交际目的，恰当地进行表达。借助语调和语气、表情和手势，增强口语交际的效果。"这是对应对能力的进一步强化，等于给口语交际标示了一种技术性和艺术性兼备的教学高度。

（三）交际创造

从交际创造上看，纵观2000年的中小学语文教学大纲，总共出现"自己"2次，可见其对激发学生的主动意识和创造精神的认识还不到位，更多的还是侧重对口语交际能力的强调。到了2001年，学生主体作用的发挥则是新一轮课程改革的重点，《全日制义务教育语文课程标准（实验）》四个学段中共出现"自己"字样7次，充分尊重学生的主体价值和能动价值，如"对感兴趣的话题发表自己的意见"、"就不同意见与人商讨"、"积极发表自己的看法"，这对于提高学生的智力大有裨益。高中阶段更注重对学生语言能力和语用能力的综合效果，2002年高中语文教学大纲和2003年高中语文课标都对表达方式、言说风格、语音语调、选词用语、姿势表情作了具体要求。

（四）交际素养

从交际素养上看，更加注重学生的内心需求和社会需要。2001年《全日制义务教育语文课程标准（实验）》明确提出"交际素养"的概念，这既是指学生要有向社会人转换的自我定位意识，同时也要有尊重他人、学会与他人共处的意识，于是"语言修养"和"文明态度"就被提上了日程。21世纪其他教学大纲和课程标准也都具有相同的精神和追求，可以说注重"情感、态度、价值观"的培养是口语教学方面的突破和创新。

（五）口语交际教材

从口语交际的教材来看，伴随着口语交际在新课程改革中地位的确立，各实验教材均安排了富有特色的相关内容，如，语文版设计了诸如"采访任课老师"、"与家长进行一次对话"以及"交谈学习体会"等活动，既有具体的交际要求，又贴近学生的实践经验；又如，苏教版选取一些蕴含"口语交际之道"的可读性强的趣味故事，既调动了学生的积极性，又为他们提供了范例。但总体来说，各实验教材关于口语交际的内容仍比较薄弱，编排缺乏有序性，缺乏有效指导。

三、口语交际教学方法

今代的口语交际教学拓展了说的价值，提升了听的地位，重视对象和语境，引入合作精神，很显然，全新理念的口语交际教学必须运用不同于过去听说训练的策略与方法。

（一）"和谐高效思维对话"口语交际教学法

这是烟台刘永平老师提出的，他通过构建"五环节教学基本模式"，并推介参考模式及可资借鉴的经验，来探寻口语交际教学内在的规律及本质特点，从而使教学达到和谐、高效。其基本模式的五个环节为：明确目标—指导方法—创设情境—实践演练（活动强化、生活运用、社会实践）—评价反馈。在此基础上他又提出两种参考模式，分别为："听测—想象"活动模式和"课前五分钟训练"活动模式，前者包括：听读故事—想象情节—组内讨论—示范发言—评议总结，后者包括：训练（叙说古今故事、关注身边事物、探讨热点话题）和检验。前者对于提高学生的听说能力有重要的作用，后者极大地丰富了学生的信息量，扩宽了学生的视野。此两者以点带面，通过切实可行的有序训练，将听说读写的综合一贯到底，有利于学生发散思维的培养与创新意识的增强，培养学生的综合性语文能力，可以说是口语交际教学成功的典范。

（二）多元智能综合教学法

在李家栋老师主编的《多元智能理论与小学语文教学》（2008年

版）一书中，将加德纳的多元智能理论与口语交际教学结合，并提出相应的方法以供借鉴，力求发展每一个学生的智能优势，满足每一个学生的学习需求。针对语言智能提出的方法有：故事法、听述法、谜语法、讨论法、演讲法、积累法；针对音乐智能提出的方法有：渲染法、想象法；针对逻辑—数学智能提出的方法有：辩论法、调查法、陈述法；针对视觉—空间智能提出的方法有：观察法、图画展示法；针对身体—运动智能提出的方法有：表演法、操作法、演示法；针对自然观察智能提出的方法有：自然观察法、情境观察法；针对自知—内省智能提出的方法有：比较法、反思法、评价法；针对人际关系智能提出的方法有：小组合作学习法、角色扮演游戏法。由于分项较多，难免会有重复交叉，如"角色扮演游戏法"和"表演法"，不过他又确立了"激情—启动、情境—触动、探究—互动、点拨—促动、激励—自动"的教学流程，明晰了这些全方位、多元化的方法的使用价值，将交际、思维、做人、生存有机结合，明确了师生双方双向或多向互动的角色定位，从而保证了交际过程的实施。

（三）主题生活化教学法

由薛炳群老师提出，此法力求符合儿童身心发展规律，紧密联系学生的成长环境，其操作流程为"看—听—想—练—说"，这五个基本环节周期循环，往而复始，可根据实际需要增减。主题生活化教学法的基本教学策略有：发散与集中、类比、辩论、科际综合、发问。这种设计方法是一种口语交际的教学理念，是一个大类，虽朴实，但期求的是教师通过教学模式、策略的落实，结合学生已有的情感、知识水平和生活实际，将理念转化为有效的教学行为，走出个性，从而达到"无程序"、"无框架"的境地。

此外，纵观各家之长，还有些成功开展口语交际训练的途径值得一提：一是充分利用互联网，如使用常见的聊天工具，制作口语交际教学的课件，搜索口语交际训练的资源等；二是开展家庭辅助教学，其基本步骤是：培训家长—选择适宜的家庭话题—营造家庭口语交际氛围—围绕话题交谈—制作录音—课堂展示、评价与推举；三是实施班际校际交流，如口语 PK、故事漂流、经验交流等；四是学科间的横向联系，如英汉互动、历史故事、气象播报、实验叙事等。口语交际教学方法的探索在我国刚刚起步，更多有特色、有创见的方法、途径、模式还需要在教学实践中不断探索。

第五节　语文学习

语文学习是学习语言文化、学习建构自身精神世界、学习适应新的生存方式的多维活动。目前我国的语文教育，在力求为学生创造更多的体验、探究、自我发现与自由创造的空间，关注学习者的经验，满足学习者多样化的发展需要，这正是语文教育"育人"功能的最好诠释。

一、语文学习思想

（一）平等对话

高万祥曾说："民主平等的师生关系能为学生的健康成长营造心理自由的校园环境和教育氛围。"[1] 21 世纪的教学摆脱了传统的"师道尊严"、"长幼有序"，把教学看成是在教师、学生、文本之间的多向交流，它们之间是一种平等对话的关系，并且在这一过程当中，学生能够丰富和发现自身的意义，转化、创造和重构文本的潜在意义，实现读物与主体双方的新飞跃。李镇西认为："我们所说的'师生在课堂教学中的平等'，也不是说师生'绝对平等'，而是拥有同等的权利——课堂教学中师生对话时的平等权利、发表自己观点的权利以及与他人（包括学生与老师）展开观点争鸣的权利……'对话'过程中的平等还有一个含义：真理面前，人人平等。"[2] 新课程的实施，强调的就是以教师为中心的行为取向转变为以学生为中心的认知取向，鼓励学生大胆思考，提出问题并展开对话，对话的过程实质上就是课堂生成的过程。

（二）感知体验

王尚文在他的《语感论》一书中曾说道："它（语感）表现为对作

---

[1] 高万祥：《构建民主的师生关系文化》，《中国教育报》2006 年 6 月 20 日，第 6 版。

[2] 李镇西：《对话：平等中的引导》，《人民教育》2004 年第 3～4 期。

用于人的言语作品的内在反应能力，即听和看（读）的能力；也表现为因表达个人情意的需要或适应社会交际的需要而在感觉层面直接生成语言作品的能力，即说与写的能力。"① 第八次语文课程改革提倡以关照和体认文本情感境界为旨趣，最终走向自我理解的审美渗透，就学习者的本位来讲，关注学生的学习体验不仅是教育本身的需求，还是课程设置的依据和课程生成的诱因。王崧舟认为："语文教学必须以优秀的言语作品去吸引学生，点燃学生的感知、想象、情感、思维，广化、深化、美化、敏化学生的语感，通过以学生为主体的听说读写实践，使学生大步走向现实的社会生活，不断趋近真正的人、优秀的人的精神境界，最终使自己也能成为一个真正的人、优秀的人。"② 因此，语文学习更应强调的是充满诗意的文字活动，品味感受的阅读活动，丰富细腻的情感活动。

（三）熟读（背）精思

语文新课程实施的方向性问题不在于一篇课文怎样教，而在于能否抓住语文课程的本源，即语言文字的掌握。赵谦翔在《架空语言，流产人文》一文中坦言："语文首要在语言，含英咀华莫等闲。陶情悟理人文事，务必沿波去讨源。"③ 我国传统语文教育特别重视熟读精思、诵读含咏，这是大量积累语言材料、提高读写能力和语文素养的必要途径。这对今天的教育来说也是大有益处的，如果脱离了对语言的学习与品味，人文教育也就被束之高阁。韩军认为："'吟悟'这种我国传统颇为有效的语文教育方法，与来自西方所谓'理法'的分析相比，成效绝不比它差，甚至有时远远超过它。""背诵，是化别人的语言为自己的血肉，那文句、那意境，萦绕心头，如发于己心，如出于己口，愈积累愈丰富，积累多了自然就会贯通。"④ 毋庸置疑，在强调"全人教育"价值取向的今天，通过读书与思考，学与行之间的关系，达到言语、智慧

---

① 王崧舟：《把发展语感的主动权还给学生》，《教学月刊·小学版》2002 年第 2 期。

② 王崧舟：《把发展语感的主动权还给学生》，《教学月刊·小学版》2002 年第 2 期。

③ 赵谦翔：《架空语言，流产人文——语文教学流弊之四》，《青年教师》2010 年第 11 期。

④ 韩军：《正确处理好语文教育的十大关系（上）——对语文教育大讨论的全面回答》，《河南教育》2001 年第 7 期。

与生命的更新和再生，是有着质朴且高远的意义的。

（四）质疑创新

应试教育使学生形成了单一、刻板、线性的思维方式，学生缺乏批判意识和创新精神，这是我国教育的盲点与缺失。李镇西对此曾论述道："当务之急，不是对学生进行'从零开始'的所谓'培养'，而是'发展'他们与生俱来的创造性——首先是要点燃学生熊熊燃烧的思想火炬，让学生拥有自由飞翔的心灵。"① 21世纪以来，鼓励学生独立思考，大胆质疑，富有创见，是语文教学呈现的良好趋势，给语文课堂带来了新的生机和活力，并且能够让学生形成一种独立自主的富有批判精神的思想意识，提高自己的判断能力，为未来的生存和发展奠定基础。郑国民认为："只有按照自己的语言去解释所认识的事物和真实感受时，才会认识到自身存在的可能性，而意识到自身处境与自我感受正是一个人独立存在的重要标志，也正是在这一过程中，人的创造才能得以实现。"② 可以说，这代表了我国语文教育课程改革的发展方向，即以学生在学校中所接受的价值与态度去关照和解读社会生活，解决矛盾与问题。

二、语文学习方式

2001年《基础教育课程改革纲要（试行）》要求："改变课程实施过于强调接受学习、死记硬背、机械训练的现状，倡导学生主动参与、乐于探究、勤于动手，培养学生搜集和处理信息的能力。"因此，改变学生的学习方式，成为了适应21世纪经济社会发展对人才素质能力的要求的着眼点，"自主、合作、探究"不仅是学习方式，更是一种理念，表明了学习方式的内涵呈现出丰富、多元的特点，旨在弘扬人的自主性、独立性、能动性，关注学生的生活世界和独特需要，充分体现了学生可持续发展。因此，它们可以在更为广阔的学习方式中综合体现。下

---

① 李镇西：《民主教育的特征（二）》，《天津教育》2005年第12期。
② 郑国民：《语文课程理论的发展——后现代课程论视野中的语文课程》，《语文学习》2002年第5期。

面简单介绍几种。

（一）综合性学习

20世纪90年代以来，为了适应新世纪教育发展的挑战，世界各国纷纷推出了语文课程改革的新举措，其基本走向是倡导学生学习方式的转变，追求课程的综合化。而我国传统的语文教学又处于一种相对封闭的状态，以课本、教师、教室为中心。应时代之需，应教育之需，为建设开放而有活力的语文课程，2001年《全日制义务教育语文课程标准（实验稿）》首次将"综合性学习"与"识字与写字"、"阅读"、"写作"、"口语交际"并列，共同组成语文课程内容的五大方面，它的设置是语文课程改革的一大亮点，为语文课程改革打开了新的突破口。综合性学习主要体现为语文知识的综合运用、听说读写能力的整体发展、语文课程与其他课程的沟通、书本学习与实践活动的紧密结合。综合性学习虽然是一种相对独立的课程组织形态，但却是应"自主、合作、探究"三种学习方式而生的，它有助于改变过去学生单一的接受式学习，超越了传统单一学科的界限而按照水平组织的原则，将社会生活中的现实问题和学生关心的问题加以综合，通过学生主体创造性解决问题的学习过程，有机地将知识与经验、理论与实际、课内与课外、校内与校外结合起来，以提高学生综合解决问题的能力，促进其知情意行和谐统一的发展。其基本形式有：社会活动型、虚拟活动型、模拟实践型、角色体验型、专题研究型、自由拓展型。综合性学习应强调合作精神，注意培养学生策划、组织、协调和实施的能力，但要防止其走向"泛化"和"非语文化"。

（二）研究性学习

2000年1月31日，教育部颁布了《全日制普通高级中学课程计划（试验修订稿）》，其中新设"综合实践活动课"，究其核心实则为研究性学习。2001年4月11日，教育部颁发了《普通高中"研究性学习"实施指南（试行）》，强调"研究性学习与社会实践、社区服务、劳动技术教育共同构成'综合实践活动'"。同年秋季，黑龙江、辽宁、山东、河南、安徽、江苏和青海七个省的高一年级开始进行试点，由此研究性学习在全国范围内展开，并日益受到专家、学者及教师的重视。近年来，由于全国对研究性学习理念的重视，其实施更多的是作为一种学习方法渗透在具体的学科中，这样易于实行，且能够有效促进课程与教学的整合。语文研究性学习就是改变传统的教学模式，创设一种类似于科学研究的情景和途径，让学生课内外、校内外结合，有目的地主动研读、探索、发现和体验，在对大量信息的收集、筛选、分析和综合、运用的过程中，加深对问题的感悟，积累经验，主动建构知识，提高语文素养，增进思考力和创造力，提高综合运用所学知识解决实际问题的能力。其实施途径有两种：专题式语文研究性学习活动和语文研究性学习课堂教学模式，专题的实施模式可以分为：创设问题情境—确立选题—组成小组—设计方案—课题论证—展开研究—成果展示—总结评议—进行反思；课堂的实施模式可以分为：通读课文—讨论质疑—确立课题—合作探究—成果展示—总结评价—课后延伸。语文研究性学习重在培养学生自主学习的能力，培养科学的学习态度及习惯，发展学生的主体性人格，因此，语文研究性学习对学生的创造性学习和个性化发展有着极为重要的意义。

（三）参与式学习

2001 年教育部颁布的《基础教育课程改革纲要（试行）》中强调倡导学生主动参与学习，形成积极主动的学习态度；2001 年《全日制义务教育语文课程标准（实验稿）》中也强调要引导学生积极参与实践活动。可以说，实施参与式学习具有深远的现实意义。参与式学习是指在语文教学过程中，学生在教师的引导下，发扬主体精神，主动地参与语文教学活动，通过参与体验、探究、创造性活动提高语文素养，实现学生主体建构与发展的一种教学方式。由于学生在基础知识、基本技能、学习方法、学习态度等方面都存在差异，所以参与式学习在承认、关注这种差异的基础上，在教学目标、教学内容、作业训练、教学评价等方面都要采取分层次教学原则。分层次教学实行小组合作的学习方式，小组中分布不同层次的学生，让学生在合作学习中你追我赶，相互促进。一般每小组以 4 人为宜，教师在教学过程中可以就某一方面的内容由浅

入深，分层设置问题。就课文的理解来说可以设置如下分层：第一层
次：提取信息，第二层次：深入理解，第三层次：实际应用。例如对于
"比喻"修辞的理解，可以让第一层次的同学在儿歌的学习中了解；让
第二层次的同学在熟识的文章中理解；让第三层次的同学在莎士比亚的
剧作中体会，这样既能照顾到后进生的发展，又能使每个学生完成教学
目标。

第六节　语文教学评价

长期以来，我国语文教学评价一直被视为一种甄别、选拔的工具，
其主要形式以考试为主，随着课程改革的深入，我国语文教育评价的理
念也发生了重大变化：评价是一种民主协商、主体参与的过程，而不是
评价者对被评价者的控制过程，其重要意义在于促进学生的全面发展。

一、语文教学评价目标

2000 年以前，小学语文教学大纲着重考查的是知识与能力的学习
情况，但已经注意到考查的方式，"既要有书面的，也要有口头的
（1992）"，而中学阶段的大纲中是没有关于教学评价的内容的。2000 年
中小学语文教学大纲单设"教学评估"环节，强调要符合语文学科的特
点，遵循语文学科自身发展的规律，并且大纲从对教师的评估、对学生
的评估和语文考试三个方面来阐述，虽不成体系，但它提出了过程与效
果并重、情感态度与知识能力并重、积累运用能力和创造能力并重、主
观与客观相结合、笔试与口试相结合等富有创见的评价目标和原则，昭
示着评价由目标性价值取向向主体性价值取向的转变。

2001 年《基础教育课程改革纲要（试行）》明确指出："建立促进
学生全面发展的评价体系。评价不仅要关注学生的学业成绩，而且要发
现和发展学生多方面的潜能，了解学生发展中的需求，帮助学生认识自
我，建立自信。发挥评价的教育功能，促进学生在原有水平上的发展。"
上述要求反映在今代语文教育中实现了教育评价理念的四大转变，即由

知识能力中心转向语文素养的培养，由侧重量化评价转向侧重质性评价，由侧重甄别转向侧重发展，由侧重成绩评定转向过程的真实性和情境性。

2001年《全日制义务教育语文课程标准（实验稿）》注重评价的整体性和综合性，提出："语文课程评价的目的不仅是为了考查学生达到学习目标的程度，更是为了检验和改进学生的语文学习和教师的教学，改善课程设计，完善教学过程，从而有效地促进学生的发展。"[①] 基于此，课标从评价的理念、评价的方法、评价的内容都作了全新的诠释。从结构上看设计了三个维度的隐性目标：知识与能力、过程与方法、情感态度与价值观；五个领域的显性目标：识字写字、阅读、写作、口语交际、综合性学习。三个维度相互渗透、融为一体，注重学生语文素养的整体提高；各学段五个领域的内容相互联系，螺旋上升，并提出了各自的评价指标，从而全面达成总目标。因此，语文教学评价要从三个维度的角度以及总目标和阶段目标的关系的角度进行评价。从评价的主体上来看，课标注重教师评价、学生自我评价、学生间相互评价以及家长评价相结合，这一要求扶正了过去评价主体的错位，打破了一元单向的客观性评价，创生了多元多向的育人性评价；从评价方式上看，注重评价手段的多样化和灵活性，注重形成性评价与终结性评价、定量评价与定性评价相结合，这种综合评价方法的运用，既有量的测量与分析，又有质的研究，反映出一种深刻的民主精神。

2003年《普通高中语文课程标准（实验）》是从三维目标和必修、选修课程融合的视角对教学评价加以说明的，尤其注重评价的差异性。其一是学生的个体差异，课标关注学生的不同兴趣、不同表现以及不同的学习需要；其二是评价功能的差异，如检查、诊断、反馈、甄别、选拔、激励和发展等多种功能，但首先应充分发挥其诊断、激励和发展功能；其三是评价内容的差异，由于选修课与必修课的不同，评价的立足点也不同；其四是评价方式的差异，主张应根据不同的情况适时采用不

---

① 教育部制定：《全日制义务教育语文课程标准（实验稿）》，北京师范大学出版社2001年版，第18~19页。

同的方式，如观察适合于评价兴趣特长、成长记录适合于评价情感态度和实践能力、考试适用于考查认知水平等。

2011 年《义务教育语文课程标准》在 2001 年课程标准的基础上，更加注重评价的效率，如"提高评价效率"、"有效地促进学生的发展"、"评价设计要注重可行性和有效性"等，并在各领域增加了学段的具体评价要求，突出了指导性，切实保证了评价的诊断和发展功能。此外，还尤其注重评价的开放性，主要表现在：其一是成果展示的开放性，注重生生、师生间的展示交流；其二是评价主体的开放性，将家长、社区、专业人员等引入其中；其三是评价内容的开放性，主要表现在写字方面关注毛笔字的书写，阅读方面关注阅读量的积累，写作方面关注社会生活的引入等；其四是评价过程的开放性，尊重学生个性化的学习方式和学习要求，注重培养其积极主动的学习态度。

总之，今代语文教学突出了评价的发展功能，即从成人视角规定儿童的教育转到创造适合儿童的教育上来，是一种积极、自觉而及时诊断问题、总结成果、改进教学目标、优化教学方案、促进学生语文素养全面提高的有效、必要手段。

二、语文教学评价内容

（一）学生语文学习的发展性评价

1. 关于知识与能力的评价

今代语文知识与能力的评价和以往"重知识、轻能力"的评价相比，在要素的构成、侧重点上有很大的不同，主要表现在以下三个方面：一是广度，如"重视学生课外阅读的评价……了解学生的阅读量和阅读面（2011 年）"，"引导学生热爱生活，亲近自然，关注社会（2011 年）"；二是深度，如"论述类文本阅读的评价，着重考查学生的抽象思维能力（2003 年）"，"考查理清思路、概括要点、探究内容等方面的情况，以及读懂不同文体文章的能力（2011 年）"；三是浓度，如"是否表达了真情实感，对有创意的表达应予鼓励（2001 年）"，"能否对作品的形象和意境产生感情的共鸣（2003 年）"。

纵观今代语文教育关于知识与能力方面的评价可以看出（由于2000年大纲除了语文考试外，只作了概括性的说明所以不予以考虑，下同）：就识字写字的评价来说，义务教育阶段拼音强调助读、正音，识字强调形音义的结合及运用，写字强调基本功的训练；高中阶段则强调语言文字应用的问题、规范化、发展变化的认识。就阅读的评价来说，义务教育阶段强调在理解（词句、表达方式、思路、语言等）的基础上初步鉴赏作品，注重积累；高中阶段重在发展独立阅读能力，关注学生思考问题的深度和广度。就写作的评价来说，义务教育阶段注重文从字顺与自我表达的同时，强调修改作文的评价；高中阶段则强调写作的质量，讲究逻辑的严密、语言的艺术与实际的效果。就口语交际的评价来说，主要评价日常口语交际的基本能力（倾听、表达、交流），以及把握信息的能力和应变能力。就综合性学习的评价来说，着重考查学生的语文综合运用能力。

2. 关于过程与方法的评价

现代课程理论的发展，使教育越来越关注"跑"的过程本身，这也使得评价的内涵逐渐丰满起来。因此，"过程与方法"既是语文教育的重要内容，也是评价的主要方面，这是立足于"一切为了学生发展"的课程理念与以往只注重形式和应试最大的不同。语文教育的过程与方法评价可以具体落实到以下三点：一是信息检索与搜集的方法，如"考查借助字典、词典等工具书识字的能力（2001年）"，"评价要重视写作材料的准备过程……要用积极的评价，引导和促使学生通过观察、调查、访谈、阅读、思考等多种途径，运用各种方法搜集生活中的材料（2001年）"；二是思维的方法，如"考查学生能通过朗读和想象等手段，大体感受作品的情境、节奏和韵味（2011年）"，"能否概括和提炼文本的观点，发现观点与材料之间的逻辑联系（2003年）"；三是语文学习的方法，如"要多关注学生在语文活动中提出问题、探究问题以及展示学习活动成果的能力（2011年）"，"注意考查学生是否能综合运用有关的知识、能力和方法，进行广泛阅读和交流讨论（2003年）"。

纵观今代语文教育关于过程与方法方面的评价可以看出：就识字写

字的评价来说，义务教育阶段强调在儿童心理发展的规律和汉字自身特点的基础上，关注识字积累和写字过程；高中阶段则强调探究的过程，诸如语言表达是否严密而有条理、探究语言文字的现象及问题等。就阅读评价来说，义务教育阶段强调过程当中体验理解的同时，关照阅读方法和习惯，其中提到的常见阅读方法主要有朗读、诵读、默读、精读、略读、浏览；高中阶段注重由外到内的研读，重点在于提高自身修养。就写作评价来说，义务教育阶段不仅考查学生从尝试写作到逐渐规范写作的过程，还关注写作材料的准备过程以及修改作文的过程和方法；高中阶段则注重组织行文的过程，如能否恰当表达自己的观点，能否用可靠的材料支撑观点。就口语交际评价来说，着重考查学生在日常生活和学习生活中的表现，如在交流中捕捉信息，清楚、准确、自信表达自己的观点等。就综合性学习的评价来说，主要着眼于学生在综合性学习过程中的表现，如是否能积极参与活动、能否主动提出问题、能否有效搜集资料、能否组织探究问题等。

　　3. 关于情感态度与价值观的评价

　　由于我国长期照搬西方的标准化测试，使得知识结构和数字化管理异化了语文教学评价的人文精神和审美趣味。自新课程改革以来，人们逐渐认识到语文教育不但是教学生如何使用交际工具，还要立足于人的发展，要全面提高学生的人文素养，培养他们的爱国主义情感和社会主义道德品质，逐步形成积极的人生态度和正确的价值观。[①] 因此，情感、态度、价值观的评价是今代语文教学评价中不可缺少的一部分。可以归为以下四个方面：一是学习兴趣，如"关注学生日常识字的兴趣（2001 年）"、"要注意考查他们的阅读兴趣和文化视野（2003 年）"；二是学习态度与习惯，如"关注学生写字的姿势与习惯（2001 年）"、"要关注学生修改作文的态度（2001 年）"、"在诗歌散文评论和创作方面，既要考察学生的参与态度，也要评价其成果的水平（2003 年）"；三是学习感悟，如"可通过考查学生对形象、情感、语言的领悟程度，以及

---

① 陈玉秋主编：《语文课程与教学论》，广西师范大学出版社 2004 年版，第 419 页。

自己的体验，来评价学生初步鉴赏文学作品的水平（2011年）"、"要重视评价学生对作品的整体把握，特别是对艺术形象的感悟和文本价值的独到理解（2003年）"；四是品格培养，如"综合性学习的评价应着重考查学生的探究精神和创新意识（2001年）"、"文言文阅读的评价……还要注意考查学生能否了解文化背景，感受中华文化精神，用历史眼光和现代观念审视作品的内容和思想倾向（2003年）"。

纵观今代语文教育关于情感态度与价值观方面的评价可以看出：就识字写字评价来说，义务教育阶段强调激发学生的兴趣，并养成良好的书写习惯；高中阶段着重考查学生对语言文字现象的敏锐性和探究兴趣。就阅读评价来说，义务教育阶段要综合考查学生的阅读感受、体验和理解，还要关注其阅读兴趣和品位；高中阶段立足于学生的成人教育，注重培养学生的独到的感受和创造性理解。就写作评价来说，义务教育阶段重视写作兴趣和习惯，鼓励表达真情实感和有创意的表达；高中阶段关注学生的写作态度，强调理性表达，多以论述类和实用类文章为主。就口语交际评价来说，注重考查学生的参与意识和情意态度，如能否与人文明礼貌地进行沟通和交往等。就综合性学习评价来说，主要着眼于学生学习的自主性和积极性，如能否积极参加活动，能否与人真诚合作等。

（二）教师课堂教学的发展性评价

21世纪以来，我国教育评价改革始终以学生的发展性为航标，造成了教师课堂教学评价的缺失，除2000年大纲简单提及"要重视教师的教学过程和教学效果"之外，都是侧重于对学生学习的评价，以学生的学习情况来评估教师或者忽视对教师的评价是有失偏颇的，因此，从规范的高度深入了解互动状态下课堂教学中教师的素质和效果，是当前语文教学评价亟待解决的问题。

三、语文教学评价方法

自新课程改革以来，语文教学评价突出整体性和综合性，尊重差异性和创造性，强调过程性和建构性。基于此，评价方法的改革与创新如影随形：提倡定性评价与定量评价相结合，更重视定性评价；形成性评价与终结性评价相结合，更重视形成性评价。总之，今代语文评价在评价方法上强调民主和多元。下面介绍几种常用的评价方法。

（一）语文考试

按照语文教学评价的新理念，语文考试不再是评价的唯一方式，但考试作为现行评价的主要方式，仍有其存在的价值和积极的作用。如今的语文教学评价注重考试评价的多元化，不只是强调其选拔和甄别功能，同时也强调它的激励和发展功能。总体来说，近年来语文考试大致出现了"客观性试题大大减少，主观性试题和其他方式的试题比重逐渐增大，反映时代精神，关注现实人生，尊重个体差异，体现人文关怀"的趋势。具体来说分为以下几点：一是重视学生思维品质和能力考查的开放性试题逐渐增加，形式多样，自由灵活，致力于学生自主创新能力的培养；二是重视语言的积累和文化的熏陶的基础性试题比重变大，常常是考查学生文学常识、诗词积累、对联等，强调丰富语言的积累，吸收中华文化的智慧；三是学科之间渗透的综合性题目越来越多，涉及地理、历史、生物、数学等问题，命题所涉及的知识范围以及传递的信息，是综合的、广泛的，体现了素质教育的导向作用；四是听说读写全面考查，自厦门市率先在全国进行了中考语文听力测试后，越来越多的地区也将改革现行考试制度，并且不仅仅是考查听力，而是注重听说读写之间的有机联系。此外，在考试方式上，有些地方也正在进行新的尝试，如宜昌市 2002 年语文中考实行开卷考试，缓解了考生的紧张情绪，体现出探索素质教育的新思路。

（二）档案袋评价

档案袋是 20 世纪 90 年代以来，伴随着西方"教育评价改革运动"而出现的一种新型质性评价工具。档案袋，又称成长记录袋，是指用于显示有关学习成就或持续进步信息的一连串表现、作品、评价结果以及其他相关记录和资料的汇集。[①] 新课程提倡采用成长记录的方式，对学

---

① 周卫勇：《走向发展性课程评价》，北京大学出版社 2002 年版，第 64 页。

生的学习和进步状况进行评价，它反映的是学生在某一时期的成长过程。档案袋中所包含的内容是十分丰富的，可以是学生学习计划产生和编制的文件记录、学生创作的各种类型的成果、学生取得的成绩及表现情况的总结，还可以是教师对学生各方面的观察、考查、评语、评价意见以及标准化报告，还可以是同学、家长及社区人士给予的表现性评价，还可以是学生自己的反思记录。它不同于以往的评价，而是通过相关材料的搜集以及学生的自我反思，客观而具体地反映出学生某方面的进步、成就及问题，以增强学生的自信心，提高学生自我评价能力，促进学生持续发展。

（三）表现性测试

表现性测试是国际中小学教学评价的重要方法和改革趋势之一，它是一种让学生完成一系列真实性任务，或在模拟真实的情境中给学生以实际的问题，并相应地观察他们做出个体的反应，如内部思维、外化语言、体态动作等，从而对学生的行为及行为结果给予定性的描述和定量的判断。表现性测试可以分为操作表现法（实际操作）和活动表现法（课堂活动、课外活动），重在检测学生高层次的思维能力和面临复杂情境、结构性不强的问题的能力等的综合素质，反映其情感态度、个人经验等默会知识，它不仅代表了一种新的评价取向，更是测验工具与方法，其可操作性对于扭转"怎么考就怎么教"的应试教育态势，改变"怎么教就怎么学"的被动状态具有积极意义。

（四）其他方法

观察法是指主试通过有计划、有目的、有组织地观察被试的行为及表现来获取信息给予评价的方法。访谈法是主试通过与被试面对面地谈话，以口头信息沟通的途径直接获取评价信息的方法。调查问卷法是通过问卷搜集评价对象信息的方法。以上三种方法，既可以用于对教师的课堂教学评价，也可以用于对学生的语文学习评价，将二者有机结合，一方面关注学生的全面发展，一方面关注教师的专业成长，重视教和学的过程，对于促进师生共同发展是大有裨益的。此外，随着信息技术的发展，网络对教学的影响也日益深刻，由此出现了新的评价方法，即网络评价法，教师和学生可以将自己的设计、成果和反思用相应的形式呈现在网络之上，由相关人员对其评价，此法扩大了交流和讨论的范围，易于集思广益。

思考与练习

1. 除了本书提到的识字写字教学方法，你还知道哪些方法？并作简要论述。

2. 你认为阅读能力由哪些因素构成，谈谈如何提高学生的阅读能力。

3. 在新课程理念下，如何激发学生的写作动机？

4. 根据口语交际的教学目标，选择一个恰当的话题，设计一堂口语交际课的教案。

5. 谈谈你对语文教学评价功能与特点的认识。

参考文献

1. 陈玉秋. 语文课程与教学论. 桂林：广西师范大学出版社，2004

2. 陈东原. 中国教育史. 台北：商务印书馆，1980

3. 陈学恂. 中国近代教育大事记. 上海：上海教育出版社，1981

4. 陈学恂. 中国教育史研究. 上海：华东师范大学出版社，1991

5. 陈青之. 中国教育史. 上海：商务印书馆，1936

6. 陈祖楠. 王松泉. 中学语文基础教学论. 沈阳：辽宁大学出版社，1992

7. 陈黎明，林化君. 二十世纪中国语文教学. 青岛：青岛海洋大学出版社，2002

8. 曹明海，史洁. 名师透视：语文教学智慧篇. 济南：山东教育出版社，2008

9. 曹洪顺. 语文教育漫论. 青岛：中国海洋大学出版社，2003

10. 蔡伟. 语文课程与教学研究. 杭州：浙江大学出版社，2008

11. 蔡伟. 新语文教学研究. 杭州：浙江大学出版社，2009

12. 高平叔. 蔡元培教育论著选. 北京：人民教育出版社，1991

13. 耿红卫. 语文教育新论. 武汉：长江出版社，2007

14. 耿红卫. 革故与鼎新——科学主义视野下中国近现代语文教育改革研究. 济南：山东教育出版社，2008

15. 耿红卫. 和谐语文教育建构论. 武汉：华中科技大学出版社，2010

16. 耿红卫. 网络语文教育建构论. 武汉：华中科技大学出版社，2012

17. 顾黄初. 中国现代语文教育百年事典. 上海：上海教育出版社，2001

18. 姜国钧. 中国教育周期论. 北京：北京大学出版社，2005

19. 课程教材研究所. 20世纪中小学课程标准·教学大纲汇编：教学计划卷. 北京：人民教育出版社，2001

20. 课程教材研究所. 20世纪中小学课程标准·教学大纲汇编：语文卷. 北京：人民教育出版社，2001

21. 李杏保，顾黄初. 中国现代语文教育史. 成都：四川教育出版社，2000

22. 李昉等. 太平广记. 北京：社会科学文献出版社，2002

23. 李新宇等. 语文教育学新论. 南京：南京师范大学出版社，2006

24. 刘文忠. 高中语文考试词典. 沈阳：辽宁教育出版社，2000

25. 刘诗伟. 语文新课程教学论. 南京：南京大学出版社，2011

26. 刘海峰. 科举考试的教育视角. 武汉：湖北教育出版社，1996

27. 刘海峰等. 中国考试发展史. 武汉：华中师范大学出版社，2002

28. 刘海峰，李兵. 学优则仕：教育与科举. 长春：长春出版社，2004

29. 刘淼. 当代语文教育学. 北京：高等教育出版社，2005

30. 吕叔湘. 吕叔湘论语文教学. 济南：山东教育出版社，1981

31. 林治金. 中国小学语文教育史. 济南：山东教育出版社，1996

32. 梁启超. 中学以上作文教学法. 上海：中华书局，1925

33. 鲁迅. 鲁迅全集. 北京：人民文学出版社，2005

34. 廖世承，陈鹤琴. 测验概要. 上海：商务印书馆，1925

35. 马正平. 中学写作教学新思维. 北京：中国人民大学出版社，2003

36. 毛礼锐，沈灌群. 中国教育通史. 济南：山东教育出版社，1985

37. 毛礼锐，瞿菊农，邵鹤亭. 中国古代教育史. 北京：人民教育出版社，1996

38. 孟宪承等. 中国古代教育史资料. 北京：人民教育出版社，1980

39. 孟宪承. 中国古代教育文选. 北京：人民教育出版社，1985

40. 倪文锦. 语文考试论. 南宁：广西教育出版社，1996

41. 倪文锦. 初中语文新课程教学法. 北京：高等教育出版社，2003

42. 乔炳臣，潘莉娟. 中国古代学习思想史. 北京：人民教育出版社，1996

43. 启功. 说八股. 北京：北京师范大学出版社，1992

44. 钱加清. 语文课程与教学论. 济南：山东人民出版社，2008

45. 裘锡圭. 文字学概论. 北京：商务印书馆，1988

46. 阮真. 中学国文教学法. 南京：正中书局，1936

47. 史仲文. 中国全史. 北京：中国古籍出版社，2011

48. 申国昌，史降云. 中国学习思想史. 北京：科学出版社，2006

49. 孙培青. 中国教育史（修订版）. 上海：华东师范大学出版社，2000

50. 商衍鎏. 清代科举考试制度述录. 北京：生活·读书·新知三联书店，2007

51. 舒新城. 中国近代教育史资料. 北京：人民教育出版社，1981

52. 田瑞云，刘永慧. 语文教育行为论. 青岛：青岛海洋大学出版社，2002

53. 王文彦. 中国语文教育发展史. 呼和浩特：远方出版社，2006

54. 王文彦，蔡明. 语文课程与教学论. 北京：高等教育出版社，2006

55. 王守恒. 小学语文教学与研究. 北京：人民教育出版社，2006

56. 王定保. 唐摭言. 北京：北京师范大学出版社，2003

57. 王宛磐，郭奇. 语文教学通论. 开封：河南大学出版社，2003

58. 王国元. 小学说话教学法. 南京：正中书局，1936

59. 王建军. 中国教育史新编. 广州：广东高等教育出版社，2003

60. 王松泉，王柏勋，王静义. 中国语文教育史简编. 北京：社会科学文献出版社，2002

61. 王松泉，韩雪屏，王相文. 语文课程教学概论. 北京：高等教育出版社，2007

62. 王炳照，阎国华. 中国教育思想通史. 长沙：湖南教育出版社，1994

63. 王炳照，郭齐家等. 简明中国教育史（修订本）. 北京：北京师范大学出版社，1994

64. 王炳照. 中国教育史专题研究. 北京：北京师范大学出版社，2009

65. 王晓辉等. 新课程：语文教育怎样改革. 成都：四川大学出版社，2003

66. 王筠. 教童子法（丛书集成初编本）. 北京：中华书局，1985

67. 王德昭. 清代科举制度研究. 北京：中华书局，1984

68. 吴研因，吴增芥. 小学教材及教学法. 上海：中华书局，1935

69. 吴洪成. 中国小学教育史. 太原：山西教育出版社，2006

70. 许树安. 古代选举及科举制度概述. 天津：天津人民出版社，1985

71. 徐梓. 蒙学读物的历史透视. 武汉：湖北教育出版社，1996

72. 谢青等. 中国考试制度史. 合肥：黄山书社，1995

73. 于漪. 语文教苑耕耘录. 福州：福建教育出版社，1984

74. 叶圣陶. 作文论. 上海：商务印书馆，1929

75. 叶至善等. 叶圣陶集. 南京：江苏教育出版社，2004

76. 叶苍岑. 中学语文教学通论. 北京：北京教育出版社，1984

77. 杨学为等. 中国考试制度史资料选编. 合肥：黄山书社，1992

78. 颜元. 颜元集. 北京：中华书局，1987

79. 中央教育科学研究所. 叶圣陶语文教育论集. 北京：教育科学出版社，1980

80. 中华书局. 国文测验举例. 上海：中华书局，1922

81. 中华民国教育部. 第一次中国教育年鉴（影印版）. 台北：宗青图书公司，1991

82. 张士一. 小学"国语话"教学法（第 6 版）. 上海：中华书局，1933

83. 张毕来. 语文分科教学回忆. 北京：人民教育出版社，1984

84. 张志公. 传统语文教育初探（附蒙学书目稿）. 上海：上海教育出版社，1962

85. 张志公. 张志公文集. 广州：广东教育出版社，1991

86. 张定远. 作文教学论集. 天津：新蕾出版社，1982

87. 张隆华. 中国语文教育史纲. 长沙：湖南师范大学出版社，1991

88. 张隆华，曾仲珊. 中国古代语文教育史. 成都：四川教育出版社，2000

89. 周有光. 汉字和文化问题. 北京：人民文学出版社，2009

90. 周军. 教学策略. 北京：教育科学出版社，2003

91. 钟毓龙. 科场回忆录. 杭州：浙江古籍出版社，1987

92. 曾仲揆. 中学语文教学法辅导. 北京：高等教育出版社，1992

后 记

　　《中国语文教育史教程》是随着河南师范大学文学院语文课程与教学论硕士点、语文教育硕士点、语文学科教学硕士点开设"中国语文教育史"这门专业课的过程中逐步产生和发展而来的。

　　河南师范大学文学院最早的硕士学位点是语文课程与教学论，设点之初，"中国语文教育史"就作为该硕士点的一门必修课开设，最初的教材是王文彦老师的《中国语文教育发展史纲要》讲义，2006年1月由王文彦任主编、耿红卫等任副主编的《中国语文教育发展史》一书得到远方出版社的支持并出版发行。我在给研究生上课时，主要使用的就是这本教材，我的博士论文专著《革故与鼎新——科学主义视野下的中国近现代语文教育改革研究》一书作为配套教材使用。但是，由于这两部著作不是严格意义上的教材（如没有思考与练习等），而是属于学术专著，作为研究生课外拓展阅读用书还可以，然而作为教学用书不是特别合适。更何况《中国语文教育发展史》一书在内容编排方式上、材料史实上、语言措词上还存在不少问题。2008年，我曾设想独著一本比较科学而又便于系统学习的《中国语文教育史教程》教材，但是由于教学工作、国培工作以及其他事务多的原因，未能如愿以偿。2011年6月，应本专业硕士研究生的要求，决定出面主编这本《中国语文教育史教程》，历时一年半，最终完成定稿。

　　在撰写书稿的过程中，我们参阅了王文彦主编的《中国语文教育发展史》一书的部分资料，在此对相关章节的作者尤其是李艳叶、海锦霞、张颜勇、孙咏梅、连亚飞等作者表示衷心的感谢！河南师范大学文学院硕士研究生蒋跃东做了一些资料的搜集与整理工作，在此表示感谢！本教材有幸得到山东教育出版社蒋伟女士的垂青与大力支持，在此表示诚挚的谢意！本教材还参考了国内大量的文献资料，尽量详细地注明并列出参考书目，在此向文献作者表示由衷的谢忱！

　　本教材是河南师范大学文学院学术团队集体智慧的结晶。具体的撰写分工是耿红卫担任主编，主要负责序言、第四章隋唐语文教育、第七章近现代语文教育、后记的撰写和统稿工作；李霞负责第一章先秦语文教育的撰写；刘婷负责第二章秦汉语文教育的撰写；赵倩负责第三章魏晋南北朝语文教育的撰写；蔡春莹负责第五章宋元语文教育的撰写；李琳负责第六章明清语文教育的撰写；曹亚负责第八章当代语文教育第一节、第二节、第三节的撰写；朱文娟负责第八章当代语文教育第四节、第五节、第六节的撰写；马雯雯负责第九章今代语文教育的撰写。

耿红卫

2013 年 4 月 20 日